慶應3中学
算数合格問題集

クロノクリエイト

目　次

問題編

解答編

本書の特徴と使い方

　本書では、慶應3中学（普通部・中等部・湘南藤沢中等部）の過去問、各15年分から700問余りを、頻出問題、基本問題、必修問題、応用問題と、様々な角度から選び、約100の小単元に分類してあります。また同単元、同タイプの問題においては、基本から応用への流れを考慮して配列してあります。

　この選別と配列により、各校が重視している単元、問題を把握することができ、また、各単元を効率的に学習できるようになっています。

　本書を構成する問題はすべて慶應3校で出題されたものです。当然のことながら、本書は、慶應3校、あるいは3校のうちの1校または2校を受験される皆さんのために作製された問題集です。不必要に難しい問題に時間と労力をとられることなく、慶應各中学の受験そして合格のために必要な問題を集中的に、効果的に学習できるよう構成されています。

◆本書の使用時期　＜慶應各中学を受験される人、および他中学受験予定者＞

　一通り慶應の過去問が終わった人の弱点強化に（6年・12月〜1月）

　一通りの学習を終え、慶應の過去問と並行して演習する人に（6年・9月〜11月）

　一通りの学習が終わり、慶應の過去問に入る前に演習する人に（6年・7月〜9月）

　カリキュラムに沿った問題を、慶應の過去問で演習したい人に（5年・2月〜6年・7月）

　　（本書の問題の3分の1程度は5年生の人でも十分に対応できます。）

◆本書の使い方

◦計算と図形の一部を除いて、すべてノートに十分なスペースをとって解いてください。

◦問題を読んだらそのまま解かずに、条件や図を書いてから考えるようにしましょう。

◦解いたときの考え方や、解答への道筋を残しておきましょう。基本的には消しゴムは使わないようにしましょう。

◦1回でできた→「／」、できなかった→「＼」、2度目にできた→「×」、解説を読んだらわかった→「△」、解説を読んでもわからなかった→「？」　等のマークを問題番号の横につけておき、後日の復習が効率良く行えるようにしましょう。

【備考】問題文の一部について、編集の都合上、文章の一部を書き改めてあります（「下の図」→「右の図」等）。

普通部・算数　出題傾向と対策

📖 出題傾向

　普通部の算数の出題数は小問数で毎年13題前後となっています。3校の中では出題数は少ないほうなので、1問あたりにかけられる時間は約3分と長くなっています。また、他の2校と違って、式・考え方や作図などの途中経過を要求される記述形式の問題となっているのが特徴です。男子御三家などと同様、きちんと解いた過程を表現する力が問われています。

　出題頻度が高い分野は、計算、図形以外では、場合の数、数と条件整理、速さです。逆に出題頻度が低い分野は規則性と特殊算です。これは解き方が暗記ですむような問題を好まないということでもあります。

　計算問題は2題出題されることがほとんどです。一部、工夫を要するものが出題されることもありますが、ほとんどが標準的な四則計算で、特に式の途中の□の値を求める問題は非常によく出題されます。

　図形の問題数は多く、重要な分野です。平面図形では角度、相似形、求積、辺の長さなど、立体図形では展開図、表面積、体積など標準的な問題中心ですが、特に展開図の出題頻度が高いのが特徴です。また、平面、立体を問わず作図問題も出題されることがあります。

　場合の数はほぼ毎年のように出題されています。順列とか組み合わせの公式を使って解けるものはほとんど出題されず、手間のかかる問題が多いので要注意です。

　数の性質やその関連の条件を整理して解く問題なども多く出題されています。約数・倍数に関する問題と、「調べて解く問題」が中心になっています。調べて解く問題は、やや難しかったり、時間がかかったりするものが見られますので注意が必要です。

　速さに関する問題の内訳は比と速さ、旅人算が中心になっています。レベルは、標準からやや難といったところですが、最も大きな特徴はグラフがらみの問題が多いということです。さらに、グラフをかかせる問題もしばしば出題されます。多くは方眼あるいは目盛のついた解答用紙に記入させる形をとっており、丁寧に作業ができる能力を求めていることがうかがえます。こうした傾向は、数の性質、場合の数の問題にも表れています。他の2校（特に中等部）のほうが、公式を使ってスピーディーに解ける問題の比率はずっと高くなっています。

📖 合格への対策

　普通部の算数の出題傾向をまとめると次のようになります。
① 計算問題のレベルは標準的で、工夫をする問題や逆算で□の値を求める問題も多い。
② 数の性質、場合の数は公式で解ける問題は少なく、条件を整理した上で、丁寧に調べる問題が多い。
③ 規則性や特殊算からの出題は少ない。
④ 速さの問題はほぼ毎年出題されている。旅人算を中心にグラフがらみの問題が多いのも特徴

である。

⑤ 平面図形の出題は量も多く、また、レベルは標準的なものが多い。

⑥ 立体図形の出題も頻度が高く、内容的には展開図からの出題が目立つ。

⑦ 解答は記述式で途中式も要求される。また、作図やグラフ記入などが出題される年がある。

以上のことをふまえて、普通部合格への対策を考えてみましょう。

○ まず計算力をつける。これは、3校すべてに共通する最初に必要なことです。

　① 絶対的な計算力をつける。⇒3けた×3けた や 5けた÷3けた などの計算をさけずに練習する。

　② 小数の分数化を行う。⇒小数より分数の方がスピード、正確さの面で有利な場合が多い。特に分母が8の分数などは確実に暗記しておく。

　③ 常に工夫を考える。⇒工夫が必要な計算問題も出題されるのでパターンを覚えて訓練しておく。

○ 「ぬけ」、「とび」がないように、丁寧に調べあげる（書き出す）練習をする。調べ上げるにも、効率的なぬき出し、書き出しがある。数の性質、場合の数にこのタイプの問題が多いが、一見ただの分配算、消去算に見える問題にも「調べていく」タイプがあるので注意が必要である。

○ 速さの問題をたくさん解く（3人が動くやや複雑なもの、およびグラフがらみのもの）。定規を使ってグラフをきちんと書き、さらにグラフの目盛の読み間違いは致命傷になるので、丁寧に読み取る練習をする。

○ 平面図形の問題に数多くあたり、図形的な感覚を身につける。円と扇形の問題には工夫を必要とするものが多いので、面積の移動、補助線のひき方等について訓練し、また面積と辺の比、三角形の相似に関する問題に多く取り組む。

○ 立体図形は、展開図に関する問題をたくさん解く。体積、表面積に関する問題は貴重な得点源なので、確実に解けるようにする。展開図と組み立てた辺や面との位置関係がイメージできない人は、展開図を組み立てたりしてイメージを作っておくようにする。

○ 算数の問題を解くときには必ず式を書くようにする。式を要求するような問題は普段解くことは少ないので、意識しないとなかなか書けるようにならない。また、図形やグラフの問題などで記述が求められることもあるので、常日頃から記述がある図形やグラフの問題の演習を行っておく。

総括および注意点 ─────────────────────

　普通部の算数での得点を上げるには、計算、文章題、グラフ、図形などの問題の練習を十分に行うことに加え、問題を丁寧に、ねばり強く解くことを念頭において勉強していくことが重要です。また、公式では解けないものも多いので自分の頭で考える癖をつけましょう。わからない問題を解くときにも、どういうやり方だったかと思い出そうとするより、どんな問題かを式や図、グラフなどに表現することを考えることです。それによって解き方が見えてくることも多いからです。

中等部・算数　出題傾向と対策

　中等部の算数の出題数は22、3題ぐらいで、45分の試験時間を考えても1題あたりの時間は2分前後しかなく、3校で最も時間的にタイトな試験です。その分、見たことのあるパターン問題も多く、素早い反応が要求されます。

　次に分野別に見てみます。

　計算問題は、近年は2題の出題が多く、うまく処理をしないと大変な計算となってしまうものも多く、ここでつまずくと時間不足に陥り、大きな失点に結びつくことがあるので要注意です。

　数の性質は、各分野からバランス良く出題されていて、一部を除き難度はそれほど高くありません。

　場合の数は、標準的なレベルの問題が1、2題出題されています。しかし、時々難しく面倒な問題も出題されているので注意が必要です。

　規則性に関する問題は、基本から標準レベルのものが1、2題出題されています。この分野も難問が出題されることがあります。

　比と割合、特殊算に関しては、いろいろな問題がバランス良く出題されています。一行問題的な小問で出題されることが多く、そのほとんどが基本的な問題なので確実に得点しておきたいところです。

　速さに関する問題は毎年確実に出題されています。通過算、流水算、時計算の出題はあまり見られず、比が絡んだ旅人算が多くなっています。またグラフがらみの問題が多く出題されています。点の移動に関する問題は、3校の中では最も多く出題されています。速さの問題は、計算が面倒な難問もあるので注意が必要です。

　平面図形に関する問題は独自のものはあまり出題されず、見たことのある、やったことのある「有名な」問題が多く出題されます。角度、面積、長さなど、解き方を知っているか知らないかで、解くまでの時間に大きな差が出る「パターン問題」が数多く出題されるので、準備がそのまま得点に反映されやすいとも言えます。

　立体図形の問題は必ず出題されるものの、問題数はそれほど多くなく、難度もそれほど高くはありません。回転体の問題が多く出題されているのが特徴としてあげられますが、そのほとんどが基本的な問題なので、解くのに必要な知識さえあれば、短時間で解答できるでしょう。

　条件整理を伴う調べる問題も出題されています。難問になることもあるので時間をかけて丁寧に解く必要があります。

回 合格への対策

　中等部の算数の出題傾向をまとめると次のようになります

① 計算は標準的レベルのものが多いが、うまく処理をしないと面倒な計算になってしまうものも多いので注意を要する。

② 数の性質、場合の数、規則性などの分野の問題は、標準的なものが毎年コンスタントに出題されている。

③ 比と割合や和と差を中心とした特殊算は、標準的な問題が出題されている。ただし、比は、図形や速さを解く上でもよく使われる道具なので確実に身につけておかなければならない。

④ 速さの問題は、旅人算、点の移動などでグラフをからめて解く問題として出題されることが多く、難易度も高いことが多いので差がつきやすい。

⑤ 平面図形の問題は、見たことのあるパターン問題が複数題出題されることが多い。知っているかどうかで差がつきやすい。

⑥ 立体図形は、様々な分野の問題が複数出題されているが、中でも特に回転体の表面積を求める問題の頻度が高い。難易度はそれほど高くない。

⑦ 条件整理の問題が大問としてよく出題される。難易度が高く、時間がかかるので差がつきやすい問題である。

⑧ 45分間で22、3題を解かなければならないので、1題に使える時間は3校の中で最も少ない。その分、典型的なよく知られている問題もあるが、処理スピードが問われる。その一方、解くのが困難な問題も後半に出題されることもある。

以上のことをふまえて、中等部合格への対策を考えてみましょう。

○ 絶対的な計算力をつけることは普通部とほぼ重なるが、「より面倒なもの」が多いことと、全体の出題数が多いことを考えると、「十分な計算力」をつけることはより重要である。

○ いろいろな分野、いろいろなタイプの問題に数多くあたり、いわゆる「パターン問題」はやり方をきっちり覚える。中等部の算数の一番の特徴は「簡単な問題」「パターン問題」の出題頻度が3校中で最も高いことである。これら標準的な問題を素早く正確に解くことは最低限必要である。

○ 場合の数の難問には注意する。いわゆる調べる問題として出題されることが時々あるので、条件整理とともに思考力を必要とする問題にあたっておく。

○ 速さの問題、特にグラフのからんだ問題の練習を十分に積んでおく。

○ 点の移動に関する問題も数多く解いておく。旅人算よりパターンは少ないので、練習を積むことで解くことができる場合が多い。

○ 平面図形のさまざまなタイプの問題を数多く解いておく。特別な解き方がある問題はもちろんパターン問題も多く出題されるので、その解き方を覚えておくことが大切である。中等部では出題頻度も高く、知っているかどうかでスピードもまったく違ってくるので、徹底的に練習を積んでおく必要がある。

※ 算数の本道は、じっくり考えて解くことにあることは言うまでもないが、処理スピードを問われる中等部の入試問題で高得点をとるにはやはり暗記がものを言う。

総括および注意点

中等部の算数での得点力を上げる第一の要点は、問題処理のスピードと正確さです。それには、計算力をつけ、「公式にあてはめる問題」「パターン問題」のやり方を覚えて、反射的に解ける問題の比率を高めることです。次は、解く順序の判断と、「見切り」の判断をつけることです。中等部の問題数は3校中で最も多く、その分「基本問題」「パターン問題」の比率も高くなっています。こうした問題を、速く正確に解くことは最低限必要なことです。また、「解くのが困難」な問題や「時間がかかりそうな」問題は、後まわしにしたり、見切りをつけたり（捨てる）ことも重要です。

湘南藤沢中等部・算数　出題傾向と対策

回 出題傾向

　湘南藤沢中等部の算数の出題数は18題ぐらいで、45分の試験時間を考えると1題あたりの時間は2分半ぐらいです。これは中等部と普通部の中間です。各大問が3題前後の小問に分かれていることが多く、易しいものから順に解けるので、取り組みやすい構成になっています。

　計算問題は例年1、2題で、難易度はそれほど高くありません。逆算で□の値を求める問題はミスしやすい問題のこともあるので注意しましょう。

　標準的な小問が大問1と2に合計数題出題されることが多く、単位換算、特殊算、比と割合、平面図形・立体図形の求積、条件整理、数の性質など、様々な分野にわたります。難易度はそれほど高くないので計算問題と合わせて確実に得点したい問題です。

　分野別の大問数題の分野について傾向を考えます。

　図形、速さ、規則性（数の性質）の3つの分野が中心に出題されています。他に割合や条件整理などの問題もテーマになることがあります。

　図形のうち、平面図形は確実に出題されています。中でも折り返しや角度と合同を組み合わせた求積などが多く出題されています。

　一方、立体図形は年によっては出題されないこともあります。テーマは水と容器の問題が多く、時間と水位の関係などがよく出題されています。

　速さの問題では、旅人算と流水算の頻度が高く、平面図形にも分類される、点の移動の問題もときおり出題されています。流水算がよく出題される学校はあまりありませんが、湘南藤沢中等部は以前から伝統的に流水算の出題が多い学校で、様々なタイプの問題が出題されてきました。

　また、規則性に関する問題が極めて多く出題されているのも大きな特徴です。出題形式は、数表、碁石、図形、ランプの点滅、あみだくじなどと、変化に富んでいます。

回 合格への対策

　湘南藤沢中等部の出題傾向をまとめると次のようになります。

① 計算問題は特別な工夫が必要なものはあまりないが、計算が大変なものもある。特に□の値を求める逆算の問題はミスしやすいので注意すべきである。

② 小問が数題出題されていて、難易度は標準的なものだが、図形の求積や特殊算、数の性質など分野は多岐にわたっている。

③ 平面図形は必ず出題されていて、テーマは折り返しの角度や長さ・面積についてや合同を伴った総合問題などである。

④ 立体図形は容器と水の量の関係について問う問題がよく出題されていて、グラフを伴うこともある。

⑤ 速さの問題は旅人算と流水算の頻度が高く、内容も難しいものが多い。特に流水算は初めて見るようなタイプの問題もある。

⑥ 規則性をテーマにした問題が多く出題されている。題材は「出題傾向」の項で述べたように、数列や数表や碁石など多岐にわたっている。

以上のことをふまえて、湘南藤沢中等部合格への対策を考えてみましょう。

○ まず計算力をつける。これは3校に共通して言えることである。面倒な計算もあるので十分な練習が必要である。それに加えて「単位の計算」も時々出題されているので、面積、体積、長さ、重さなどの単位を完全に覚えておくことはいうまでもない。

○ 数の性質、場合の数に関する問題は基本的なものを一通りやっておく。

○ 規則性に関する問題は、いろいろなタイプの問題（数列、数表、碁石、図形など）に数多くあたり、解き方の感覚を身につける。これは、湘南藤沢中等部を受験する場合、特に大切なことである。

○ 様々な分野からの小問対策として、比と割合、特殊算、食塩水など、基本〜標準的なものを一通り学習し、十分な練習を積んでおく。

○ 速さに関する問題、特に旅人算と流水算は多く問題にあたり十分な練習を積んでおく。また、問題を図やグラフで表現してから考える習慣をつけることも重要である。図やグラフの出題がなくてもそれを利用することも多いからである。

○ 平面図形の問題は、基本〜標準レベルのものをきちんと身につける。平面図形の問題は全問正解が目標になる。相似形の問題はあまり出題されないが、折り返しなどの中に使われていることもあるので、基本的なものは確実に身につけておく必要がある。

○ 立体図形の問題は、容器に水を入れる問題や、水位の変化と時間の関係のグラフに関する問題が非常によく出題されるので、このタイプの問題に対する十分な練習が不可欠となる。

▣ 総括および注意点 ────────────────────

　湘南藤沢中等部の算数での得点力を上げるには、速く正確な計算力をつけることが、まず必要となります。次に、広範囲の基本的かつ重要な問題を一通り身につけます。その上で、規則性、速さ、体積と容積をはじめとするいろいろなタイプの問題、いろいろな難度の問題を徹底的に練習することです。あとは、答案作成に関しての全体的なデザイン力を身につけることが重要です。同じ学力でもこの力があるかどうかで、得点に大きな差が出ます。具体的に言えば、問題を解く順番を決めたり、解くことを断念する問題を決めたりすることです。過去問を解くうえで、これらのことについて常に意識する習慣をつける必要があります。満点を狙える年は、それほどありませんから、このことはとても重要です。

┌───┐
　◆3校の配点ならびに試験時間　※過去のデータより

普 通 部 …＜配点（試験時間）＞国・算各100点（40分）、社・理各100点（30分）

中 等 部 …＜配点（試験時間）＞国・算各100点（45分）、社・理各50点（25分）

湘南藤沢 …＜配点（試験時間）＞国・算各100点（45分）、社・理各50点（25分）
└───┘

問題編

1 次の □ にあてはまる数を求めなさい。

(1) $267 \times (501 - 19) - 10410 \div 15 = \boxed{}$ （湘南藤沢）

(2) $37 \times 24 \times 1000 + (\boxed{} \times 15 + 6) \times 8 = 888888$ （普通部）

(3) $79 \times 29 - 91 \div (37 - \boxed{}) + 40 \div 2.5 = 2300$ （中等部）

(4) $\{(27011 - 197) \div 327 - 42\} \div 0.8 = \boxed{}$ （中等部）

(5) $(0.67 + 1.18) \times (0.9 - 0.66) = \boxed{}$ （湘南藤沢）

(6) $2 \times 2 \times 3.14 + 4 \times 4 \times 3.14 + 6 \times 6 \times 3.14 + 8 \times 8 \times 3.14 = \boxed{}$ （普通部）

(7) $(35.7 - 28.7 \times 1.2 + 7.74) \div 0.18 = \boxed{}$ （中等部）

(8) $1.2 \div 0.36 \times 18 \div 2.4 = \boxed{}$ （普通部）

(9) $20.02 - (3.7 \times 5.8 - 3.54) = \boxed{} . \boxed{}$ （中等部）

(10) $1.4 \times 1.4 - 1.3 \times 1.3 + 1.2 \times 1.2 - 1.1 \times 1.1 = \boxed{}$ （普通部）

(11) $(276.3 - 2.65 \times 1.2 + 6.88) \div 0.14 = \boxed{}$ （中等部）

(12) $(3.2 \div 0.4 \times 2.5 - 0.03) \div 0.01 = \boxed{}$ （中等部）

1 次の ☐ にあてはまる数を求めなさい。

(1) $\dfrac{25}{12} \times \dfrac{18}{35} \times \dfrac{28}{45} = \dfrac{\boxed{ア}}{\boxed{イ}}$　　　　　　　　（中等部）

(2) $5\dfrac{1}{3} \times 4\dfrac{3}{4} - 2\dfrac{5}{8} \div \dfrac{7}{12} = \boxed{}$　　　　　　　　（湘南藤沢）

(3) $6\dfrac{1}{7} \div \left(1\dfrac{5}{9} - \dfrac{4}{9} \div 2\dfrac{1}{3}\right) - 2\dfrac{3}{5} = \boxed{ア}\dfrac{\boxed{イ}}{\boxed{ウ}}$　　　　　　　　（中等部）

(4) $\left(3\dfrac{2}{3} - 2\dfrac{5}{6}\right) \div \left(4\dfrac{1}{4} - 2\dfrac{7}{12}\right) \div \boxed{} = 1$　　　　　　　　（普通部）

(5) $2\dfrac{5}{6} - 1\dfrac{7}{8} \div \left(2\dfrac{1}{3} - \dfrac{\boxed{ア}}{\boxed{イ}}\right) = 1\dfrac{7}{12}$　　　　　　　　（中等部）

(6) $5\dfrac{2}{3} - 5 \div \left(\boxed{} + \dfrac{1}{2}\right) \times \dfrac{7}{12} = 4\dfrac{1}{2}$　　　　　　　　（普通部）

(7) $3 \div \left(1\dfrac{1}{2} - \boxed{}\right) \times \left(1\dfrac{1}{6} - \dfrac{8}{9}\right) = 1\dfrac{4}{21}$　　　　　　　　（普通部）

(8) $3\dfrac{3}{5} + 1\dfrac{3}{8} \times \boxed{} = 5\dfrac{1}{4}$　　　　　　　　（湘南藤沢）

(9) $\left(\dfrac{3}{2} - \dfrac{3}{\boxed{}}\right) \div \dfrac{9}{28} = \dfrac{10}{3}$　　　　　　　　（湘南藤沢）

(10) $\dfrac{3}{4} \times 3.2 \div \dfrac{6}{5} \div \dfrac{2}{7} = \boxed{}$　　　　　　　　（普通部）

(11) $4\dfrac{2}{3} \times 3.125 \div \dfrac{7}{27} + 5\dfrac{1}{4} \div 0.22 \times \dfrac{55}{14} = \boxed{:}$　　　　　　　　（中等部）

(12) $\left(4\dfrac{2}{3} - \boxed{} \times 0.4\right) \times 0.375 - \dfrac{11}{14} = \dfrac{31}{35}$　　　　　　　　（普通部）

(13) $5 \div (\boxed{} \times 1.75 - 0.625) = 2.5$　　　　　　　　（湘南藤沢）

(14) $0.75 \div 0.15 \times 0.46 \times (3.25 \div 1.25 - 0.125 \times 0.8) = \boxed{ア}.\boxed{イ}$　　　　　　　　（中等部）

1 次の □ にあてはまる数を求めなさい。

(1) $\left\{1.15 - \left(\dfrac{3}{5} - \dfrac{2}{9}\right) \div \dfrac{2}{3}\right\} \div 1\dfrac{3}{4} = \boxed{}$　　　　(普通部)

(2) $\left(\dfrac{3}{5} - 0.4\right) \div \dfrac{1}{4} + 1.4 \times \dfrac{5}{7} - 0.6 \times 2 = \dfrac{\boxed{ア}}{\boxed{イ}}$　　　　(中等部)

(3) $\left(7.54 \div 2.9 - \dfrac{13}{8}\right) \times 12 - 0.7 = \boxed{}$　　　　(湘南藤沢)

(4) $\left(\dfrac{3}{4} - \dfrac{2}{3}\right) \div 0.875 \times 1.008 \div 0.24 = \dfrac{\boxed{ア}}{\boxed{イ}}$　　　　(中等部)

(5) $1 - \left\{0.4 \times \left(1\dfrac{1}{3} + 0.75\right) - 0.25\right\} \div 1\dfrac{2}{3} = \boxed{}$　　　　(湘南藤沢)

(6) $\left\{(18 - 3 \times 4) \div 18 \times (10 \div 0.1 - 1)\right\} \div \left\{(5 + 3 \times 2) \div 0.125 \div \dfrac{1}{2}\right\} = \dfrac{\boxed{ア}}{\boxed{イ}}$　　　　(中等部)

(7) $4 \times \left(7\dfrac{1}{4} - 1.625\right) - (3.2 + \boxed{} \div 5) \times 1.5 = 12$　　　　(普通部)

(8) $\dfrac{25}{68} \div \left\{\left(9\dfrac{1}{3} - \dfrac{7}{2}\right) \div \boxed{} \div 2.55\right\} = 0.125$　　　　(湘南藤沢)

(9) $5\dfrac{1}{4} - 11 \div (3.125 - \boxed{}) = \dfrac{9}{20}$　　　　(普通部)

(10) $1.25 \div \left(2\dfrac{7}{12} - 1\dfrac{1}{6} \times \dfrac{\boxed{ア}}{\boxed{イ}}\right) + \dfrac{5}{28} = \dfrac{5}{7}$　　　　(中等部)

(11) $\dfrac{5}{6} - \left\{3.5 \div (4.875 + \boxed{}) - \dfrac{1}{9}\right\} = 0.5$　　　　(普通部)

(12) $\left\{\left(\dfrac{11}{2} - 3.25\right) \times 3\dfrac{1}{5} + 7\dfrac{1}{5}\right\} \div \left(\dfrac{23}{\boxed{}} - \dfrac{5}{8} \times 0.5\right) = 12\dfrac{4}{5}$　　　　(湘南藤沢)

④ 計算4　　単位計算・計算の応用

❶ 次の □ にあてはまる数を求めなさい。

(1) 1.12 時間 $-4\dfrac{3}{5}$ 分 -3500 秒 $=$ □ 分　　　　（湘南藤沢）

(2) 5 時間 15 分の $\dfrac{2}{3}$ は，□ ア 時間 □ イ 分です。　　　　（中等部）

(3) 2.3 分 $+132$ 秒 -1 分 18 秒 $=$ □ 分　　　　（湘南藤沢）

(4) 3 時間 54 秒は，1 時間 20 分 24 秒の □ ア . □ イ 倍です。　　　　（中等部）

(5) $180\,m\ell +1.5\,\ell -0.3\,d\ell +0.0027\,\text{m}^3 =$ □ □ □ cm^3　　　　（中等部）

(6) $1\,\ell$ の牛乳を，$\dfrac{6}{5}\,d\ell$ 入るコップ 4 個を満たすようにそそいだとき，残りは □ $m\ell$ です。　　　　（湘南藤沢）

(7) $4.5\,k\ell \div 180-150\,d\ell -12\,\text{cm}^3 \times 12 =$ □ ア . □ イ □ ℓ　　　　（中等部）

❷ 次の計算をしなさい。

(1) $\dfrac{1}{2}+\dfrac{1}{6}+\dfrac{1}{12}+\dfrac{1}{20}+\dfrac{1}{30}$　　　　（普通部）

(2) $\dfrac{1}{10}+\dfrac{1}{20}+\dfrac{1}{25}+\dfrac{1}{100}+\dfrac{1}{625}+\dfrac{1}{2500}+\dfrac{1}{5000}$　　　　（普通部）

(3) $\dfrac{1}{1\times 2}+\dfrac{1}{2\times 3}+\dfrac{2}{3\times 5}+\dfrac{3}{5\times 8}$　　　　（普通部）

❸ 次の □ にあてはまる数を求めなさい。

(1) $3707+3711+3715+3719+\cdots\cdots +3743=$ □ □ □ □　　　　（中等部）

(2) $2+4+6+8+\cdots\cdots +48+50=$ □ $\times$ □ $+$ □　　　　（普通部）
（□ には同じ数がはいります。）

5 計算と応用

1 次の □ にあてはまる数を求めなさい。

(1) 縮尺が2万5千分の1の地図に，1辺が5cmの正方形の土地があります。この土地の実際の面積は ア□□ . イ□ ha です。

(2) 縮尺1：2500の地図の上で縦12cm，横16cmの長方形の土地の実際の広さは □□ ha です。

(3) 縮尺25000分の1の地図上で60cm²の広さの土地があります。この土地の実際の面積は ア□ . イ□ km² です。 (中等部)

2 遠足の準備のために地図が配られました。A君は縮尺が25,000分の1の地図をコピーの機械で80%に縮小した地図をもらいました。また，B君は12,000分の1の地図をコピーの機械で150%に拡大した地図を，C君はA，B2人とは縮尺の違う地図をそれぞれもらいました。

(1) A君の地図で6.4cm離れている2点は，B君の地図では何cm離れていますか。

(2) 実際の長さが250mの直線道路をA君とC君の地図で測ると1.2cmの差がありました。C君の地図の縮尺を求めなさい。 (普通部)

3 ある整数を37でわって，小数第2位を四捨五入したら9.5になりました。このような整数をすべて求めなさい。 (普通部)

4 ある整数のわり算で，その商を四捨五入によって小数第1位まで求めることにします。40でわると商が7.8になり，42でわると商が7.4になるような整数は ア□ 個あり，そのうち最も小さい整数は イ□□ です。 (中等部)

5 商を必ず小数第1位まで求めて，四捨五入することを考えます。ある2けたの整数を7でわったときの商の小数第1位を四捨五入した数と，8でわったときの商の小数第1位を四捨五入した数とが同じになりました。次の □ に適当な数を入れなさい。

(1) このような2けたの整数のうちで，一番大きな数は □□ です。

(2) このような2けたの整数は，全部で □□ 個あります。 (中等部)

1 $a○b = 2×a+3×b$

$a◎b = b-a$

と約束する。たとえば

$4○5 = 2×4+3×5 = 23$

$3◎7 = 7-3 = 4$

である。

このとき，次の計算をしなさい。

$6◎\{15◎(10○7)\}$ 　　　　　　　　　　　　　　　　　　　　　　　　　（湘南藤沢）

2 3けたの整数のうち，どの位の数も異なり，またどの位も0でない整数Xについて考えます。整数Xに対して，《X》は「各位の数字を並べかえてできる数のうち，最も大きい数と最も小さい数の差」を表します。例えば，$X=142$のとき，421と124の差を求めて，《X》$=297$となります。次の□に適当な数を入れなさい。

(1) 《X》の値は，最も小さい場合で ア□ ，最も大きい場合で イ□ になります。

(2) 《X》$=X$となるとき，$X=$□ です。 　　　　　　　　　　　　　　　　（中等部）

3 与えられた分数に対して，次のような操作を行います。

操作A：分数の分子と分母を入れかえる。

操作B：分数に1を加える。

操作C：分数に2をかける。

操作D：分数を3で割る。

例えば，$\dfrac{3}{4}$に対して，操作A，操作B，操作Aの順に3回の操作を行うと，

$\dfrac{3}{4} \xrightarrow{A} \dfrac{4}{3} \xrightarrow{B} \dfrac{7}{3} \xrightarrow{A} \dfrac{3}{7}$のように変化し，$\dfrac{3}{7}$になります。このとき，次の□に適当な数を入れなさい。

(1) $\dfrac{5}{6}$に対して，操作D，操作C，操作B，操作Aの順に操作を行うと，$\dfrac{ア}{イ}$になります。

(2) できるだけ少ない操作の回数で，$\dfrac{5}{7}$を整数にしようと思います。このとき，操作の回数は□回です。 　　　　　　　　　　　　　　　　　　　　　　　　　（中等部）

7 約束記号2

調べ・応用

❶ 2けたの整数を入れると十の位の数と一の位の数の和が出て，1けたの整数を入れるともとの数が出てくる装置があります。たとえば，25を入れると7が出て，6を入れると6が出てきます。この装置を続けて使うこともできます。たとえば，75を入れると12が出て，もう1回入れると3が出てきます。

(1) この装置に2けたの整数を入れると9が出てきました。どんな数を入れたと考えられますか。大きい方から3つ書きなさい。

(2) この装置を3回続けて使うと5が出てきました。はじめに2けたの整数を入れたとすると，その数は何通り考えられますか。　　　　　　　　　　　　　　　　（普通部）

❷ 次の例のように，ある整数のすべての位の数をかけ合わせて，その答えが1桁の数になるまでこれをくり返します。次の□に適当な数を入れなさい。

(例)　327　→　3×2×7＝42　→　4×2＝8

　　　73　→　　　7×3＝21　→　2×1＝2

(1) 279の最後の答えは□です。

(2) 最後の答えが6になる2桁の整数は□□個あります。　　　　　　　（中等部）

❸ 赤，白，青，緑の正方形の紙がそれぞれ何枚かあり，正方形の1辺の長さは赤が1cm，白が2cm，青が4cm，緑が8cmです。いま，赤，白，青，緑の正方形の紙がそれぞれ○枚，△枚，◇枚，◎枚のとき，これらの総面積を，記号（○，△，◇，◎）で表すことにします。

例えば，赤1枚，白1枚，青1枚，緑1枚のときの総面積は，次のようになります。

　（1，1，1，1）＝1×1×1＋2×2×1＋4×4×1＋8×8×1＝85（cm²）

また，紙を取りかえる次の操作を行います。

操作：「赤4枚は白1枚に，白4枚は青1枚に，青4枚は緑1枚に，それぞれ必ず取りかえる。」

次の□に適当な数を入れなさい。

(1) 操作後の記号が（ ア ， イ ， ウ ， エ ）のとき，総面積は173cm²です。

(2) 操作前の記号が（8， ア ，5，1）のとき，操作後の記号は（ イ ，2，3，2）です。

　　　　　　　　　　　　　　　　　　　　　　　　　　　　　　　　（中等部）

18

1 次の □ にあてはまる数を求めなさい。

(1) 115 を割っても, 139 を割っても, 199 を割っても 7 余る数は □ です。

(2) 135 を割っても, 177 を割っても, 261 を割っても 9 余る数のうち最も小さい数は □ です。

(3) 1570 を 3 けたの整数で割ったら, 余りは 23 になりました。このような整数のうち最も小さい整数は □ です。　　　　　　　　　　　　(中等部)

2 33 と 93 のどちらをわっても 3 あまる整数をすべて加えると □ になります。　(中等部)

3 3 けたの整数を 17 でわったとき, 商と余りが同じ数になりました。

(1) このような 3 けたの整数で最も小さいものを求めなさい。

(2) このような 3 けたの整数は何個ありますか。　　　　　　　　　　　(普通部)

4 9 で割ると 7 あまる 10 桁の整数があります。この整数を 5 倍した数を 9 で割ると, あまりは □ です。　　　　　　　　　　　　　　　　　　　(中等部)

5 3 つの面の面積がそれぞれ 180 ㎠, 270 ㎠, 216 ㎠ である直方体がたくさんあります。この直方体を同じ向きに並べたり重ねたりして立方体を一つ作るには, この直方体は少なくとも何個必要ですか。　　　　　　　　　　　　(普通部)

1 3つの整数があります。その3つの整数の積は546，和は26になります。この3つの整数を小さい順にならべると，$\boxed{ア}$，$\boxed{イ}$，$\boxed{ウ}$ となります。 (中等部)

2 4つの連続した2けたの整数があります。これら4つの数をたして7でわったところ，3余りました。これら4つの数の和が最も小さくなるとき，和を求めなさい。 (普通部)

3 約数が5個ある数のうち，最も小さいものは $\boxed{}$ です。 (普通部)

4 $\frac{1}{4}$を小数で表すと0.25となり，わり切れます。$\frac{1}{3}$は0.333…となり，わり切れません。
偶数の積 $2×4×6×\cdots×20$ を A とするとき，$\frac{B}{A}$ がわり切れるような最も小さい整数 B を求めなさい。 (普通部)

5 次の問いに答えなさい。
(1) 整数Aを12で割ると余りが11でした。整数Bを6で割ると余りが4でした。整数Cを18で割ると余りが13でした。A，B，Cの和を6で割ると余りはいくつですか。
(2) 2けたの整数があります。10の位の数と1の位の数はともに素数です。この2けたの整数も素数であるとき，この整数を求めなさい。考えられるすべての場合を書きなさい。
注：素数とは，1と自分自身以外には約数がない，つまり約数が2つしかない数です。 (普通部)

6 3つの整数 A，B，C があります。A×B×C=480 で，A÷B÷C=0.3 です。
(1) A はいくつですか。
(2) B＞C の場合，B－C の値が一番小さくなるのは，B がいくつのときですか。 (普通部)

10 数の性質3

分数・約数

1 次の □ にあてはまる数を求めなさい。

(1) 分母が 189 の真分数で，約分できないものは □□□ 個あります。

(2) $\dfrac{1}{360}$，$\dfrac{2}{360}$，$\dfrac{3}{360}$，……，$\dfrac{359}{360}$，$\dfrac{360}{360}$ のうち，約分できない分数は □□ 個です。

(中等部)

2 2，3，4，5，6，7，8 の 7 つの数の中から 2 つを選び，たとえば $\dfrac{2}{3}$ や $\dfrac{5}{4}$ のように，その 2 つを分子，分母とする分数を作ります。このとき，約分のできない分数は，全部で □□ 個です。

(中等部)

3 1 から 9 までの整数を分母，分子として 81 個の分数を作るとき

(1) 約分して整数になる分数は □□ 個あります。

(2) 2 より大きく 3 より小さい分数の和は $\dfrac{\boxed{イ}}{\boxed{ウ}}$ です。

(中等部)

4 $\dfrac{1}{6} + \dfrac{1}{\boxed{}}$ を計算したら，分母が 24 の約分できない分数になりました。□ にあてはまる整数をすべて求めなさい。

(普通部)

5 分子が 1 である分数が 2 つあり，和が $\dfrac{8}{15}$ です。このような分数の組を 2 組求めなさい。

(普通部)

6 A，B にあてはまる整数を求めなさい。5 つの分数の分母はすべて異なり，A は B より大きい整数です。

$$\dfrac{1}{6} + \dfrac{1}{3} + \dfrac{1}{A} + \dfrac{1}{4} + \dfrac{1}{B} = 1$$

(普通部)

1 $3\frac{11}{15}$ をかけても，$\frac{25}{91}$ でわっても整数になるような分数のうち，最も小さいものは $\boxed{ア}\dfrac{\boxed{イ}}{\boxed{ウ}}$ です。　　（中等部）

2 0.364 にある自然数をかけてできる自然数のうち，最も小さいのは $\boxed{}$ です。　　（中等部）

3 たてが $9\frac{1}{6}$ cm，横が $8\frac{1}{4}$ cm，高さが $4\frac{1}{2}$ cm の直方体があります。このとき，次の $\boxed{}$ に適当な数を入れなさい。

(1) この直方体の上の面（たて $9\frac{1}{6}$ cm，横 $8\frac{1}{4}$ cmの面）を同じ大きさの正方形ですきまなくしきつめます。できるだけ大きな正方形を使うとき，1辺の長さが $\dfrac{\boxed{ア}}{\boxed{イ}}$ cm の正方形が $\boxed{ウ}$ 枚必要です。

(2) この直方体をすきまなく積んで，できるだけ小さな立方体を作るとき，立方体の1辺の長さは $\boxed{ア}\dfrac{\boxed{イ}}{\boxed{ウ}}$ cm で，直方体は $\boxed{エ}$ 個必要です。　　（中等部）

12 数の性質5

1 片面が白，もう一方の面が黒のオセロの石が 100 個あります。

いま，この石を白を上にして 1 列に並べました。石の位置を左から順に 1，2，3，……，100 とします。はじめに，偶数の位置に置いてある石をすべてうらがえします。次に 3 の倍数の位置に置いてある石をすべてうらがえします。最後に 5 の倍数の位置に置いてある石をすべてうらがえします。このとき，黒が上になっている石の数は ☐☐ 個です。　（中等部）

2 片方の面が赤色，もう一方の面が青色の札①，②，③，……，㊿があります。①の札の両面には 1，②の札の両面には 2，③の札の両面には 3，……，㊿の札の両面には 50 というように，1 から 50 までの整数が各面に 1 つずつ書かれています。はじめに 50 枚の札を赤色の面が表になるように並べておきます。

まず 2 の倍数が書かれている札を裏返し，次に 3 の倍数が書かれている札を裏返します。この時点で，例えば⑥の札は，2 回裏返されたので赤色の面が表になっています。同じように，さらに 4 の倍数が書かれている札，5 の倍数が書かれている札，……，24 の倍数が書かれている札と順に裏返していき，最後に 25 の倍数が書かれている札を裏返します。次の ☐ に適当な数を入れなさい。

(1) 4 の倍数が書かれた札を裏返した段階で，赤色の面が表になっているのは ☐☐ 枚あります。

(2) すべての操作が終わったとき，4 回だけ裏返された札に書かれている整数の和は ☐☐☐ です。　（中等部）

3 150 人の生徒が 1 列にならび，はしから順に 100～249 までの番号をつけます。最初に 6 の倍数の番号の生徒が列からぬけ，その後，番号は変えないで 4 の倍数の番号の生徒が列からぬけます。そしてさらに，ぬけた生徒の中で，5 の倍数の番号の生徒が列にもどります。その列に新たに，1 から順に番号をつけました。この列の中で，3 の倍数の番号をつけた生徒は ☐☐ 人います。　（中等部）

1　卵が6個入るパックと，このパックが6パック入る箱があり，この箱が6箱入るダンボール箱があります。それぞれいっぱいになるごとに，パックから箱に，箱からダンボール箱に，と入れていきます。いま，この方法でいくつかの卵をつめるとき，いっぱいに入っているダンボール箱，箱，パックの数と余りの卵の数の個数を $\boxed{\ }\boxed{\ }\boxed{\ }\boxed{\ }$ に，左から順に書き入れることにします。箱などが空の場合や余りの卵がない場合には0を書きます。例えば，48個の卵をつめるとすると，ダンボール箱0，箱1，パック2，余りの卵0となり，$\boxed{0}\boxed{1}\boxed{2}\boxed{0}$ です。次の問に答えなさい。

(1)　239個の卵をつめると，$\boxed{\ }\boxed{\ }\boxed{\ }\boxed{\ }$ と書けます。

(2)　$\boxed{0}\boxed{5}\boxed{0}\boxed{5}$ で書ける卵の個数と，$\boxed{1}\boxed{5}\boxed{1}\boxed{5}$ で書ける卵の個数との和は $\boxed{\ }\boxed{\ }\boxed{\ }$ 個になります。

(中等部)

2　次の図のように，左から順に番号をつけた電球が横に並べてあります。この電球は，スイッチを入れると下の規則にしたがってつきます。このとき，下の $\boxed{\ }$ に適当な数を入れなさい。

1番目	2番目	3番目	4番目	……
○	○	○	○	……

1秒後に，1番目だけがつく。

2秒後に，2番目だけがつく。

3秒後に，1番目と2番目の2つだけがつく。

4秒後に，3番目だけがつく。

5秒後に，1番目と3番目の2つだけがつく。

6秒後に，2番目と3番目の2つだけがつく。

7秒後に，1番目と2番目と3番目の3つだけがつく。

(1)　1番目から5番目まですべての電球が最初につくのは $\boxed{\ }\boxed{\ }$ 秒後です。

(2)　1分28秒後には，左から順に，$\boxed{ア}$ 番目，$\boxed{イ}$ 番目，$\boxed{ウ}$ 番目の3つの電球だけがつきます。

(中等部)

14 調べて解く1 計算の応用

① 下の6つの □ に2〜7のすべての数字を1つずつ入れて，筆算を完成しなさい。

```
    9 □ □ □
  ×       5
  ─────────
  □ □ 1 8 □
```

(普通部)

② 次の計算は1から9までの9個の数字を1つずつ使っています。

$12 \times 483 = 5796$

これと同じように，次の2けたの数と3けたの数の積の計算も，1から9までの数字を1つずつ使っています。

$18 \times 2\boxed{ア}7 = 5\boxed{イ}\boxed{ウ}\boxed{エ}$

(中等部)

③ 1から11までの数が1つずつ書いてあるカード11枚を，裏返しにして横1列に並べました。そのあとに偶数番目にあるカードを表にしたところ，次のようになりました。

$\boxed{}\boxed{1}\boxed{}\boxed{2}\boxed{}\boxed{3}\boxed{}\boxed{4}\boxed{}\boxed{5}\boxed{}$

表にしたカードの数が，その左右のカードの差になるとき，左端のカードと右端のカードの数の差はいくつですか。

(普通部)

④ 右の図の9つのマスに数を1つずつ入れて，縦，横，斜めに並んだ3つの数の和がすべて等しくなるようにします。このとき，Aのマスに入る数は □ です。

(中等部)

28	76	A
		4

⑤ 右の表の6つの空らんに1つずつ数を入れ，縦，横1列に並んだ4つの数の積がすべて等しくなるようにします。このとき，空らん(ア)に入る数は □ です。

(中等部)

10	6	28	3
4	21		5
		1	
7	2		(ア)

15 調べて解く２　カード

1 10, 20, 30, 40, 50, 60, 70, 80, 90 の数が１つずつ書かれている９枚のカードがあります。A君，B君，C君の３人がカードを同時に３枚ずつひいて，カードに書かれている数の合計を得点とするゲームをしたところ，３人の得点が同じになりました。B君は90が書かれたカードをひいたことが分かっています。A君がひいた３枚のカードに書かれている数を小さい順に並べると，10, ア, イ となります。　　　　　（中等部）

2 １から９までの数字を１つずつ書いた９枚のカードがあります。A，B，Cの３人に３枚ずつ配ったところ，３人とも持っているカードの数の和が等しくなりました。３人が同時に１枚ずつ出していったところ，３回とも出したカードの数の和が等しくなりました。１回目はAが２，２回目はBが５，３回目はAが６のカードを出しました。ただし，それぞれのカードは１回しか出さないものとします。

(1)　Cが２回目に出したカードの数を求めなさい。

(2)　Bが３回目に出したカードの数を求めなさい。　　　　　（普通部）

3 １～８までの数字が書いてある８枚のカードをA，B，C，Dの４人に２枚ずつ配り，それぞれの持っているカードに書いてある数字の小さいほうをAはBに，BはCに，CはDに，DはAにあげたところ，４人の持っているカードの数字の合計は等しくなりました。今，Aは8というカードを，Cは2というカードを持っています。また，はじめに配られたとき，BとDのカードの数字の合計は等しかったそうです。Cにはじめに配られた２枚のカードは，数字の小さいほうから順に，アとイ，または，ウとエであったと考えられます。

（中等部）

4 赤，白，青，黄色の４種類のカードがそれぞれ３枚ずつ合計12枚あります。赤いカードには１点，白いカードには２点，青いカードには３点，黄色いカードには４点の点数があたえられます。これらをA，B，C，Dの４人が３枚ずつひいたところ，だれもが３種類のカードを持ちました。Cは青いカードを持っています。A，Dはどちらも赤いカードを持っています。B，Dの得点はどちらも３の倍数です。このとき，Cの得点は□点です。　　（中等部）

⑯ 調べて解く３   ゲーム・応用

❶ 異なる１けたの数が３つあります。これらを並べて３けたの数をつくります。並べてできた３けたの数のうち，最も大きい数をア，最も小さい数をイとし，アとイの差をウとします。アの十の位の数が６，ウの百の位の数が４のとき，イとウをすべて求めなさい。　　（普通部）

❷ １から11までの数字が１つずつかいてあるシールがあります。５枚のカードの表と裏に，シールを１枚ずつはり，その和が12になるようにします。

(1) カードを並べた後で表と裏をひっくり返して，見えている数字の和が最大になるようにします。このときの和はいくつですか。

(2) 見えている数字の和が31になるようにカードを並べます。全部のカードを裏返すと数字の増えるカードが３枚ありました。この３枚のカードの数字は，裏返す前それぞれいくつでしたか。　　（普通部）

❸ 太郎君は何人かの友達とゲームをして，その得点を調べました。最高点と最低点の比は４：３で，全員の得点の合計は280点でした。得点順に並べると，４点ずつ差がついていて，同じ得点の人はいませんでした。ゲームをした人は全員で何人ですか。　　（普通部）

❹ ３から６の数が１つずつ書かれたカードが４枚あります。この４枚を

$$2 \times \boxed{} + \boxed{}\boxed{} - 60 \div \boxed{}$$

の□に置いて式をつくります。たとえば，左から３，４，５，６のカードを順番に置くと

$$2 \times 3 + 45 - 60 \div 6$$

という式になり，計算すると答えは41になります。

このように式をつくって計算したとき，最も大きくなる答えはいくつですか。　　（普通部）

❺ A，B，Cの３人で次のゲームをしました。

> じゃんけんをして１人だけ勝ったときに，勝った人は持っているおはじきと同じ数のおはじきを負けた２人からそれぞれもらいます。途中でだれかのおはじきがなくなったらゲームは終わりです。

まずAが勝ち，次にB，Cの順に１回ずつ勝ったところで，AとBのおはじきがちょうどなくなりました。最後にCが持っていたおはじきは54個でした。初めにAが持っていたおはじきは何個ですか。　　（普通部）

17 調べて解く4

1 　1から16の番号が書かれた16枚のパネルが，図1のようにならんでいる。ひとつひとつのパネルは，次のようなしくみでランプが点灯するようになっている。

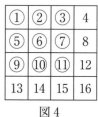

1	2	3	4
5	6	7	8
9	10	11	12
13	14	15	16

図1

・ランプは，ついているか消えているかのどちらかである。番号に○がついているパネルは，ランプがついていることにする。

・ひとつのパネルにふれると，それをふくむ縦と横の列にあるすべてのランプが，ついているものは消え，消えているものはつく。

　たとえば，図2の状態で7番のパネルにふれると，図3のようになる。

①	2	③	4
5	⑥	7	⑧
⑨	10	⑪	12
13	⑭	15	⑯

図2

①	2	3	4
⑤	6	⑦	8
⑨	10	11	12
13	⑭	⑮	⑯

図3

①	②	③	4
⑤	⑥	⑦	8
⑨	⑩	⑪	12
13	14	15	16

図4

(1) 　図1を最初の状態として，1から5まで順にパネルにふれたとき，ランプがついているパネルの番号に○をつけなさい。

(2) 　図1を最初の状態として，1，2，3，……の順にパネルにふれていくと，図4のような状態になった。何番のパネルまでふれましたか。

(3) 　図2を最初の状態として，1，3，5，……，15の順に奇数番号のパネルにふれたとき，ランプがついているパネルの番号に○をつけなさい。

(湘南藤沢)

2 　AさんとBさんは同じ数ずつ玉を持っていて，次のような作業をする。

① 　Aさんの持っている玉のうち半分をBさんにわたす。

② 　Bさんの持っている玉のうち半分をAさんにわたす。

　①，②の順にくり返し作業を行い，持っている玉の個数が奇数になったら終わる。

　右の図1は最初にAさんが8個，Bさんが8個玉を持っている場合の例であり，玉をわたす作業は3回行われたので，作業の回数は「3」と考えることにする。次の ア ～ オ にあてはまる数を答えなさい。

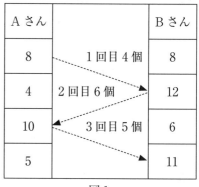

図1

(1) 　Aさん，Bさんはそれぞれ最初に40個ずつ持っている。この作業が終わったときにAさんは ア 個の玉を持っていて，作業の回数は イ です。

(2) 　Aさん，Bさんはそれぞれ最初に ウ 個ずつ持っている。この作業が終わったときにAさんは63個，Bさんは129個の玉を持っていて，作業の回数は エ です。

(3) 　Aさん，Bさんはそれぞれ最初に3072個ずつ持っている。この作業が終わったときの作業の回数は オ です。

(湘南藤沢)

1 のり子さんとよし子さんとゆき子さんとあや子さんの４人がオセロゲームをしました。おたがいに必ず１回は対戦し，２回対戦した人もいます。結果は，よし子さんは１勝２敗，ゆき子さんも１勝２敗，あや子さんは４勝０敗，のり子さんは ア 勝 イ 敗でした。ただし引き分けはないものとします。　　　　　　　　　　　　　　　　　　　　　　　　　　　　　　　　　　（中等部）

2 ５円玉と１円玉が合計 55 枚ありました。できるだけ硬貨の枚数が少なくなるように 10 円玉に両替したところ，硬貨の枚数は 15 枚になり，そのうち１円玉は２枚でした。最初に１円玉は何枚ありましたか。　　　　　　　　　　　　　　　　　　　　　　　　（普通部）

3 形や大きさがすべて同じ玉の中に，重い玉が１個だけふくまれているものとします。どちらが重いかだけがわかるてんびんを使って，重い玉をみつけようと思います。たとえば，３個の玉のうちに１個だけ重い玉があるとき，てんびんを１回使うと，必ず重い玉がみつかります。てんびんを使う回数をできるだけ少なくするものとして，次の □ に適当な数を入れなさい。ただし，てんびんには玉を何個のせてもよいものとします。
(1) てんびんを □ 回使うと，21 個の玉のうちの重い玉が必ずみつかります。
(2) てんびんを４回しか使えないとします。重い玉が必ずみつかるのは，玉の個数が一番多い場合で □ 個のときです。　　　　　　　　　　　　　　　　　　（中等部）

4 数１，３，10，20 がそれぞれ書かれた４種類の札①，③，⑩，⑳が 10 枚ずつあります。いま，０を除く整数を，これらの札に書かれている数の和で表すことを考えますが，用いてもよい札の枚数は合計 10 枚までとし，合計の枚数をできるだけ少なくすることにします。たとえば，５という整数を表すには，①の札２枚と③の札１枚を用いればよいのです。次の □ に適当な数を入れなさい。
(1) 52 という整数を表すには，札を □ 枚用います。
(2) 表すことができない整数のうちで，最も小さい整数は □ です。
(3) 表すことができる整数は，全部で □ 個あります。　　　　　　　　　　（中等部）

19 調べて解く6

1 A，B，C，D，E の 5 人が一列に並んでいます。

・A は一番前ではありません。

・E は A のすぐ後ろです。

・C と A の間には 2 人います。

・D は C のすぐ後ろです。

　5 人の並び方を前から順に書きなさい。　　　　　　　　　　　　　　　　（普通部）

2 A，B，C，D，E の 5 人が 100 m 競争をしました。次の話から順位を答えなさい。

A 　「ぼくの前には 2 人以上いた。でも，ぼくは D より前にいた。」

C 　「E はぼくの 2 人前にいた。」

　5 人の順位を，考えられるすべての場合について 1 位から順に書きなさい。　（普通部）

3 A，B，C，D，E，F の 6 人が 3 人ずつ向かい合わせに座りました。座り方について，この 6 人が次のように説明しました。

A：僕<ruby>僕<rt>ぼく</rt></ruby>は端<ruby>端<rt>はし</rt></ruby>に座った。

B：A 君は僕から見て正面の右どなりにいた。

C：僕は E 君の正面に座った。

D：僕から見て向かい側の左端に F 君が座っていた。

E：C 君は F 君と同じ側に座っていた。

F：僕は B 君とは向かい合わせではなかった。

　A から F の座席を右の図に書きなさい（答えのみでよい）。　　　　　　　（普通部）

4 赤いリボンが 2 つ，白いリボンが 3 つあり，この中から C 君が A，B 2 人の帽子<ruby>帽子<rt>ぼう</rt></ruby>にリボンを 2 つずつつけました。A，B 2 人には自分のリボンは見えませんが，最初の各個数と帽子にいくつついているかは知っています。

　A，B 2 人はそれぞれ相手のリボンを見ながら，自分のリボンが何色かを当てます。B 君は初めわかりませんでしたが，A 君が「わからない」と言ったことを聞いて，自分のリボンの色がわかりました。C 君は A，B 2 人に何色のリボンをつけたのでしょうか。　（普通部）

20 規則性1　　整数の数列

1 次の □ にあてはまる数を求めなさい。

(1) 1番目の整数を1として，あるきまりにしたがって，次のように整数が並んでいます。

1，3，5，7，9，11，13，15，……

1番目の整数から19番目の整数までのすべての和は □ です。

(2) 分数 $\frac{6}{13}$ を小数で表したとき，小数第250位の数は □ です。　　　　　（中等部）

2 次の各問いに答えなさい。

(1) 1から99までの自然数を次のように3つずつ区切ったとき，3つの数の和が6の倍数になる組は何組ありますか。

（1，2，3），（4，5，6），（7，8，9），……，（97，98，99）

(2) 1から999までの自然数を(1)と同じように3つずつ区切ったとき，3つの数の和が12の倍数になる組は何組ありますか。

（1，2，3），（4，5，6），（7，8，9），……，（997，998，999）　　　　　（湘南藤沢）

3 1から99までの整数を小さい方から順に左から並べ，

| 1 | 2 3 | 4 5 6 | 7 | 8 9 | 10 11 12 | 13 | ……

と，区切ります。次の □ に適当な数を入れなさい。

(1) 29は，左から数えて □ 番目の区切りの中にある数です。

(2) 1つの区切りの中にある数の和が173になるのは，左から数えて □ 番目の区切りです。

　　　　　（中等部）

4 1から3の数字が書かれたご石を，下の図のように規則的にならべていく。このとき，次の □ にあてはまる数を求めなさい。

①②③①①②②③③①①①②……

(1) ご石を20個ならべたとき，書かれている数字の合計は □ です。

(2) ご石を108個ならべたとき，書かれている数字の合計は □ です。

(3) ご石を □ 個ならべたとき，書かれている数字の合計は353です。　　　　　（湘南藤沢）

21 規則性2　　分数の数列

1 次のように続く分数の列があります。

$$\frac{1}{1},\ \frac{1}{2},\ \frac{2}{2},\ \frac{1}{3},\ \frac{2}{3},\ \frac{3}{3},\ \frac{1}{4},\ \frac{2}{4},\ \frac{3}{4},\ \frac{4}{4},\ \frac{1}{5},\ \frac{2}{5}\ \cdots\cdots$$

(1) $\frac{4}{9}$ は何番目になりますか。

(2) 71番目の分数を求めなさい。 　　　　　　　　　　　　　　　（普通部）

2 ある決まりに従って，次のように分数を並べました。

$$\frac{1}{2},\ \frac{2}{3},\ \frac{1}{3},\ \frac{3}{4},\ \frac{2}{4},\ \frac{1}{4},\ \frac{4}{5},\ \frac{3}{5},\ \frac{2}{5},\ \frac{1}{5},\ \frac{5}{6}\ \cdots\cdots$$

このとき，次の ☐ に適当な数を入れなさい。

(1) はじめから数えて203番目にある分数は $\dfrac{\boxed{ア}}{\boxed{イ}}$ です。

(2) 1番目から300番目までの分数をすべて加えると ☐.☐☐ になります。　　（中等部）

3 次のように，分数があるきまりに従ってならんでいます。

$$\frac{1}{1},\ \frac{2}{3},\ \frac{3}{5},\ \frac{1}{7},\ \frac{2}{9},\ \frac{3}{11},\ \frac{1}{13},\ \frac{2}{15},\ \frac{3}{17},\ \frac{1}{19}\cdots\cdots$$

このとき，次の ☐ に適当な数を入れなさい。

(1) はじめから数えて，100番目の分数は $\dfrac{\boxed{ア}}{\boxed{イ}}$ です。

(2) $\frac{1}{20}$ より大きい分数は全部で ☐☐ 個です。　　　　　　　　　（中等部）

4 次の分数は，ある規則にしたがってならんでいます。

$$\frac{1}{1},\ \frac{1}{2},\ \frac{2}{3},\ \frac{3}{5},\ \frac{5}{8}\ \cdots\cdots\cdots$$

(1) はじめから10番目の分数を求めなさい。

(2) はじめから9番目の分数と10番目の分数の差を求めなさい。　　（普通部）

1 下の図のように数のかかれた白いカードと黒いカードが並べてある。

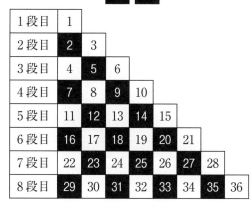

(1) 10 段目の左から 4 番目のカードの数を求めなさい。

(2) 15 段目のすべての白いカードの数の和を求めなさい。

(3) ある段の白いカードの数の和と，黒いカードの数の和を比べたら，その差が 61 であった。
そのような段は何段目と何段目ですか。

(湘南藤沢)

2 右のように，ある規則で数が並んでいます。

(1) 1 段目で左から 10 番目の数はいくつですか。

(2) 32 は何段目で左から何番目ですか。(普通部)

1 段目	1	3	6	10 ・
2 段目	2	5	9	・ ・
3 段目	4	8	・	・ ・
・		7	・	・ ・
・			・	・ ・

3 右のように，ある規則にしたがって数字を並べていくとき，上から三段目で左から 2 番目の数字を （3，2）と表すこととする。

例えば，

（5，1）＝2

（3＋4，4）＝7

である。このとき，次の ◻ にあてはまる数を答えなさい。

(11，1)＝ ◻ ア

(20， ◻ イ)＝12

(◻ ウ ，1)＝(◻ ウ ＋4，1)＝13

(湘南藤沢)

1 右のように数が並んでいます。

    1
    2 3
    4 5 6
    7 8 9 10
    11 ・ ・ ・ ・

(1) 上から10段目の一番右にある数は $\boxed{ア}$ です。

(2) 20段目には $\boxed{イ}$ 個の数があり，これらの数の和は $\boxed{ウ\ \ }$ です。

(3) 500は上から $\boxed{エ}$ 段目の左から $\boxed{オ}$ 番目にあります。　（湘南藤沢）

2 数を右のように並べました。

1段目	1
2段目	2　3　4
3段目	5　6　7　8　9
4段目	10　11　12　13　14　15　16
5段目	17　18　19　…………

(1) 18段目の左から2つ目にある数はいくつですか。

(2) 1000は何段目にありますか。　（普通部）

3 次のように，あるきまりにしたがって数が並んでいます。

  1   2   3
  4   5   6   7   8   9
  10 11 12 13 14 15 16 17 18
  19 20 21 22 23 24 25 26 27 28 29 30
  31 ……………

23は，上から4段目，左から5番目にあります。

180は，上から $\boxed{ア}$ 段目，左から $\boxed{イ}$ 番目にあります。　（中等部）

4 右の図に，あるきまりにしたがって，1段目から12段目まで数を並べます。次の□に適当な数を入れなさい。

(1) Aに入る数は $\boxed{ア}$ で，Bに入る数は $\boxed{イ\ \ }$ です。

(2) 12段目に入るすべての数の和は $\boxed{\ \ \ }$ です。

（中等部）

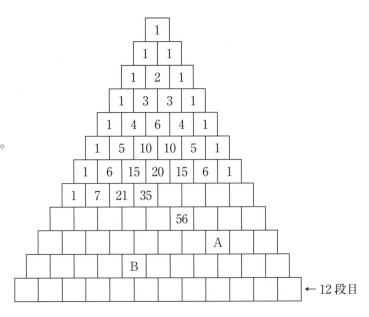

← 12段目

1 このカレンダーは，ある年の10月のものである。2月は28日間として，以下の問いに答えなさい。

(1) この年の1月1日は何曜日ですか。

(2) この年の13番目の日曜日は何月何日ですか。

(3) 上のカレンダーと，日数もふくめて全く同じになる月は，翌年の何月ですか。ただし，祝祭日は考えないものとする。

（湘南藤沢）

日	月	火	水	木	金	土
					1	2	3
4	5	6	7	8	9	10
11	12	13	14	15	16	17
18	19	20	21	22	23	24
25	26	27	28	29	30	31

2 うるう年の2008年1月1日は火曜日でした。2010年の1月最後の火曜日は□□日です。

（中等部）

3 AとBの電球があります。スイッチを入れると2つの電球は同時につき，Aの電球は2秒間ついては1秒間消えるということをくり返し，Bの電球は3秒間ついては2秒間消えるということをくり返します。スイッチを入れてから99秒後までに，両方の電球が同時についている時間は，全部で□□秒間です。

（中等部）

4 点めつする5つの豆電球ア，イ，ウ，エ，オがあります。5つの豆電球のついている時間はどれも同じで1秒間です。消えている時間は異なり，右のようになっています。

豆電球	ア	イ	ウ	エ	オ
時間（秒）	5	8	14	17	24

今5つの豆電球が同時につき，点めつを始めました。次の□に適当な数を入れなさい。

(1) はじめの2分間にイの豆電球は□□回つきます。

(2) ア，イ，ウの3つの豆電球が2度目に同時に1秒間つくのは ア 分 イ 秒後からです。

(3) 5つの豆電球が2度目に同時に1秒間ついたとき，5つの豆電球のついた回数の和は□□□回です。

（中等部）

1 図のようにおはじきを並べて図形を作る。

(1) 25番目の図形に使われ
ているおはじきの個数を求
めなさい。

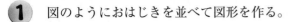
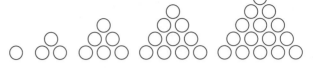

(2) 3番目，4番目，8番目，9番目の図形に使われているおはじきの個数は，合わせて何個
ですか。

(3) 9番目，10番目，19番目，20番目，29番目，30番目の図形に使われているおはじきの
個数は，合わせて何個ですか。　　　　　　　　　　　　　　　　　　　　　　　　　（湘南藤沢）

2 次の各問いに答えなさい。

(1) ご石を図1のように三角形に並べるとき，946個のご石が使われているのは何番目の三
角形ですか。

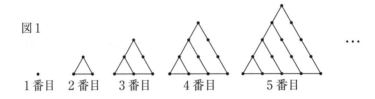

図1

1番目　2番目　3番目　4番目　5番目

(2) ご石を図2のように五角形に並べるとき，43番目の五角形には何個のご石が必要ですか。

（湘南藤沢）

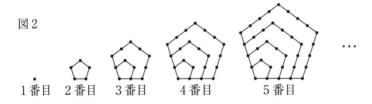

図2

1番目　2番目　3番目　4番目　5番目

26 規則性7

1 下の図1のように，1辺が1cmの正六角形を2つつなげた図形があります。周囲の長さは10cmです。今，これを2つの方法によって並べてできる図形の周囲の長さを考えます。

図1　　　　　Aの方法　　　　　　　　Bの方法

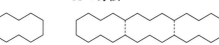

(1) Aの方法で5個つなげたときの周囲の長さを求めなさい。

(2) Aの方法で4個つなげ，さらにBの方法でそれを3個つなげて，右のような図形を作りました。このようにして，Aの方法で10個，Bの方法で20個つなげたときの周囲の長さを求めなさい。

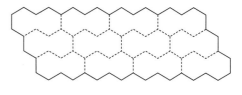

(普通部)

2 図1のように，矢印の向きに順番にご石をならべていく。このとき図2のように，ご石の中心と中心を結んでできる正三角形（かげのついた部分のような正三角形）の面積は，いずれも1㎡となる。ならべるご石の数と，できる正三角形の面積の合計との関係を考える。例えば，図2のように13個のご石をならべると，その正三角形の面積の合計は13㎡になる。

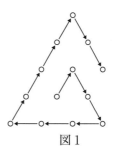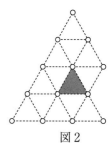

図1　　　　　　図2

次の文章の　　　にあてはまる数を答えなさい。

(1) 20個のご石をならべると，正三角形の面積の合計は　　　　　㎡である。

(2) 　　　　　個のご石をならべると，正三角形の面積の合計は195㎡である。

(3) 500個のご石をならべると，正三角形の面積の合計は　　　　　㎡である。　(湘南藤沢)

27 規則性8

図形(2)

1 右の図のように，1辺の長さが3cm の立方体を積み上げて，立体を作っていく。このとき，次の問いに答えなさい。

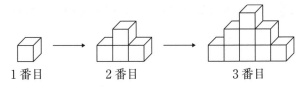

1番目　　　2番目　　　　3番目

(1) 5番目にできる立体の体積を求めなさい。

(2) 29番目にできる立体の面の数を求めなさい。たとえば，2番目にできる立体の面の数は10枚である。

(3) 面の数が602枚になるのは何番目のときですか。 （湘南藤沢）

2 縦10cm，横20cmの長方形のタイルを同じ向きにしきつめ，横長の大きな長方形を作る。その後，左上のタイルから始めて，方法Aは反時計回りに，

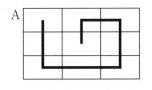
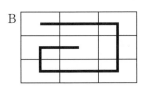

A　　　　　　　　　B

方法Bは時計回りに各タイルの中心を直線で結ぶ。上の図では，縦，横3枚ずつタイルを並べた場合を示した。

(1) 縦，横それぞれ4枚ずつ，合計16枚のタイルを並べたとき，方法Aによって中心を結んだときの折れ線の長さを求めなさい。

(2) 縦，横それぞれ5枚ずつ，合計25枚のタイルを並べたとき，方法Aによって中心を結んだときと，方法Bによって中心を結んだときの折れ線の長さの差を求めなさい。

(3) 縦，横に同じ枚数ずつのタイルを並べたとき，A，B2つの方法によって中心を結んだときの折れ線の長さの差が130cmになった。このとき，しきつめたタイルの枚数を求めなさい。 （湘南藤沢）

28 規則性9

フィボナッチ数列系

1 階段を昇るのに，1度に1段，2段，3段を昇る3種類の昇り方が可能であるとします。例えば，3段の階段を昇るには，次の①～④の4通りの昇り方があります。次の□に適当な数を入れなさい。

    ① 1度に3段昇る

    ② はじめに1段，次に2段昇る

    ③ はじめに2段，次に1段昇る

    ④ 1段ずつ3度で昇る

(1) 4段の階段の昇り方は□通りあります。

(2) 10段の階段の昇り方は□□通りあります。 （中等部）

2 たて2cm，横1cmの長方形のタイルがたくさんあります。このタイルをすきまなくならべて，たて2cm，横 x cm の長方形を作るとき，タイルのならべ方の総数を，《x》と表すことにします。例えば，次の図から《4》=5 となります。このとき，下の□に適当な数を入れなさい。

(1) 《3》=[ア]，《5》=[イ] です。

(2) 《10》=□□ です。 （中等部）

39

1　右の図のように１ｍ間かくの平行な線があり，線には番号がついている。

いま，K君が①の線からスタートして

①→②→①→②→③→②→①→②→③→④→③

→②→①→……

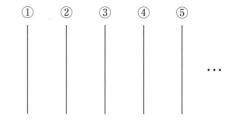

という順番で，おのおのの線を１回ずつふみながら，線と垂直な方向に歩いていく。

このとき，次の□や○にあてはまる数を答えなさい。

(1)　スタートしてから，はじめて⑥の線をふんで①の線にもどってきたとき，K君の歩いた道のりは□ｍである。

(2)　スタートしてから70ｍ歩いたとき，K君は○の線をふんでいる。

(3)　スタートしてから５回目に⑩の線をふんだとき，K君の歩いた道のりは□ｍである。

（湘南藤沢）

2　２，４，８，16，……，のように，２をいくつかかけ合わせた数のチーム数が参加するトーナメント（勝ち抜き戦）を考える。１つのトーナメントで行われる各試合が何回戦かを示す各数字をすべて加えた数をNで表す。

たとえば，チーム数が８のときには，右の図のようなトーナメントとなり，１回戦が４試合，２回戦が２試合，３回戦が１試合行われるので，○の中の数字を足して，

$$N = 1+1+1+1+2+2+3 = 11$$

となる。

（図：トーナメント表　チーム1〜8　○の中：回戦）

(1)　チーム数が16であるトーナメントでは，Nはいくつになりますか。

(2)　６回戦が決勝戦となるトーナメントでは，Nはいくつになりますか。

(3)　あるチーム数のトーナメントでは，Nが4083となった。この２倍のチーム数のトーナメントでは，Nが8178になるという。Nが4083となるときのチーム数を求めなさい。

（湘南藤沢）

3　１本が１ｍのパイプをつないで，右の図のように１辺２ｍのジャングルジムのようなものを作りました。１辺３ｍのものを作るには，合計何本のパイプが必要ですか。

（普通部）

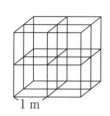

1 m

1　右の図1のように，細長い紙の左はしを右はしに重ねるようにして谷折りの作業をくり返す。ただし，紙の右はしは固定されており，うら返したり，はがしたりできないものとする。

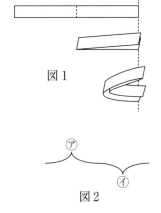

図1

(1)　谷折りの作業を5回くり返してから，紙を広げた。

　　折り目の数はいくつですか。

(2)　谷折りの作業を10回くり返してから，紙を広げた。

　　このとき，山型の折り目（真横から見たときに上の図2の⑦の形になっている折り目）の数はいくつですか。

（湘南藤沢）

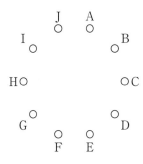

図2

2　図のように円形に並べた10個の石がある。このとき，次の各問いに答えなさい。

J　A
I　○　○　B
　○　　　○
H○　　　　　○C
　○　　　○
G　○　○　D
　F　E

(1)　Aの石から順に時計回りに数えていき，9番目の石Iを取り除く。次に，Iのとなりの石Jから時計回りに数えていき，9番目の石を取り除く。

　　このような手順をくり返したとき，最後に残る石はどれですか。ただし，取り除いた石は数えないものとする。

(2)　ある石から順に，(1)と同じ方法で石を取り除いていったところ，Dの石が最後に残った。どの石から数えはじめたのですか。

(3)　ある石から順に時計回りに1つとばしに数えていき，9番目の石を取り除く。次にその取り除いた石のとなりの石から時計回りに1つとばしに数えていき，9番目の石を取り除く。これをくり返していったところ，Aの石が最後に残った。

　　どの石から数えはじめたのですか。

（湘南藤沢）

3　1，2，3，……と番号が書いてあるカードが，上から番号の小さい順に重ねてある。『いちばん上のカードを捨てて，その次にいちばん上になったカードを残りのカードのいちばん下に入れる』という作業をくり返すとする。次の問いに答えなさい。

(1)　カードの枚数が32枚のとき，最後まで残るカードの番号はいくつですか。

(2)　カードの枚数が100枚のとき，最後まで残るカードの番号はいくつですか。　（湘南藤沢）

1 次の □ に適当な数を入れなさい。

②，④，⑥，⑧の札がそれぞれ１枚ずつあります。これらの札を次の式の○の位置に１枚ずつ置きます。

$$\frac{○}{○} > \frac{○}{○}$$

この式が正しくなる置き方は全部で □ 通りあります。 （中等部）

2 底面が正方形，側面がすべて正三角形である四角すいがあります。次の □ に適当な数を入れなさい。

(1) この四角すいの底面に１，４つの側面に２，３，４，５の数字を１つずつ書くとき □ 通りの場合があります。

(2) この四角すいの５つの面に１，２，３，４，５の数字を１つずつ書くとき □ 通りの場合があります。 （中等部）

3 ＡとＢの２チームが対戦し，先に４回勝った方が優勝となる野球の試合があります。

(1) 引き分けがない場合で，６回試合をしてＡが優勝するときの勝ち負けを表すと，例えば，右のようになります。

1回	2回	3回	4回	5回	6回
○	×	○	○	×	○

この例以外に，６回目の試合でＡの優勝が決まるのは何通りありますか。

(2) 引き分けがある場合で，６回目の試合で優勝が決まるのは何通りありますか。 （普通部）

4 １から９までの整数 A，B，C を並べて３けたの整数を作ります。百の位を A，十の位を B，一の位を C とする整数を ABC のように表すことにします。ABC，CAB，BCA の和が1776となる A，B，C の組は何通りありますか。ただし，A＞B＞C とします。 （普通部）

32 場合の数2

1 3を1以上の整数の和で表すと，1+2，1+1+1 の2通りになります。5を同じように1以上の整数の和で表す方法は何通りありますか。 （普通部）

2 右の枠に1から8までの数をひとつずつ入れます。どの数も，右隣りの数より小さく，また真下の数より小さくなるように入れるとき，何通りの並べ方がありますか。 （普通部）

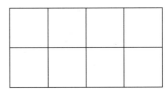

3 3のカードと7のカードがそれぞれたくさんあります。その中から何枚かとって，出た数の合計を得点とします。

(1) カードを5枚とってできる得点のうち，大きいほうから3番目は何点ですか。

(2) 3点以上20点以下のうち，できない得点をすべて答えなさい。ただし，カードは何枚とってもよいものとします。 （普通部）

4 同じ大きさのおはじきが8個あります。そのうちの4個が黒色，3個が青色，1個が赤色です。8個のおはじきを3個と5個に分けるとき，その分け方は何通りありますか。

（普通部）

5 赤い玉と白い玉がそれぞれ3個ずつある。これらの玉をすべて，1つの袋の中に1個ずつ入れていくとき，何通りの入れ方がありますか。ただし，袋の中の白い玉の数は，つねに袋の中の赤い玉の数をこえないものとする。 （湘南藤沢）

33 場合の数3　　いろいろな問題(1)

1 100円，200円，300円，400円の値段の品物を，同じ大きさの4つの箱に入れてしまったため，外からはわからなくなりました。この4つの箱にそれぞれ100円，200円，300円，400円の値札をつけるとき，品物の値段と値札が1つだけ一致している値札のつけ方は何通りありますか。　　（普通部）

2 4人が4脚のいすに横一列で座っています。これから座り方を変えようとしていますが，4人とも今とは違ういすに座る座り方は何通りありますか。　　（普通部）

3 右の図は，針が1本で，1から12まで1目盛りずつ動く時計板です。サイコロをふって出た目の数が偶数ならば，その目の数だけ時計回りに針を進ませ，奇数ならば，その目の数だけ時計の反対回りに針を進ませます。いま，針は12を指しています。

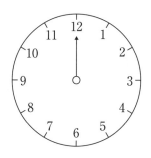

(1) サイコロを1回ふるとき，針が指す目盛りの数をすべてたすと ☐ になります。

(2) サイコロを3回ふるとき，針が12を指す場合のサイコロの目の出方は，全部で ☐ 通りです。　　（中等部）

4 各面に異なる絵のかかれた直方体のティシュペーパーの箱があります。このとき，次のような操作をします。最初，ティシュの取り出し口のある面を上向きにしておきます。次に箱を何回かたおして上に向く面をかえ，最後に取り出し口のある面が上向きにもどるようにします。ただし，箱をうら返すことはできず，また箱をたおすとき，最後に取り出し口のある面が上向きになる以外に1度上向きにした面を再び上向きにすることはできません。次の ☐ に適当な数を入れなさい。

(1) 箱を3回たおして，取り出し口のある面が上向きにもどる操作は全部で ☐ 通りあります。

(2) 箱を5回たおして，取り出し口のある面が上向きにもどる操作は全部で ☐ 通りあります。

(3) 箱を偶数回たおして，取り出し口のある面が上向きにもどる操作は全部で ☐ 通りあります。　　（中等部）

34 場合の数4

いろいろな問題(2)

1 A君とB君はどちらも赤，青，緑の鉛筆を持っています。B君が持っている鉛筆の本数は，A君と比べて赤は同じ，青は2倍，緑は3倍です。

このとき，次の□に適当な数を入れなさい。

(1) B君が赤，青の鉛筆を合わせて28本持っているとき，A君が持っている赤，青の鉛筆の本数の組は全部で□通り考えられます。

(2) B君が赤，青，緑の鉛筆を合わせて21本持っているとき，A君が持っている赤，青，緑の鉛筆の本数の組は全部で□通り考えられます。 (中等部)

2 1個200円の品物が，3個入りの箱では1箱585円，5個入りの箱では1箱950円，7個入りの箱では1箱1295円で売られています。この品物を全部で5個買う買い方は，

・5個入りの箱を1箱買う。

・3個入りの箱を1箱と1個ずつを2個買う。

・1個ずつ5個買う。

の3通りがあります。このとき，次の□に適当な数を入れなさい。

(1) この品物を全部で12個買う買い方は□通りあります。

(2) この品物を全部で15個買うとき，4番目に安く買う買い方では，代金は□□□円になります。 (中等部)

3 4チームで，サッカーの総当たり戦を行います。勝ったチームは勝ち点3，引き分けたチームは勝ち点1をそれぞれ獲得し，負けたチームは勝ち点を得られません。勝ち点の合計の多い順に順位を決定し，勝ち点の合計が同じチームは，くじ引きで順位を決めます。

このとき，次の□に適当な数を入れなさい。

(1) 2位になるチームの勝ち点の合計は，最大の場合で $\boxed{ア}$，最小の場合で $\boxed{イ}$ です。

(2) 全6試合を終えたとき，4チームの勝ち点の合計の組み合わせは，全部で□通りです。 (中等部)

㉟ 場合の数5

やり取り・調べ

❶ A，B，Cの3人がおはじきを4個ずつ持っています。

(1) このおはじきをAがBに，その後BがAに渡しました。このとき，AとBが持っているおはじきの個数の組み合わせは何通りですか。ただし，それぞれが渡せる個数は1個から3個までとし，A5個・B3個と，A3個・B5個は，別の場合と数えます。

(2) (1)の後BはCに，さらにCはBに渡しました。このとき，3人の持っているおはじきの個数の組み合わせは何通りですか。ただし，(1)と同じように渡せる個数は1個から3個までとし，それぞれがいつでも1個以上のおはじきを持っているようにします。 （普通部）

❷ 2人でじゃんけんをします。初めの得点を0点とし，勝てば2点増え，負けると1点減ります。あいこのときは変わりません。（ただし，得点が0点のときは負けても0点のままです。）

(1) じゃんけんを3回した後の得点で，高い方から3番目の得点は何点ですか。

(2) じゃんけんを5回して，1回目に勝ち，5回目を終わったときの得点が0点になるのは，

1回目…勝ち，2回目…負け，3回目…負け，4回目…あいこ，5回目…あいこ

のほかに何通りありますか。 （普通部）

❸ A君のお父さんは，Kさん，Eさん，Iさん，Oさんの4人から，会合の費用として500円ずつを集めている。4人はそれぞれ，500円玉1枚で支払うか，千円札1枚を出して500円玉のおつりをもらうかの，どちらかの方法で支払うものとする。

(1) 4人の支払い方には，例えばKさんだけが千円札で支払い，残りの3人は500円玉で支払う場合や，Oさんだけが千円札で支払い，残りの3人は500円玉で支払う場合などがある。4人の支払い方は，全部で何通りですか。

A君のお父さんは，4人から同時にお金を集めるものとし，おつりには，誰かが支払った500円玉か，あらかじめ用意しておいた500円玉を利用する。

(2) A君のお父さんが500円玉を1枚だけ用意しておいたときに，つり銭切れが起こる（おつりが不足する）4人の支払い方は，(1)のうち何通りですか。

(3) 会合にSさんも加わり，5人から同時にお金を集めるときに，つり銭切れが起こるK，E，I，O，Sさんの5人の支払い方は何通りですか。

ただし，A君のお父さんは500円玉を1枚も用意しておかなかったものとする。

（湘南藤沢）

1 右の図は1辺が1cmの正三角形を並べたものです。点Pを出発した点が毎秒1cmの速さで辺の上を動きます。

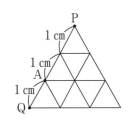

(1) 点Pから点Aへ同じ点をくり返し通らずにちょうど3秒で行く行き方は何通りありますか。

(2) 点Pから点Qへ同じ点をくり返し通らずにちょうど5秒で行く行き方は何通りありますか。 （普通部）

2 5つの点 A，B，C，D，E が右の図のように並んでいます。点Aを出発した星印が，毎秒1cmの速さで線上を休まずに進みます。A，Bでは進む向きを選べますが，C，D，Eでは折り返すことしかできません。また，5つの点以外では向きを変えられません。

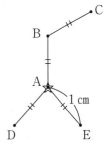

(1) Aを出発して，3秒後にBに到着するには何通りの行き方がありますか。

(2) Aを出発して，4秒後にAに到着するには何通りの行き方がありますか。 （普通部）

3 右の図は，1辺の長さが10cmの立方体です。点Pが頂点AからBまで辺の上を移動し，動いたきょりが50cmでした。

(1) 同じ辺をくり返し通らないとすると，何通りの行き方がありますか。

(2) どれかの辺を2回以上通るとすると，何通りの行き方がありますか。
　　ただし，頂点A，またはBを2回以上通る場合も数え，辺の途中ではもどれません。 （普通部）

37 場合の数7

図形(1)

1 右の図のように正五角形に対角線をひきました。

この図にある二等辺三角形は全部でいくつですか。

（普通部）

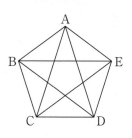

2 右の図の三角形は，すべて正三角形です。

(1) 三角形は全部で [ ] こあります。

(2) 平行四辺形は全部で [ ] こあります。

（中等部）

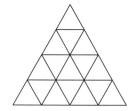

3 五角形を交わらない対角線で3つの三角形に分けるとき，対角線のひき方は右の図の5通りになります。

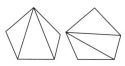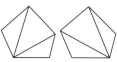

同じようにして，六角形を4つの三角形に分ける対角線のひき方は何通りありますか。

（普通部）

4 下の図は，各面が正方形と正三角形だけでできた立体の展開図です。この立体の2つの頂点を結ぶ直線は全部で何本引けますか。ただし，立体の辺になっている直線は数えません。

（普通部）

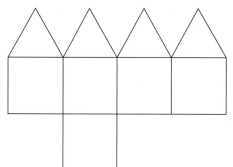

48

1 　右の図のように，左右対称な五角形の頂点だけ残し，1～5まで番号をつけます。1から出発して，2～5の各点を1度だけ通り，また1にもどるとき，□種類の図形ができます。ただし，点と点との間はまっすぐな線で結び，たがいに重ね合わせられるものは同種類とみなします。　　　　　　　　　　　　　　（中等部）

2 　等しい間隔で点がならんでいます。このうちの4個の点を頂点とする正方形を作ります。

(1)　右の図1のように，縦，横に5個ずつの点がならんでいるとき，いくつの正方形ができますか。

(2)　縦，横に13個ずつ点がならんでいるときは，11個ずつ点がならんでいるときより，正方形がいくつ多くできますか。ただし，(2)では，右の図2のように正方形が少しでも傾いた場合は数えません。

（普通部）

図1

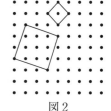
図2

3 　図のような六畳間に畳をしく場合，180°回転させて同じしき方になるものは1通りと数えることにすると，図以外に□通りのしき方があります。　　　　　　　　　　　　　　（中等部）

4 　右の図のような，たて12cm，横8cm，高さ4cmの直方体の角材があります。まず，この角材を切って，形も大きさも同じである2つの直方体を作り，さらに，それぞれの角材をもう一度ずつ切って，形も大きさも同じである4つの直方体の積み木を作ります。

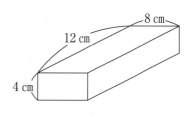

　次の□に適当な数を入れなさい。

(1)　このようにしてできる積み木は，□種類考えられます。

(2)　切り分けてできた4つの積み木を1つずつ積み重ねるとき，最も高い場合で ア □ cm，最も低い場合で イ cm の高さになります。

（中等部）

1 原価 [　|　|　] 円の商品に3割増しの定価をつけました。しかし，売れなかったので，その定価より30円値引いた値段で売ったところ，150円の利益がありました。　(中等部)

2 ある品物に，仕入れ値の25%の利益を見込んで定価を付けましたが，売るときに10%引きで売ったので，利益が130円になりました。この品物の仕入れ値は [　|　|　] 円です。　(中等部)

3 Aさんは1個の仕入れ値が3000円の商品を150個仕入れた。仕入れ値の6割の利益をみこんで定価をつけて売ったところ，50個しか売れなかった。そこで，残りの商品を定価の2割引きにして売ることにした。Aさんが損をしないためには，少なくともあと何個商品を売る必要がありますか。　(湘南藤沢)

4 A駅からB駅までのキップの代金は2000円です。6枚セットの回数券では18%引きになり，10枚セットの回数券では20%引きになります。これらの回数券を組み合わせて，48人分のキップを買います。最も安い方法で買うと，1人あたりの代金は [　|　|　] 円になります。　(中等部)

5 お店で品物を買うと，品物の値段に対して一定の割合の金額が税金としてかかる。税金の割合が5%であるとき，あるパソコンの税金をふくんだ値段は136500円であった。税金の割合が12%に変わったとすると，このパソコンの値段は，5%のときとくらべていくら上がりますか。　(湘南藤沢)

6 A君が買った植物の種の発芽率（まいた種の芽の出る割合）は，8月は30%，9月は50%，10月は60%，11月は40%，12月は20%です。A君はまず8月に種をまき，9月，10月，11月，12月にはそれぞれその2倍，3倍，4倍，5倍の数の種をまきました。次の □ に適当な数を入れなさい。

(1) この発芽率によると，A君が8月から12月にかけてまいたすべての種についての発芽率は [　|　] %です。

(2) 8月に12本の芽が出たとすると，11月に70本の芽を出させるには，11月にさらに [　|　] 個多く種をまくことになります。　(中等部)

7 1辺の長さが5cmの立方体のすべての辺の長さを0.2cmずつ長くしたら，表面の面積は [ア].[イ] %増加します。　(中等部)

1 A君のお年玉の総額はC君のお年玉の総額より５割多く，B君のお年玉の総額はC君より３割少ない。また，A君とC君の差額とA君とB君の差額の合計は29900円です。A君のお年玉の総額は □□□□ 円です。 (中等部)

2 太郎君，次郎君，三郎君の３人はおじさんからこづかいをもらいました。太郎君は次郎君がもらった金額の1.5倍，次郎君は三郎君がもらった金額の1.5倍をそれぞれもらい，太郎君と三郎君がもらった金額の差は1500円でした。太郎君がもらった金額は □□□□ 円です。 (中等部)

3 A，B，Cの３人が同じ金額を出し合って，プレゼントを買いました。残りのお金はそれぞれ初めにもっていたお金の $\frac{9}{11}$, $\frac{2}{7}$, $\frac{4}{13}$ になりました。３人が初めに持っていたお金の合計は37550円です。Aが初めに持っていたお金はいくらですか。 (普通部)

4 パーティーに，多くの人が集まりました。１人に３種類のくだものを配ることができるように，リンゴを３人に１個，ナシを４人に１個，メロンを７人に１個の割合で用意したところ，どれもあまりがなく配ることができ，合計は183個になりました。このパーティーに集まった人は何人ですか。 (普通部)

5 太郎君，次郎君，三郎君の３人がお金を出して，ゲームを買いました。はじめに太郎君は次郎君より1000円多く，次郎君は三郎の２倍より200円少なく出しました。ところがゲームの値段が予定より安かったので，全員に200円ずつ返しました。その結果，太郎君と三郎君が出した金額の比は４：１になりました。ゲームの値段はいくらですか。 (普通部)

41 比と割合３

1 A君とB君の所持金の比は４：１だったが，A君は100円を使い，B君は50円をもらったため，A君とB君の所持金の比は５：２になった。B君のはじめの所持金はいくらですか。

（湘南藤沢）

2 はじめに水そうAと水そうBの中に入っていた水の量の比は２：３でしたが，Aには水を10ℓ入れ，Bからは水を30ℓくみ出したため，水そうAとBの水の量の比が５：６になりました。はじめに水そうBに入っていた水の量は □□□ ℓ です。

（中等部）

3 A君はB君の1.8倍のお金を持っていました。２人はそれぞれ本を買いました。A君の本はB君の本のねだんの $1\frac{2}{3}$ 倍だったので，残金はA君が2400円，B君は1240円となりました。

(1) はじめA君はいくら持っていましたか。

(2) B君の買った本のねだんはいくらでしたか。

（普通部）

4 次の各問いの □ や △ には，それぞれ同じ数が入る。それぞれに入る数を求めなさい。

(1) $\dfrac{3+\boxed{}}{10+\boxed{}}=\dfrac{2}{3}$　　　　(2) $\dfrac{36+\boxed{}}{54-\boxed{}}=1\dfrac{1}{7}$

(3) $\dfrac{\triangle-7}{\boxed{}+7}=\dfrac{1}{5}$, $\dfrac{\triangle+7}{\boxed{}-7}=1\dfrac{1}{4}$

（湘南藤沢）

5 とおる君とかずお君の先週の所持金の比は７：３でした。その後とおる君がかずお君に500円を渡し，さらにとおる君は1250円のプラモデルを買い，かずお君はおこづかいを700円もらったので，今週の２人の所持金の比は５：４になりました。先週の所持金は，とおる君は ア□□□ 円，かずお君は イ□□□ 円でした。

（中等部）

6 270ℓ入る空の容器があります。この容器に７回に分けて水を入れました。４回目までは前の回よりも一定の量ずつ増やして水を入れ，５回目からは前と同じ一定の量ずつ減らして水を入れました。７回目に水を入れたとき，ちょうど容器がいっぱいになりました。１回目に入れた水の量と４回目に入れた水の量の比が３：５のとき，４回目に入れた水の量は何ℓですか。

（普通部）

① A君，B君，C君の3人はそれぞれお金を持っていました。A君とC君のはじめの所持金の比は9：7でした。C君が900円の買い物をしたら，B君とC君の所持金の比は5：4になりました。さらに，A君の所持金からB君とC君に同じ額のお金を渡したところ，A君とB君とC君の所持金の比は5：7：6になりました。A君のはじめの所持金はいくらですか。

（普通部）

② リボンが2本あります。両方のリボンから10cmずつ切りとったら，残りの長さの比は15：11になりました。さらに10cmずつ切りとったら，11：8になりました。

⑴ 最初，リボンの長さはそれぞれ何cmと何cmでしたか。

⑵ この後さらに同じ長さを切りとって，長さの比を10：7にするには，何cmずつ切りとるとよいですか。

（普通部）

③ A，B，Cの3人がそれぞれみかんを何個かずつ持っています。みかんは全部で110個です。いま，それぞれ持っているみかんを，Aは2個食べ，Bは$\frac{1}{5}$をCにあげたところA，B，C3人の持っているみかんの個数の比は2：3：4になりました。はじめにCはみかんを　□　個持っていました。

（中等部）

④ A君，B君，C君の3人はそれぞれお金を持っていました。A君は所持金の半分をB君にわたしました。次に，B君の所持金の3分の1をC君にわたしたところ，C君の所持金はA君のはじめの所持金と同じになりました。また，A君とB君の所持金の比は9：11になりました。

3人の合計金額を7600円とするとき，B君のはじめの所持金はいくらですか。　（湘南藤沢）

⑤ A君，B君，C君は初めに合わせて2000円のおこづかいを持っていました。A君はB君より100円，B君はC君より300円多くお金を出して，3人で買い物をしました。残ったおこづかいは，A君は初めの$\frac{7}{12}$，B君は$\frac{1}{3}$，C君は$\frac{1}{2}$です。

A君が初めに持っていたおこづかいはいくらですか。

（普通部）

43 食塩水1

1 2%の食塩水に食塩を加えて混ぜるとき，元の食塩水の重さの12%にあたる食塩を加えると，$\boxed{ア}$．$\boxed{イ}$%の食塩水ができます。 　　　　　　　　　　　　　　　　　　（中等部）

2 5%の食塩水が400gある。この食塩水から水を蒸発させて，16%の食塩水にしたい。何g蒸発させればよいですか。 　　　　　　　　　　　　　　　　　　　　　　　　　　　（湘南藤沢）

3 7%の食塩水600gに4%の食塩水500gを加え，さらに8%の食塩水$\boxed{}$gを加えてよく混ぜると6%の食塩水ができます。 　　　　　　　　　　　　　　　　（中等部）

4 10%の食塩水1000gから100gを捨て，かわりに水を100g加えます。よくかき混ぜてから，今度は200gを捨て，かわりに水を200g加えます。
　このとき，食塩水の濃度は$\boxed{ア}$．$\boxed{イ}$%になります。 　　　　　　　　　　　（中等部）

5 容器Aには8%の食塩水が300g入っている。また容器Bには400gの食塩水が入っている。Aから100gの食塩水をくみ出し，Bに入れてよくかきまぜる。次にBから100gの食塩水をくみ出し，Aに入れたところ，Aの食塩水の濃さは7.2%になった。はじめの容器Bに入っていた食塩水の濃さは何%でしたか。 　　　　　　　　　　　　　（湘南藤沢）

6 容器Aには400g，容器Bには600gの濃さのちがう食塩水がそれぞれ入っています。いま容器Aの食塩水の半分の量を容器Bに入れて混ぜ合わせ，次に容器Bの食塩水の半分の量を容器Aに入れ混ぜ合わせました。結果，容器Aの食塩水の濃度が9%，容器Bの食塩水の濃度が10%になりました。最初，容器Aには$\boxed{ア}$%，容器Bには$\boxed{イ}$%の食塩水が入っていました。 　　　　　　　　　　　　　　　　　　　　　　　　　（中等部）

7 濃さが10%の食塩水Aと濃さのわからない食塩水B，Cがあります。Aを200g，Bを100g取り出して混ぜたところ濃さは9%になり，Bを250g，Cを200g取り出して混ぜたところ，濃さは8.2%になりました。Cの濃さは何%ですか。
　ただし，食塩水の濃さとは，食塩水の重さをもとにした食塩の重さの割合のことをいいます。 　　　　　　　　　　　　　　　　　　　　　　　　　　　　　　（普通部）

44 食塩水2　　応用(1)

1　Aの容器には5.5%の食塩水が入っています。Bの容器にはAの容器とは濃度の違う食塩水が入っています。AとBを混ぜあわせると，8.2%の食塩水になります。Aの食塩水には22gの食塩が溶けていて，さらに20gの食塩を加えるとBの濃度と等しくなります。はじめに，Aには ア ☐ g，Bには イ ☐ gの食塩水が入っていました。　　（中等部）

2　食塩水の入った容器A，B，Cと空の容器Ⅰ，Ⅱがある。容器Aには8%の食塩水が700g，Bには5%の食塩水が900g，Cには2%の食塩水が500g入っている。今，BとCから3:2の比で食塩水を取って容器Ⅰの中でまぜたのち，Aの食塩水を何gか加えたところ，5.9%の食塩水ができた。次に，AとBの残りの食塩水をすべて容器Ⅱに移したのち，12.5gの食塩を加えたところ7.2%の食塩水が812.5gできた。

(1)　食塩を加える前に，容器Ⅱの中にふくまれていた食塩は何gですか。

(2)　容器Aの食塩水を加える前に，容器Ⅰに入っていた食塩水の濃度は何%ですか。

(3)　容器Aから容器Ⅰに移した食塩水は何gですか。　　（湘南藤沢）

3　ビーカーA，Bに濃度の異なる食塩水がそれぞれ200g，300g入っている。もし，AとBの食塩水を全部あわせてよくかきまぜたならば，濃度は元のAの濃度の2.5倍になってしまうという。

(1)　ビーカーA，Bの食塩水の濃度の比は何対何ですか。

(2)　ビーカーA，Bの食塩水からそれぞれ同じ重さの食塩水を取り出して，Aからのものは B に，B からのものは A に入れてよくかきまぜるという作業を考える。次の㋐，㋑のようにするためには，ビーカーA，Bからそれぞれ何gずつの食塩水を取り出して入れかえればよいですか。

　㋐　ビーカーA，Bの食塩水にふくまれる食塩の重さが等しくなる。

　㋑　ビーカーA，Bの食塩水の濃度が等しくなる。　　（湘南藤沢）

4　2つのビーカーA，Bに濃さの違う食塩水がそれぞれ入っています。AとBの食塩水の重さの比は2:3です。

　次の2つの作業を順に1回ずつ行います。

　・Aの食塩水の半分をBに移して，よくかき混ぜます。

　・Bの食塩水の半分をAに移して，よくかき混ぜます。

　2つの作業後のA，Bの食塩水の濃さの比は4:5になります。

　ここで，食塩水の濃さとは，食塩水の重さをもとにした食塩の重さの割合のことです。

(1)　2つの作業後の，AとBの食塩水の重さの比を求めなさい。

(2)　最初のAの食塩水の濃さが4%のとき，最初のBの食塩水の濃さを求めなさい。（普通部）

45 食塩水3

1 3つの容器A，B，C，には，それぞれ濃度の違う食塩水が200gずつ入っています。今，Aの食塩水の濃度は10%であることがわかっています。

(1) Aの食塩水に含まれる食塩の量は □ gです。

(2) Aの食塩水80gとBの食塩水20gをCに加えるはずだったのですが，誤ってAを20g，Bを80g加えてしまいました。この結果，できあがったCの食塩水は予定よりも2%濃度が上がりました。

このとき，Bの食塩水の濃度は □ %です。

（湘南藤沢）

2 砂糖30gを水270gに溶かした砂糖水を3つのビーカーA，B，Cに100gずつ入れる。

(1) ビーカーAの砂糖水の濃度は何%ですか。

(2) ビーカーBに入っているものを砂糖水①とする。砂糖水①から，砂糖水①の重さの20%にあたる水分を蒸発させたものを砂糖水②とする。さらに，砂糖水②から，砂糖水②の重さの20%にあたる水分を蒸発させたものを砂糖水③とする。この作業をくり返していくとき，はじめて濃度が25%をこえるのは砂糖水◯である。◯の中にあてはまる数を答えなさい。

(3) ビーカーCに入っているものを砂糖水❶とする。砂糖水❶から，砂糖水❶に含まれる水の重さの20%にあたる水分を蒸発させた後，ビーカーCにビーカーAから砂糖水を加えて100gとしたものを砂糖水❷とする。さらに砂糖水❷から，砂糖水❷に含まれる水の重さの20%にあたる水分を蒸発させた後，ビーカーCにビーカーAから砂糖水を加えて100gとしたものを砂糖水❸とする。砂糖水❸の濃度は何%ですか。

（湘南藤沢）

3 容器に20%の食塩水が入っている。まず食塩水の重さの $\frac{3}{20}$ にあたる水を蒸発させたところ，残った食塩水の容器を含めた重さは190gとなった。さらにこの食塩水の重さの $\frac{9}{17}$ にあたる水を蒸発させたところ，食塩の沈澱ができたので，それを取り除いて同じ重さの水を加えたら，20%の食塩水になり，容器を含めた重さは，一番初めの容器を含めた重さの $\frac{5}{11}$ となった。次の各問いに答えなさい。

(1) 最初の食塩水の重さを1とすると，最後の食塩水の重さはいくらになりますか。

(2) 容器の重さは何gですか。

(3) 最初の食塩水の中に食塩は何g入っていましたか。

(4) 取り除いた食塩の量は何gですか。

（湘南藤沢）

1 次の □ にあてはまる数を求めなさい。

(1) 441 ページの本を，初日は □ ページ読み，翌日からは前日より1ページずつ多く読んでいくと，14日間でちょうど読み終わります。

(2) A君は1日目に本を □ ページ読みました。2日目には，1日目より12ページ多く読み，3日目は2日目より12ページ多く読みました。このように，日ごとに前日より12ページずつ増やして読んだところ，1日目から10日目までで770ページ読みました。　（中等部）

2 221 冊のノートをA君，B君，C君の3人で分けます。B君はA君の$\frac{4}{5}$より6冊多く，C君はB君の$\frac{2}{3}$より1冊多くなるように分けると，B君のノートは □ 冊になります。

（中等部）

3 いくらかのお金をA，B2人で分けた。Aは全体の$\frac{4}{7}$より100円多いお金をもらい，Bはその残りをもらったところ，Aがもらったお金はBがもらったお金の2倍になった。はじめにあったお金はいくらですか。　（湘南藤沢）

4 320 個のみかんを，A，B，C，Dの4人にわけました。それぞれがもらった個数について，

Aの個数に4個を加えた個数

Bの個数から4個をひいた個数

Cの個数に3をかけた個数

Dの個数を3でわった個数

が等しくなるようにしました。

(1) Dは何個もらいましたか。

(2) Aがもらった個数は全体の何％になりますか。　（普通部）

5 A，B2人で旅行をするのに，Aは前もって2人分の交通費をはらったので，当日の所持金はBの$\frac{2}{3}$でした。その後Aはその所持金の$\frac{3}{5}$を，Bは同額を旅館にはらいました。そしてAはBの所持金の$\frac{1}{9}$を交通費として受け取ったので，その所持金は12000円になりました。

(1) Bの最初の所持金を1として表すと，旅館にはらった2人分の費用は$\frac{ア}{イ}$です。

(2) Bの最初の所持金は □ 円でした。　（中等部）

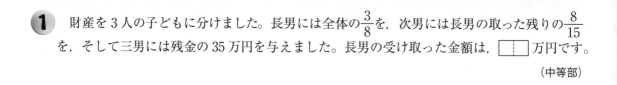

47 特殊算2 還元算

1 財産を3人の子どもに分けました。長男には全体の $\frac{3}{8}$ を，次男には長男の取った残りの $\frac{8}{15}$ を，そして三男には残金の35万円を与えました。長男の受け取った金額は， ▢ 万円です。

(中等部)

2 ▢ ページの本を，1日目は全体の $\frac{1}{3}$ を読み，2日目は残りの $\frac{2}{5}$ より10ページ多く読み，3日目は2日目の残りの $\frac{1}{4}$ を読んだところ，24ページ残りました。

(中等部)

3 ある本を読むのに，1日目は全体の $\frac{1}{3}$ より10ページ多く読み，次の日は残りの $\frac{3}{4}$ より20ページ少なく読むと，50ページ残ります。この本は全部で ▢ ページあります。

(中等部)

4 太郎君は，持っているお金の $\frac{2}{3}$ より50円少ない金額の本を買い，残りのお金の $\frac{3}{5}$ より20円多い金額の雑誌を買ったので，残金が140円になりました。太郎君がはじめに持っていたお金は ▢ 円です。

(中等部)

5 ある容器に油が入っています。まず，入っている油の $\frac{3}{4}$ を使い，次に残りの油の $\frac{3}{5}$ を使ったところ，$2\frac{1}{2}$ ℓ 残りました。はじめに容器に入っていた油の量は ▢ ℓ です。

(中等部)

6 A君とB君がそれぞれみかんを持っています。A君が持っているみかんの個数の半分をB君にわたし，その後B君のみかんの個数の $\frac{1}{3}$ をA君にもどします。

この操作を2回くりかえしたところ，A君，B君のみかんの個数はそれぞれ26個，28個になりました。はじめにA君，B君は何個ずつみかんを持っていましたか。

(普通部)

1　次の□にあてはまる数を求めなさい。

(1)　1個125円のりんごと1個144円のなしを合わせて29個買ったときの代金は4100円でした。買ったなしの数は□個です。

(2)　1個630円のケーキと1個420円のプリンを合わせて15個買ったら，代金が7560円になりました。このとき，買ったケーキの個数は□個です。

(3)　原価□ア円のリンゴを□イ個仕入れました。1個80円で売ると960円の損失で，1個100円で売ると2240円の利益があります。　　　　　　　　　(中等部)

2　10000円をこえない予算で1個150円のカキと，1個120円のリンゴを合わせて70個買います。カキもリンゴもそれぞれ少なくとも1個買い，カキをできるだけ多く買うためには，リンゴを□個買えばよい。　　　　　　　　　(中等部)

3　1個の値段が160円，120円，80円の3種類のドーナツを合わせて50個買って，5562円はらいました。1個120円のドーナツは，1個160円のドーナツの3倍の個数だけ買いました。160円，120円，80円のドーナツをそれぞれ□ア個，□イ個，□ウ個買ったことになります。（代金には消費税3%がかかります。）　　　　　　　　　(中等部)

4　みかんを何人かの子どもに配るのに，1人8個ずつ配ると9個あまり，1人10個ずつ配ると23個不足した。みかんの個数を求めなさい。　　　　　　　　　(湘南藤沢)

5　林間学校の宿舎にはA，B，Cの3種類の部屋があり，部屋の数の比は2：3：5です。A，B，Cの各部屋に生徒が5人ずつ泊まると3部屋あまります。Aに6人ずつ，Bに5人ずつ，Cに4人ずつ泊まると，すべての部屋がうまり全員がちょうど泊まれます。生徒は全員で何人ですか。　　　　　　　　　(普通部)

1 次の □ にあてはまる数を求めなさい。

(1) 7回目までの平均点が72点だった算数のテストにおいて，平均点を3点以上上げるためには，8回目のテストで少なくとも □ 点はとらなければなりません。

(2) 花子さんは算数のテストを3回受け，その平均点は82点でした。4回目の算数のテストを受けたところ，平均点は3回目までの平均点より6点下がりました。花子さんの4回目の得点は □ 点です。

(3) 春夫くんは，算数のテストを5回受けて，平均が79点でした。あと3回テストを受けて，全体の平均を85点以上にするためには，3回のテストの平均が □ 点以上必要です。

（中等部）

2 4人の小学生A君，B君，C君，D君の身長の平均は152.5cmです。また，A君，B君の身長の平均は147.5cmです。さらにB君，C君，D君の身長の平均は154.6cmです。このとき，B君の身長は ア□□.イ□ cmです。

（中等部）

3 男子9人と女子13人の所持金の平均は1015円で，女子だけの所持金の平均は1150円である。男子の所持金の平均はいくらですか。

（湘南藤沢）

4 A，B，C，D，Eの5人の平均点は73.2点で，そのうちA，B，Cの平均点は，D，Eの平均点より2点高い。A，B，Cの平均点は何点ですか。

（湘南藤沢）

5 ある人が，国語・算数・理科・社会の4教科の試験を受けたところ，理科の点数は80点，社会の点数は59点で，4教科の平均点は68.5点であった。また，算数の点数は国語の点数よりも11点高いという。この人の国語の点数を求めなさい。

（湘南藤沢）

50 特殊算5

平均算(2)

1 右は算数・国語・理科・社会の3回のテストの結果とその平均点の表です。

(1) この表のア，イはそれぞれ [　　] 点，[　　] 点です。

(2) 次に第4回のテストを受けたら，各教科4回の平均点がすべて80点になりました。第4回のテストの合計は [　　] 点でした。

(中等部)

	算　数	国　語	理　科	社　会
第1回	78	94	56	ア
第2回	62	69	81	76
第3回	88	83	88	89
平均点	76	イ	75	83

2 あるクラスの生徒の身長の平均は125cmである。このクラスを生徒数の比が3：4：5になるように，3つの班A，B，Cに分けた。すると，B班とC班をあわせた生徒の身長の平均は124cmとなった。

(1) A班の身長の平均を求めなさい。

(2) A班の身長の平均とB班の身長の平均の比が16：15であるとき，C班の身長の平均を求めなさい。

(湘南藤沢)

3 A，B，C，D，Eの5人がテストを受けたところ，次のような結果になりました。

A，B，Cの3人の平均点とC，D，Eの3人の平均点は，どちらも77点でした。また5人の平均点は78点でした。最高点をとったのはEで，最低点の人と31点の差がありました。

(1) Cの得点は何点ですか。

(2) Eの得点は何点ですか。

(普通部)

4 A，B，C，D，Eの5人のテストの得点が次のようになりました。

・A，B，Cの平均点は86点

・C，D，Eの平均点は77点

・EはAより25点低い

・BとDの合計は158点

・AはCより10点高い

(1) BとDの得点の差を求めなさい。

(2) Cは何点ですか。

(普通部)

61

51 特殊算6 消去算

1 Aさんはりんごを3こ，なしを4こ買い，1000円支払いました。Bさんはりんごを5こ，なしを3こ買い，1080円支払いました。なし1こは □□□ 円です。　　　　　　（中等部）

2 赤，青，白のカードが1枚ずつ合計3枚あります。それぞれのカードにはある数が書いてあり，赤と青のカードに書いてある数の和は28，青と白のカードに書いてある数の和は46，赤と白のカードに書いてある数の和は44です。白のカードに書いてある数から青のカードに書いてある数をひいて，3枚のカードに書いてある数の和をかけると □□ になります。　　　　　　（中等部）

3 2000円を持ってジュースを買いにいったところ，大びん12本と小びん8本を買うと80円不足し，大びん8本と小びん12本を買うと80円あまることが分かりました。このジュースの大びん1本は ア□□ 円，小びん1本は イ□ 円です。　　　　　　（中等部）

4 バスを1台借りて遊園地へ行く。1人あたりの参加費用は，遊園地の入場料とバスの1人あたりの代金を合わせた金額である。遊園地の大人1人あたりの入場料は，小学生1人あたりの入場料の1.5倍である。バスの1人あたりの代金は，バス1台分の料金を参加人数で割った金額（1円未満は切り上げ）で，大人も小学生も等しく支払う。

　大人9人と小学生15人が参加すれば，大人1人あたりの参加費用は7800円になり，大人10人と小学生20人が参加すれば，小学生1人あたりの参加費用は6000円になるという。大人1人あたりの入場料はいくらですか。　　　　　　（湘南藤沢）

52 特殊算7

年令算・集合算

1 慶子さんには3人の娘がおり，長女と次女，次女と三女の年令の差はそれぞれ2才である。現在，4人の年令の合計は60才であり，6年後には娘の年令の合計が慶子さんの年令と等しくなる。三女の現在の年令を求めなさい。 (湘南藤沢)

2 太郎君の家は4人家族です。現在，太郎君の年齢は母の年齢の$\frac{1}{3}$で，母の年齢は3年前の父の年齢と同じです。3年前，太郎君の年齢は父の$\frac{1}{4}$で，太郎君と妹の年齢の和は母の$\frac{1}{3}$でした。現在，太郎君と妹はそれぞれ何歳ですか。 (普通部)

3 太郎君の姉と祖母の年れいの平均は47さいで，父と太郎君の年れいの平均は32さいです。太郎君の年れいを5倍して1たすと祖母の年れいになり，姉は太郎君より3つ年上です。父は何さいですか。 (普通部)

4 2つのお菓子AとBについて40人の生徒に好きかどうか聞きました。Aが好きな生徒の人数はBが好きな生徒の1.5倍で，両方とも好きな生徒は3人でした。両方とも好きでない生徒が8人いたとすると，Aのお菓子が好きな生徒は何人ですか。 (普通部)

5 ある中学校の1年生240人のうち，男子生徒は少なくても150人，多くても160人です。またメガネをかけている人は，少なくても145人，多くても190人です。このとき，男子生徒でメガネをかけている人は，少なくても ア ┃ 人，多くても イ ┃ 人です。 (中等部)

1 右の図のように外側の半径が5cm，内側の半径が3.5cmの輪をつなげたところ，全体の長さは612cmになった。輪の個数を求めなさい。　　　（湘南藤沢）

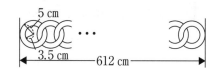

2 長さ4.76mの丸太を34cmずつの長さの丸太に切り分けます。丸太を1回切るのに5分かかり，丸太を1回切り終えてから次に切り始めるまでに42秒ずつ休むことにします。2本以上の丸太を同時に切ることはしないことにすると，丸太を切り始めてから全部切り終えるまでには ア 時間 イ 分 ウ 秒かかります。　　　（中等部）

3 たて130m，横160mの長方形のしき地に，右の図のように幅5mの歩道を残して花だんを作る。花だんの周りに3mの間かくで石をおく。花だんのすべての角に石をおくものとして，必要な石の数はいくつですか。ただし，石の大きさは考えないものとする。　（湘南藤沢）

4 右の図のように，おはじきをならべて正六角形の形を作ります。1辺におはじきが10個ならんでいるとき，

(1) いちばん外側にならんでいるおはじきの数は何個ですか。

(2) おはじきはぜんぶで何個ですか。　　　（普通部）

5 図のようにご石を正三角形に並べるとき，次の問いに答えなさい。

(1) 一番外側を囲んでいるご石の数が36個であるとき，ご石は全部で何個ですか。

(2) いくつかのご石を用いて正三角形に並べた後，下に3段ご石を加えて正三角形を大きくするには，さらに60個のご石が必要である。このとき，最初に並んでいたご石は何個ですか。

(3) いくつかのご石を用いて正三角形に並べた後，外側を3周囲むようにご石を加えて正三角形を大きくするには，さらに117個のご石が必要である。このとき，最初に並んでいたご石は何個ですか。

（湘南藤沢）

1 ある仕事をするのに，けい子さん1人では12日かかり，同じ仕事をするのに，みち子さん1人では18日かかります。この仕事をけい子さんとみち子さんの2人で6日間しました。残りを，みち子さんが1人ですれば，仕上げるのにあと□日かかります。　　　　　（中等部）

2 ある工場で，同じ性能の機械5台を6日間使うと4500個の製品を作ることができるという。8000個の製品を5日間で作らなければならない場合，この機械を少なくとも何台用意しなければなりませんか。ただし，毎日同じ台数の機械を使うものとする。　　　　　（湘南藤沢）

3 10台の機械を使うと12日間かかる仕事がある。この仕事を，はじめの8日間は5台の機械を使って行った。このあと，残りの仕事を6日間で終わらせるためには，残りの仕事を行うのに何台の機械を使わなければならないですか。ただし，機械はすべて同じ性能であるものとする。　　　　　（湘南藤沢）

4 ある仕事を姉1人だけですると2時間15分かかり，姉妹2人ですると1時間30分かかります。このとき，次の□に適当な数を入れなさい。

(1)　この仕事を妹1人ですると，ア 時間 イ 分かかります。

(2)　この仕事の$\frac{1}{9}$を姉1人でしたところで，妹が加わりましたが，途中で姉が休けいしたため，姉が最初に仕事を始めてからすべてを終えるのに全部で1時間59分かかりました。妹1人だけで仕事をしていたのは□分間です。　　　　　（中等部）

5 ある仕事をするのに，大人10人では12日かかる。この仕事を大人6人で10日した後，残りの仕事を子ども5人でするとさらに16日かかる。ただし，仕事は1日単位でするものとし，1日の途中でやめたり，交代したりしないものとする。

(1)　この仕事を子ども10人ですると何日かかりますか。

(2)　この仕事を大人15人で6日した後，残りの仕事を子どもだけで4日で終わらせるためには，子どもは何人必要ですか。

(3)　この仕事を大人30人と子ども40人とロボット1台がいっしょに何日かした後，残りの仕事を大人6人がした。このとき，仕事を始めてから終わるまでに9日かかった。この仕事をロボット1台がすると何日かかりますか。　　　　　（湘南藤沢）

55 特殊算10　　仕事算⑵

1 3本の注水管 A, B, C があり, A は毎分 2.5 ℓ ずつ水を注ぐことができる。

(1) 空の容器⑦に A だけで水を注ぐと, 5分 12 秒でいっぱいになる。いま, 空の容器⑦に A と B を同時に開いて水を注いだところ, 3分 15 秒でいっぱいになった。B は毎分何 ℓ ずつ水を注ぐことができますか。

(2) 同じ量の水が入る2つの空の容器④, ⑤がある。容器④には A だけで水を注いだ。また, 容器⑤にはまず A だけで容器全体に入る水の量の $\frac{5}{11}$ だけ水を注いだあと, さらに B と C を同時に開いて, 3本で水を注いだ。このとき容器⑤が空の状態からいっぱいになるまでにかかった時間は, 容器④が空の状態からいっぱいになるまでにかかった時間の $\frac{5}{8}$ であった。C は毎分何 ℓ ずつ水を注ぐことができますか。　　　　　　　　　(湘南藤沢)

2 春夫君と夏子さんの2人で 45 ℓ 入る水そうに水を入れようとしています。春夫君は1回に 3 ℓ 入るバケツを使い, 池から水を 15 秒かけてくんできます。夏子さんは毎秒 0.5 ℓ 出る水道からホースを使って水を入れます。ただし, ホースを水道のじゃ口につけて水が出るまでに 45 秒かかります。このとき, 次の □ に適当な数を入れなさい。

(1) 春夫君が水そうに入れた水の量と, 夏子さんが水道から水そうに入れた水の量がはじめて同じになるのは同時にスタートしてから □ 秒後です。

(2) 45 ℓ の水そうがいっぱいになるのは同時にスタートしてから □ 秒後です。　　(中等部)

3 大小2つの水そうがあります。水を入れる管 A と B から出る水の量は等しく, 水そうから水を排出する管 C と D から出る水の量は等しく, また, B, C から出る水と小さい水そうからあふれ出た水はすべて大きい水そうに入るものとします。

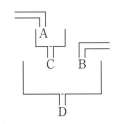

両方の水そうが空の状態で A を開け, B, C, D を閉じたら, 小さい水そうは 20 分で, 大きい水そうは 1 時間 40 分でいっぱいになりました。

両方の水そうを空にしてもう一度, 今度は A と D だけを開けたところ, 大きい水そうは 4 時間 20 分でいっぱいになりました。

(1) 小さい水そうと大きい水そうの容積の比は □ : □ です。

(2) 水そうが空の状態のとき, A, B, C, D すべてを開けると, 小さい水そうは ⑦ □ 分で, 大きい水そうは ④ □ 時間 ⑤ □ 分でいっぱいになります。　　　　(湘南藤沢)

56 特殊算11

ニュートン算

❶ 一定の割合で水のわき出る井戸があります。いま，毎分 10 ℓ ずつくみ上げられるポンプを使って井戸の水をくむと 30 分でなくなり，毎分 17 ℓ ずつくみ上げられるポンプを使えば 15 分でなくなるそうです。いま，毎分 24 ℓ ずつくみ上げられるポンプを使えば，□:□ 分で井戸の水がなくなることになります。

(中等部)

❷ 水そうに水が 300 ℓ 入っています。水道の蛇口から，一定の割合でこの水そうに水を入れます。それと同時に，この水そうから，1 台のポンプで一定の割合で水をくみ出すと 15 分後に水そうは空になり，同じポンプを 2 台使ってくみ出すと 6 分後に水そうは空になります。このポンプを 4 台使うと ア $\frac{イ}{ウ}$ 分後に水そうは空になります。

(中等部)

❸ A 市では燃えるごみが毎日トラック 100 台分以上の決まった量だけ出ます。現在の清掃工場で燃やせるのはトラック 100 台分だけで，そのとき 20 台分の燃えかすが出ます。この燃えかすと燃やしきれないごみは毎日いっしょに処分場にうめていますが，あと 1000 日でいっぱいになってしまいます。もし，同じ割合で処理する清掃工場を増やし，A 市で出るごみをすべて燃やせるようにすると，処分場はあと 2500 日使えるようになることがわかりました。A 市で毎日出るごみはトラック何台分ですか。

(普通部)

❹ SFC 美術館では，毎日 9 時に窓口を開いて入場券を売り始める。窓口を開いてから 1 分ごとに入場券を買いにくる客の人数は一定で，1 つの窓口で 1 分ごとに入場券を買っていく客の人数も一定である。毎日 9 時には，入場券を買うために客が行列をつくっている。

(1) 平日は，窓口を 3 つ開くと 10 時 30 分に入場券を買う客の行列がなくなり，窓口を 5 つ開くと 9 時 18 分に入場券を買う客の行列がなくなる。

  窓口を 4 つ開くと，何時何分に入場券を買う客の行列がなくなりますか。

(2) 休日は，9 時までに入場券を買うために行列をつくっている客の人数が平日の 2 倍，窓口を開いてから 1 分ごとに入場券を買いにくる客の人数は平日の 3 倍である。また，1 つの窓口で 1 分ごとに入場券を買っていく客の人数は平日と同じである。

  休日に窓口を 10 個開くと，何時何分に入場券を買う客の行列がなくなりますか。

(3) 休日で窓口が 10 個開くときに，ある人が 9 時 15 分までには入場券を買いたいと考えた。遅くとも，何時何分までに入場券を買いにくればよいですか。

(湘南藤沢)

❶ ある写真店では，とり終わったフィルムを 3 本現像に持っていくと，新しいフィルムが 1 本無料でもらえます。

(1) 初めにフィルムを 15 本買うと，最大でフィルム何本分の写真がとれることになりますか。

(2) 初めに何本かのフィルムを買ったら，フィルム 50 本分の写真をとれることがわかりました。初めに買ったフィルムの本数を求めなさい。 (普通部)

❷ あるジュースは 1 本 100 円で，空きびんを 4 本持っていくと，新しいジュースを 1 本もらうことができます。例えば，700 円あるとジュースを 9 本飲むことができます。

(1) 1900 円では何本のジュースを飲むことができますか。

(2) いくらあればジュースを 90 本飲めますか。 (普通部)

❸ A，B，C，D の 4 人が，カルタとりをしています。札は全部で 100 枚あり，A は 20 枚，B は 15 枚，C は 10 枚，D は 13 枚の札をすでにとっています。A が確実に単独で優勝するには，最低あと ☐ 枚札をとらなくてはいけません。 (中等部)

❹ ある中学校の 1 年生の中から代表を 3 名選ぶことになり，A，B，C，D，E，F の 6 人が立候

候補者	A	B	C	D	E	F	計
得票数	58	48	43	38	20	13	220

補しました。この中学校の 1 年生の全生徒数は 240 人で，それぞれが必ず 1 名を選んで，1 票ずつ投票しました。220 票まで開票したとき，6 人の得票数は上の表のようになりました。

次の ☐ に適当な数を入れなさい。

(1) 当選も落選もまだ決まっていない候補者は ☐ 人です。

(2) C は，あと最低 ☐ 票取れば当選が確実になります。 (中等部)

58 速さ1

単位・差集め

1 次の問いに答えなさい。

(1) 時速 □ km で走る自動車は，17分間で12750 m 進みます。 (中等部)

(2) 毎秒2.5 mの速さで進むと18分かかる道のりを3000秒で進むためには，毎時何 km で進めばよいですか。 (湘南藤沢)

(3) 太郎君はA地から36 kmはなれたB地まで，休憩をはさんで一定の速さで歩きました。午前8時40分にA地を出発し，15 km行ったところでちょうど正午になりました。1時間休憩し，また前と同じ速さで歩きました。B地に着いたのは午後 ア 時 イ 分です。 (中等部)

(4) 60 mをA君は8.4秒，B君は9.6秒で走ります。A君，B君の2人が同時にスタートして100 m競走をすると，A君がゴールした時にB君は ア . イ m後ろにいます。 (中等部)

2 次の □ にあてはまる数を求めなさい。

(1) 家から駅まで分速60 mで行くと，分速80 mで行くより4分おそく着きます。家から駅までの道のりは □ mです。 (中等部)

(2) けい子さんが家から学校まで歩くのに，ふだんは1時間30分かかりますが，歩く速さを1時間当たり1 km速くすると18分早く学校に着きます。けい子さんはふだん毎時 □ kmで歩きます。 (中等部)

3 電車の線路沿いの道を時速4 kmで歩いている人がいます。この人は，9分ごとに電車に追い越され，6分ごとに向こうからくる電車に出会います。電車は等しい時間をあけて，一定の速さでたえず運転しているものとして，次の □ に適当な数を入れなさい。

(1) 電車の速さは時速 □ km です。

(2) 電車は ア 分 イ 秒間隔で運転されています。 (中等部)

4 時速100 kmで進んでいる車があります。これから下のルールで速さを変えた場合の距離について考えます。

(あ) 2割上げる。

(い) 時速20 km上げる。

(う) 2割下げる。

(え) 時速20 km下げる。

(1) (あ)のルールで速さを変えて1時間進み，さらに(う)のルールで速さを変えて1時間進むと，2時間で合計何 km進みますか。

(2) 4つのルール(あ)，(い)，(う)，(え)を1つずつ1回だけ使い速さを変えて，それぞれ1時間ずつ進みます。4時間で進む距離は最大何 kmになりますか。 (普通部)

1　長さ □□ mのトンネルに自転車Aが秒速4mで入りはじめ，この24秒後にトンネルの反対側から自転車Bが秒速6mで入りはじめたところ，2台の自転車はトンネルのちょうどまん中で出会いました。

（中等部）

2　兄が7歩あるく間に，弟は5歩あるきます。また，兄が10歩であるく道のりを，弟は11歩であるきます。兄と弟のあるく速さの比を最も簡単な整数の比で表すと，[ア□]：[イ□]になります。

（中等部）

3　A君，B君，C君の3人が2人ずつ競走をしました。はじめにA君とB君が100mの競走をしたところ，A君がゴールに着いたときにB君はゴールの手前10mの所にいました。次にB君とC君が100mの競走をしたところ，B君がゴールに着いたときにC君はゴールの手前10mの所にいました。最後に，A君のスタート地点を20m後ろにして120m，C君は100mのまま競走をしました。どちらが早くゴールに着きましたか。また，そのときに，もう1人はゴールの手前何mの所にいましたか。

（普通部）

4　太郎君と次郎君がA地を同時に出発し，歩いてB地に向かいます。太郎君と次郎君の歩く速さはそれぞれ一定で，その比は7：5です。太郎君がB地に着いてから18分後に次郎君がB地に着きました。

(1)　太郎君がB地に着いて10分間休んだ後，休む前と同じ速さでA地に向かいました。休んだ後に歩き始めて何分後に次郎君と出会いましたか。

(2)　次郎君が前の3倍の速さでAB両地間を往復すると，何分かかりますか。　　　（普通部）

60 速さ3

1 A君とB君は同じ道の5kmはなれたところにいます。2人は同時に同じ方向にそれぞれ決まった速さで歩きはじめ，A君はB君を追いかけました。A君は2時間後にB君の3kmうしろにいましたが，そのときA君は速さを時速6kmに変えたので30分後にはB君のうしろ1.5kmになりました。A君のはじめの速さは時速何kmでしたか。　　　　　　　　　(普通部)

2 太郎さんはA地からB地へ向かい，次郎さんはB地から時速8kmでA地に向かい，同時に出発しました。30分後，A地から3kmはなれたC地で出会いました。

その後2人は立ち止まらずに，太郎さんはそのままB地へ速さをかえずに向かい，次郎さんはB地に向かって時速7kmで引き返しました。このとき，太郎さんがB地に着くのは，次郎さんがB地に着いてから $\boxed{ア}\dfrac{\boxed{イ}}{\boxed{ウ}}$ 分後です。　　　　　　　　　(中等部)

3 次郎君は家から2.4km離れた学校まで行くのに，毎分65mの速さで歩いて出かけました。次郎君が出かけてから，次郎君が忘れ物をしたことに気がついた兄は，次郎君が出発してから24分後に自転車で追いかけました。自転車の速さを，小数第2位を切り上げして小数第1位まで求めたとき，遅くとも毎時 $\boxed{ア}$. $\boxed{イ}$ km にしたら，兄は次郎君が学校に着くまでに追いつきます。□に適当な数を入れなさい。　　　　　　　　　(中等部)

4 右の図のようにA，B，C，Dの4つの地点を通る道があります。A地点，D地点はB地点，C地点より高台にあり，BC間は平地です。太郎君はA地点からD地点へ，次郎君はD地点からA地点へ向かって同時に出発し，次郎君がA地点

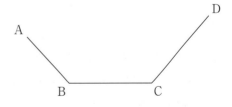

に到着してから10分後に太郎君がD地点に到着しました。2人とも，下りは時速6km，平地は時速5km，上りは時速4kmの速さで進み，途中の休憩はありません。

(1) AB間の距離とCD間の距離の差は何kmですか。

(2) 2人はBC間にあるP地点で出会いました。BC間が3kmであるとき，BP間の距離は何kmですか。　　　　　　　　　(普通部)

1 　A町とB町を結ぶ1本の道があり，途中にC町がある。太郎君，次郎君，三郎君の3人はA町を同時に出発して，太郎君は自転車に乗ってA町とB町の間を2往復し，次郎君と三郎君は歩いてA町とC町の間を1往復する。

　太郎君の速さは毎時20km，次郎君の速さは毎時5km，三郎君の速さは毎時4kmである。

　次郎君と三郎君の「出会い」が初めて起こったのは，3人が出発してから100分後であった。また，三郎君がC町に着くまでに，三郎君と太郎君の「出会い」は2回起こったが，その間に三郎君は2km歩いていた。

　ここで，「出会い」とは，「だれかとだれかがすれちがったり，だれかがだれかに追いついたりすること」とする。

(1)　A町とC町の間の距離を求めなさい。

(2)　A町とB町の間の距離を求めなさい。

(3)　4回目の「出会い」が起こったのは，3人が出発してから何時間後ですか。　　　（湘南藤沢）

2 　A町とB町は24km離れています。太郎君と次郎君はA町を出発してB町へ，三郎君はB町を出発してA町へ3人とも同時に出発しました。太郎君，次郎君，三郎君の進む速さの比は4：3：2で，3人はそれぞれ一定の速さで進みました。三郎君は太郎君と出会った12分後に次郎君と出会いました。

(1)　三郎君がA町へ行くのにかかった時間を求めなさい。

(2)　次郎君と三郎君は町へ着いても休まずにそれぞれ出発した町へもどりました。太郎君はB町でしばらく休んでから出発したところ，3人はちょうど同じ場所で出会いました。太郎君は何分休みましたか。　　　（普通部）

3 　A，B，Cの3人が池のまわりをそれぞれ一定の速さで回ります。A，Bは同じ向きに，Cは逆向きにスタート地点を出発したところ，1周するのにAは7分，Bは4分かかりました。CはBと同時に出発すると$2\frac{2}{5}$分後にBと出会いました。

(1)　Cが1周するのに何分かかりますか。

(2)　Aが出発して1分後にBが出発し，その4分後にCが逆向きに出発して回りつづけます。3人が同時にスタート地点で最初に出会うのはCが何周したときですか。　　　（普通部）

1 まっすぐな線路に沿って分速 240 m で走っている人がいます。同じ方向に向かって時速 64.8 km で走る長さ 182 m の列車がこの人に追いついてから追いこすまでに □ 秒かかります。

(中等部)

2 長さ 400 m の列車 A と，長さ 240 m の列車 B がある。列車 A と列車 B が出会ってからはなれるまでに 8 秒，列車 A が列車 B に追いついてから追い越すまでに 16 秒かかった。列車 A の速さは時速何 km ですか。

(湘南藤沢)

3 A 君がホームで列車を待っていると，長さ 200 m の下り列車と，長さ 300 m の上り列車が，同じ速さで同時に A 君の前を通過し始めた。下り列車が A 君の前を通過し終えてから 4 秒後に，上り列車が A 君の前を通過し終えた。列車の速さは時速何 km ですか。

(湘南藤沢)

4 長さ 240 m の列車 A は，地点 P から地点 Q に向かって，長さ 60 m の列車 B と長さ 140 m の列車 C は，地点 Q から地点 P に向かって，図のような位置から同時に出発した。途中 A と B がすれちがってから 1 分 12 秒後に，A と C がすれちがった。

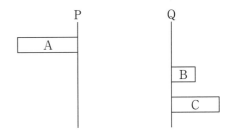

列車の速さを，A が毎分 840 m，B が毎分 720 m，C が毎分 560 m としたとき，次の各問いに答えなさい。ただし，列車が「すれちがったとき」とは，「お互いの最後尾が離れたとき」とする。

(1) A と B がすれちがったとき，B の最前部と C の最前部は何 m 離れていましたか。

(2) 地点 P から地点 Q までの距離は何 m ですか。

(湘南藤沢)

5 2 時から 3 時の間で，次のようになる時刻はそれぞれ 2 時何分ですか。

(1) 長針と短針が 6 時の目盛りをはさんで左右対称の位置になる時刻

(2) 2 時ちょうどから考えて長針の動いた角度が，短針と 12 時の目盛りの方向のなす角度の 3 倍になる時刻

(湘南藤沢)

1　川の上流にある甲町から下流にある乙町までの 32 km を往復する 2 せきの船 A，B がある。いま，A，B がそれぞれ甲町と乙町を同時に出発したところ，甲町から下流に 18 km の地点ではじめて出会った。川が流れる速さを求めなさい。ただし，A，B の静水時の速さはそれぞれ毎時 12 km，毎時 20 km とする。

（湘南藤沢）

2　静水時に時速 7.2 km の速さで進む全長 48 m の船 A と船 B がある。この 2 せきの船にはそれぞれロボットがついており，このロボットは船首（船の最前部）と船尾（船の最後部）の間をまっすぐに一定の速さで進み，8 分で 1 往復している。時速 1.2 km で流れている川で，A は上流から下流へ，B は下流から上流へ進んでいる。

　ある日の 8 時 50 分に，A の船首と A より下流にある B の船首との距離を測ったところ 32.4 km であった。またこのとき，両方の船のロボットはいずれも船尾にあった。次の問いに答えなさい。

(1)　2 せきの船がすれちがい始めるのは，船 B が何 km 進んだときですか。

(2)　2 せきの船がすれちがい終わるのは何時何分何秒ですか。

(3)　ロボットどうしがすれちがうとき，ロボットは船首から何 m のところにありますか。

（湘南藤沢）

64 速さ7

1　毎秒 3 m の速さで流れている川がある。この川に沿ってボート乗り場 P があり，その 1200 m 下流に乗り場 Q がある。今，2 そうのボート A，B が乗り場 P にいる。

　　ボート A が Q に向けて出発した 20 秒後に，ボート B も Q に向けて出発したところ，B が Q に着いたとき，A は Q の 240 m 上流にいた。

　　また，ボート B が P の上流 60 m の地点から，P にいるボート A と同時に Q へ向けて出発すると，B が Q に着いたとき，A は Q の 360 m 上流にいた。

　　ボート A，B はそれぞれ一定の速さで動くものとして，次の各問いに答えなさい。

⑴　ボート B の静水時での速さは毎秒何 m ですか。

⑵　ボート A，B が下流に向けて P を同時に出発し，一定の区間を往復するとき，A と B が初めて P で出会うまでに，ボート B はその区間を何往復していますか。　　　　　（湘南藤沢）

2　ある川では，上流にある地点 P と，その下流にある地点 Q を，2 そうの船 A，B が往復している。どちらの船も地点 P，Q に着くとすぐ折り返すものとする。

⑴　毎日午前 6 時に地点 P を出発する船 A は，午前 7 時 30 分に地点 Q に着き，折り返して午前 10 時 30 分に地点 P に着く。船 A の静水時の速さは，川の流れの速さの何倍ですか。

⑵　毎日午前 6 時に地点 P を出発する船 B は，午前 7 時 12 分に地点 Q に着く。船 B の静水時の速さは，船 A の静水時の速さの何倍ですか。

⑶　ある日，午前 7 時 30 分に地点 Q を出発した船 A が途中で動かなくなり，下流の方に流され始めた。そして，地点 P に着いてから折り返してきた船 B と午前 10 時 6 分に出会った。

　　船 A が動かなくなったのは午前何時何分ですか。　　　　　（湘南藤沢）

1　A駅，B駅，C駅，D駅，E駅の順に並んでいるある路線では，各駅とも電車の停車時間は1分です。右の図は，ある駅を出発してからある駅へ着くまでの所要時間を表しています。例えば，A駅からC駅まで20分かかりますが，B駅での停車時間も含まれています。

A		20		
	B	5		35
		C		
			D	20
				E

(1)　C駅からD駅までは何分かかりますか。

(2)　A駅からD駅までは，それぞれの駅の間を時速80kmで，D駅からE駅までは時速48kmで走っています。

　　このとき，A駅からE駅まで何kmありますか。

(普通部)

2　長さ50mの流れのないプールで，選手3名ずつのKチームとOチームが，1人50mずつ泳ぐ合計150mのリレーを行う。それぞれの選手が50mを泳ぐのにかかる時間は，右の表の通りである。2つのチームの第1泳者が同じ側から同時にスタートする。ただし，それぞれの選手は一定の速さで泳ぐものとし，選手の身長や，選手の交代の時間は考えないものとする。

チーム	選手	50mを泳ぐのにかかる時間
K	第1泳者	60秒
	第2泳者	45秒
	第3泳者	40秒
O	第1泳者	50秒
	第2泳者	60秒
	第3泳者	35秒

(1)　Kチームの選手とOチームの選手がはじめてすれちがうのは，スタートしてから何秒後ですか。

(2)　Kチームの選手がOチームの選手を追いこすのは，スタートしてから何分何秒後ですか。

(3)　Kチームの選手とOチームの選手が再びすれちがうのは，スタートしてから何分何秒後ですか。

(湘南藤沢)

1 1 km はなれた 2 地点 X, Y があり, A 君は X から分速 50 m で Y に向かって, B 君は Y から分速 100 m で X に向かって同時に出発した。また, X と Y の間には 200 m ごとに信号があり, X から見て順に信号 1, 2, 3, 4 とする。

A 君, B 君が出発してからの信号の変わり方は右のように, 信号 1, 3 は赤, 青, ……の順番で, 信号 2, 4 は青, 赤, ……の順番で 1 分ごとに変化する。

(1) A 君が Y に着くのは, 出発して何分後ですか。

(2) A 君と B 君が出会うのは, 出発して何分何秒後ですか。

(3) (2)で, 2 人が出会った場所は X から何 m のところですか。

(湘南藤沢)

時間＼信号	1	2	3	4
0分以上1分未満	赤	青	赤	青
1分以上2分未満	青	赤	青	赤
2分以上3分未満	赤	青	赤	青
3分以上4分未満	青	赤	青	赤
⋮	⋮	⋮	⋮	⋮

2 列車 X は A 駅から I 駅に, 列車 Y は逆に I 駅から A 駅に向かって右の時刻表のように走る。停車時間と列車の長さは考えないものとして, 次の (　) の中に適当な記号または数字をかき, 文を完成しなさい。

駅	列車 X	駅	列車 Y
A	7：39	I	6：50
B	8：26	H	8：09
C	9：28	G	8：37
D	10：50	F	9：34
E	11：30	E	10：35
F	12：31	D	11：15
G	13：26	C	12：36
H	13：57	B	13：36
I	15：12	A	14：31

(1) 時刻表によると, 列車 X と列車 Y は (ア) 駅と (イ) 駅の間で出会う。

(2) 列車 X が時刻表よりも 50 分遅れて出発すると, 列車 X と列車 Y は (ウ) 駅と (エ) 駅の間で出会う。(ア) 駅から (イ) 駅までの間で出会うためには, 列車 Y は I 駅を (オ) 時 (カ) 分から (キ) 時 (ク) 分までの間に出発すればよい。ただし, 列車の遅れが発生しても, 駅の間でかかる時間は変わらないものとする。

(3) 列車 X が時刻表通りに H 駅を出発してから, 15 分後に列車 Z が I 駅を H 駅に向かって出発した。列車 X と列車 Z の速さは一定で, その比を 5：7 とすると, 列車 X と列車 Z は (ケ) 時 (コ) 分に出会う。

(湘南藤沢)

67 速さ10

1 　図のような全長340mの道があり，東側には長さ60mの動く歩道が5機設置されている。動く歩道は，A地点からB地点へ向かって動いており，途中長さ10mの乗り降りできる部分が4個所ある。動く歩道の速さを毎秒0.5m，XさんとYさんの歩く速さを毎秒1mとし，左右の移動時間は考えないものとする。

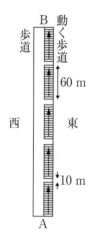

(1)　Xさんが，AからBまで，道の東側を使って移動するときにかかる時間は何秒ですか。ただし，動く歩道の上では歩かないものとする。

(2)　Xさんが，AからBまで，道の東側を使って移動し，動く歩道の上を一部歩いたところ，10分4秒かかった。動く歩道の上を何秒歩きましたか。

(3)　(1)のように，AからBへ向かっているXさんが，ちょうどAから95mの地点にいる。このとき，Aから道の西側を毎秒2mの速さで走って出発したYさんは，出発してから何秒後に道の東側でXさんにもっとも早く出会うことができますか。ただし，動く歩道の上を走ったりAの方向へ進んだりしてはいけないものとする。

(湘南藤沢)

2 　ある山には，ふもとのP地点から頂上のQ地点までの2kmを結ぶリフトがある。このリフトには，いすが等間かくについており，そのいすには，進行方向と逆向きに，1から順番に番号がついている。また，P地点とQ地点の間には，等間かくに24本の柱が立っている。

　A君がP地点からリフトに乗ったところ，最初の柱の位置で1番のいすとすれ違った。さらに，P地点から13番目の柱の位置で，97番のいすとすれ違った。

　ただし，リフトのいすは，P地点，Q地点に着いたらすぐに，反対方向に向かうものとする。

(1)　柱の間かくは何mですか。

(2)　いすの間かくは何mですか。

(3)　A君が乗ったいすの番号を求めなさい。

(4)　帰りにA君が99番のいすに乗ったところ，6分56秒後に3番のいすとすれ違った。このリフトの速さは毎秒何mですか。

(湘南藤沢)

1 A君は時速4kmでQ町を
出発して右のグラフのよう
に往復します。B君は時速
8kmでQ町を出発してグラ
フのように往復します。A
君がQ町を出発すると同時
に，C君はP町を出発して

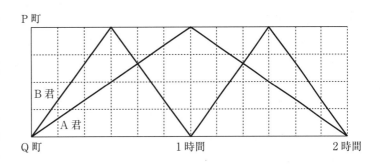

Q町へ向かい，1km進むごとに15分休けいをとります。C君は1時間25分でQ町に着き，
Q町で15分休けいした後，P町へ休けいせずに時速8kmでもどります。

(1) C君が出発してから2時間たつまでに進むようすをグラフにかきいれなさい。

(2) C君がB君と4回目に会うのは，C君がA君と初めて会ってから何時間何分後ですか。

(普通部)

2 太郎君と次郎君がA地とB地を往復しました。太郎君は9時にA地を出発し，60分後に
B地に着きました。その後B地で10分休み，行きの1.5倍の速さでA地にもどりました。
次郎君は9時にB地を出発し，A地に着いて20分休み，その後行きの半分の速さで進んだ
ところ，11時20分にB地に着きました。

(1) 太郎君と次郎君がA地とB地を往復し
たようすを右のグラフにかき入れなさい。

(2) 2人の出会った場所が1回目と2回目
で50m離れていました。A地B地間の
距離は何kmですか。 （普通部）

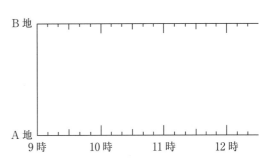

1 A 町と B 町の間の道のりは 15 km あり，
その間を 1 台のバスが往復します。太郎
君は，バスが B 町を出発すると同時に，
自転車で A 町からこのバス通りを B 町
に向けて出発しました。右のグラフは，
そのようすを表しています。次の □ に
適当な数を入れなさい。

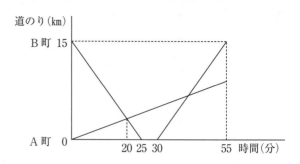

(1) 自転車の速さは，時速 □ km です。

(2) 太郎君は，A 町を出発してから □ 分後にバスに追いこされます。　　　(中等部)

2 右のグラフは，2 台のロープウエイが，ふもとの A 駅と山
頂の B 駅を往復しているようすを表したものです。片道の
所要時間は 6 分で次の発車までに 4 分停止しています。9 時
ちょうどにロープウエイがそれぞれの駅を発車すると同時に
春夫君は A 駅から B 駅をめざして時速 3 km で歩き始めたと

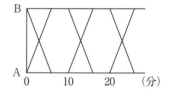

ころ，9 時 14 分に B 駅から A 駅に向かうロープウエイとすれちがいました。ロープウエイ
の速さは時速 □ km です。　　　(中等部)

1　太郎君, 次郎君, 花子さんの 3 人の家は, 学校までのまっすぐな一本道に面しています。太郎君, 次郎君, 花子さんがこの順にそれぞれの家を出発して, 学校までの道をそれぞれ一定の速さで歩き, 学校に行きました。右のグラフは, 太郎君が家を出発してからの時間と, 太郎君と次郎君の間の距離の関係を表したものです。次の □ に適当な数を入れなさい。

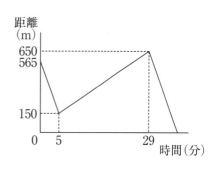

(1)　次郎君が歩く速さは分速 [ア] [イ]／[ウ] m で, 次郎君の家から学校までの距離は [エ] m です。

(2)　太郎君が家を出発してから 7 分後に花子さんは家を出発し, その 5 分後に花子さんは次郎君に追い越されました。それからさらに 10 分後に, 花子さんは太郎君に追い越されました。花子さんが歩く速さは分速 [ア] [イ]／[ウ] m で, 花子さんの家から学校までの距離は [エ] . [オ] m です。

(中等部)

2　A 町と B 町の間を P と Q が往復しています。P は A 町を毎時 30 km の速さで B 町の方向に出発し, Q は P より遅い速さで P が A 町を出発するのと同時に B 町を出発しました。

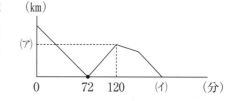

右のグラフは P と Q が出発してからの P と Q の距離と時間の関係を表したものです。

(1)　A 町と B 町の距離は □ km です。

(2)　グラフ中の(ア)の値は □ です。

(3)　グラフ中の(イ)の値は □ です。

(湘南藤沢)

1　太郎君は毎分 150 m，次郎君は一定の速さで A，B 両地間を往復しました。太郎君が A 地を出発し，4 分後に，次郎君も A 地を出発しました。次郎君は途中で太郎君を追いこし，追いこした 10 分後に B 地に着きました。そこで 4 分間休んだ後，行きと同じ道を A 地へ向かって帰りました。右の図は次郎君が A 地を出発してから B 地へ着くまでの 2 人の間のきょりを表しています。

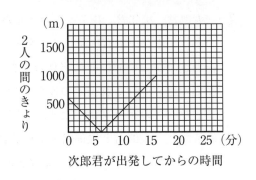

次郎君が出発してからの時間

(1)　次郎君の速さを求めなさい。

(2)　太郎君と次郎君が再び出会うまでのようすを上のグラフにかきなさい。　　　　　　　　　　　　　　（普通部）

2　一直線上に A 君の家，B 君の家，C 駅がこの順にならんでいます。A 君の家と B 君の家は 120 m はなれています。

　いま，駅に向かって B 君が家を出発し，何分か後に A 君も家を出発して B 君を追いかけました。右の図は B 君が出発してからの時間と，2 人の間のきょりの関係を表したものです。

　A 君，B 君は休けいを 1 回ずつとり，それぞれきまった速さで歩きました。

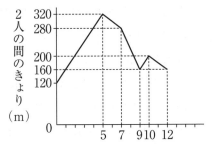

B 君が出発してからの時間（分）

(1)　B 君が休けいしたのは出発してから何分から何分の間ですか。

(2)　A 君の速さは分速何 m ですか。

(3)　A 君は出発してから何分後に B 君に追いつきますか。　　　　　　　　　　　　　　（普通部）

1 右のグラフは，A 町とその 42 km 上流の B 町の間を往復する定期船の運行のようすを表しています。川の流れの速さ，および，定期船の静水での速さは一定であるとし，定期船は

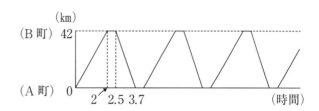

着いた町で 30 分休むものとします。また，グラフの時間は，始発の定期船が A 町を出発してから経過した時間を表しています。

次の ☐ に適当な数を入れなさい。

(1) 川の流れの速さは，毎時 ☐ km です。

(2) 太郎君は，始発の定期船が A 町を出発してから 1 時間 42 分後に A 町を出発し，ボートで B 町に向かいました。ボートの静水での速さは毎時 11.2 km です。定期船がボートを追いこす場合もふくめると，太郎君は出発してから B 町に着くまでに，定期船に ☐ア 回出会います。また，太郎君が最初に定期船に出会うのは，A 町から ☐イ . ☐ウ km の地点です。

(中等部)

2 一定の速さで流れている川にそって C 町があり，その 7.5 km 上流に B 町があり，さらに 6 km 上流に A 町がある。A 町と B 町を往復している小舟の静水での速さは毎時 3 km である。小舟が A 町を出発するのと同時に，静水での速さが毎時 6 km の大舟が C 町を出発したと

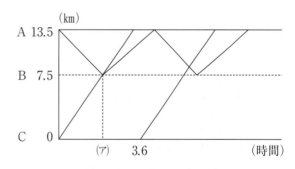

ころ，B 町で小舟に出会った。右のグラフは，小舟と大舟の位置の変化を表している。

(1) グラフの(ア)の時間を求めなさい。

(2) 川の流れの速さは毎時何 km ですか。

(3) 前の大舟が C 町を出発してから 3 時間 36 分後に，前の大舟と同じ速さで別の大舟が出発した。この大舟が小舟と出会うのは，A 町から何 km 下流ですか。

(4) 2 つ目の大舟と小舟の距離が 10.8 km になるときの A 町と小舟の距離を求めなさい。

(湘南藤沢)

73 速さとグラフ6

1 　湖のような流れのないところでは，太郎君は時速4km，次郎君は時速3kmでカヌーをこぐことができます。太郎君と次郎君は同時にA地から4km上流にあるC地までカヌーで川をのぼりました。この川の流れは時速1kmです。太郎君は，A地から3kmはなれたB地で22分間休んだあとC地に着きました。到着後すぐに太郎君はA地まで休まずにもどりました。その途中，B地で休んでいる次郎君と出会いました。下のグラフは太郎君がA地を出発して，C地まで行くようすを表しています。

(1)　太郎君がC地からA地までもどるようすを下のグラフにかきいれなさい。

(2)　次郎君はB地だけで休みました。何分間以上休んでいましたか。　　　　　　　（普通部）

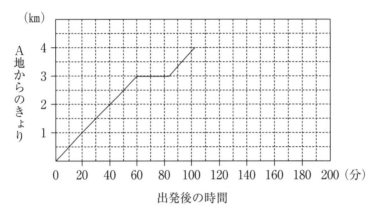

2 　ある川の上流から下流に向かってK町，E村，I村，O町がある。K町とO町の距離は33kmで，E村とI村の距離は16kmである。今，K町からO町へ向かう下りの船と，O町からK町へ向かう上りの船が同時に出発した。上りの船と下りの船の出発時における静水での速さは同じであったが，下りの船はE村に着くと静水での速さを出発時における静水での速さより1割減じてI村まで48分間で進み，I村からは静水での速さを出発時における静水での速さより2割減じてO町まで進んだ。また，上りの船がK町に着いたのは，O町を出発してから110分後であった。

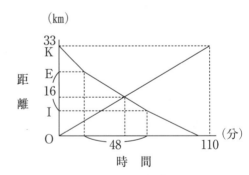

　右上のグラフは2そうの船の動きを表したものである。

(1)　出発時における静水での船の速さと，川の流れの速さはそれぞれ毎時何kmですか。

(2)　下りの船と上りの船が出会ったのは出発してから51分後であった。K町からE村までの距離を求めなさい。

(3)　下りの船がO町に着いたのは，出発してから何分後ですか。　　　　　　　（湘南藤沢）

74 表とグラフ1

ヒストグラム・運賃

1 右の図は，さいころを何回か投げてそれぞれの目
が出た回数をまとめたものである。4未満の目が出
た回数は，全体の回数の何％ですか。小数第2位
を四捨五入して答えなさい。 (湘南藤沢)

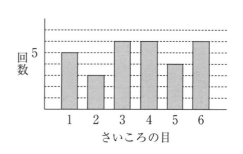

回数

さいころの目

2 下の［表1］は，ある鉄道の駅と駅の間の運行距離を表しています。また，この鉄道の運
行距離と運賃との関係は，［図1］のようになっています。［図1］のグラフにおいて，○で
表された点はグラフにふくまれていないことにし，●で表された点はグラフにふくまれてい
ることにします。たとえば，B駅からC駅までの運行距離は185.8kmで運賃は3810円，B
駅からD駅までの運行距離は240kmで運賃は4430円であることが分かります。運行距離が
260kmをこえても，［図1］の運賃の規則にしたがうものとして，次の□に適当な数を入
れなさい。

［表1］

A駅			
180.2	B駅		
	185.8	C駅	
	240		D駅

(単位：km)

［図1］（円）

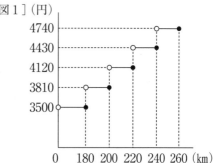

(1) A駅からD駅までの運行距離は ア□.イ□ km です。

(2) 太郎君は，A駅からB駅まで乗車し，買い物をすませてから，B駅からD駅まで乗車
しました。次郎君は，途中下車せずにA駅からD駅まで乗車しました。太郎君が支払っ
た運賃の合計は，次郎君が支払った運賃よりも □□□ 円多くかかりました。 (中等部)

1 　火をつけると一定の割合で短くなっていくロウソクがあります。このロウソクに火をつけたとき，何分間で燃えつきてしまうかを調べようとしたのですが，観察を始めてから6分後に急にトイレに行きたくなったので，一度火を消してからトイレに行きました。その後，トイレから戻ってきて，火を消してからちょうど5分後にもう一度火をつけて観察を続けたところ，その長さの変化の様子は右のグラフのようになりました。次の ⬚ に適当な数を入れなさい。

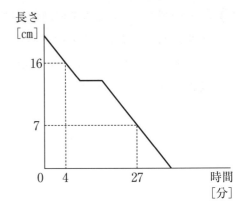

(1) 最初に火をつけてから21分後のロウソクの長さは ⬚ cm です。

(2) ロウソクの長さが3cmになるのは，最初に火をつけてから ⬚ 分後です。　　　（中等部）

2 　ふたつの直方体の形をした水そうA，Bがあります。空の水そうA，Bにそれぞれ一定の割合で同時に水を入れ始め，しばらくしてAへの注水をやめました。その後，また前と同じ割合でAに水を入れ始め，同時にBへの注水をやめました。その10秒後にBへ前と同じ割合で水を入れ始め，しばらくしてAが満水となりました。下のグラフは，最初に水を入れ始めてからAが満水になるまでの時間と，水そうA，Bの水面の高さの差との関係を表しています。

(1) 水そうAに水を入れているとき，Aの水面は毎秒何cm上がりますか。

(2) 水そうAが満水になったのは，水そうAに水を入れ始めてから何秒後ですか。また，そのときの水そうBの水面の高さは何cmですか。　　　（普通部）

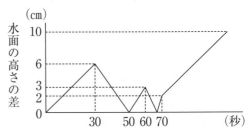

最初に水を入れ始めてからの時間

76 表とグラフ3

料金とグラフ

1 A市の月ごとの水道料金は，基本料金500円と水の使用量に応じてかかる料金の合計金額です。

水の使用量に応じて1㎡あたりの料金は変わり，次の表の通りです。

	1㎡ あたりの料金（円）
10㎡ までの分	100
10㎡ をこえてから 30㎡ までの分	200
30㎡ をこえた分	300

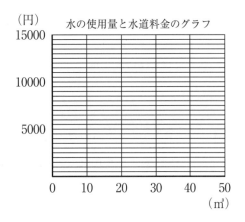

例　10.5㎡ を使った月の水道料金

$$\underbrace{500}_{\text{基本料金}} + \underbrace{100 \times 10}_{10㎡ までの料金} +$$

$$\underbrace{200 \times (10.5 - 10)}_{10㎡ をこえて 10.5㎡ までの料金} = \underbrace{1600}_{水道料金}$$

(1) 50㎡ までの水の使用量と水道料金のグラフを右にかきなさい。

(2) ある月の水道料金が7600円でした。水の使用量は何㎡ でしたか。　　　（普通部）

2 2つの電話会社A，Bの毎月の料金は，次のように計算します。

＜A社＞　基本料金　3500円

　　　　　1分あたりの通話料　25円

　　　　　ただし，通話料が500円以内なら基本料金のみでよい。これをこえた分についてのみ，1分あたり25円を基本料金に加える。

＜B社＞　基本料金　5000円

　　　　　1分あたりの通話料　20円

　　　　　ただし，通話料が2500円以内なら基本料金のみでよい。これをこえた分についてのみ，1分あたり20円を基本料金に加える。

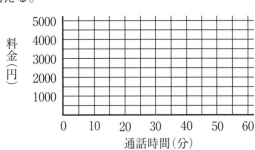

(1) A社の通話時間と料金のグラフをかきなさい。

(2) A社とB社の料金の差が2000円になるのは何分使ったときですか。　　　（普通部）

77 点の移動1

点の移動と速さ

1 図のように縦4m，横8mの長方形の各頂点に，さる，犬，ねこ，ねずみがいます。今，さるは毎秒80cm，犬は毎秒60cm，ねこは毎秒50cm，ねずみは毎秒30cmの速さで，同時に長方形の辺上を左回りに回り始めました。次の□に適当な数を入れなさい。

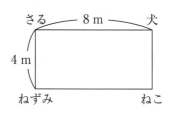

(1) 4匹が初めて同時に同じ場所を通るのは□□秒後です。

(2) 4匹が初めて同時にはじめにいた頂点にくるのは□□秒後です。 (中等部)

2 右の図の三角すいの辺の長さはすべて30cmです。

(ア) 点Pは，Aを出発し秒速3cmでA→C→B→Aの順に辺の上を回ります。

(イ) 点Qは，Cを出発し秒速4cmでC→D→A→Cの順に辺の上を回ります。

(ウ) 点Rは，Aを出発し秒速5cmでA→B→D→Aの順に辺の上を回ります。

点P，Q，Rは同時に出発しました。

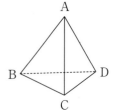

(1) 出発してから，点Pと点Qがはじめて同じ辺の上にくるのは何秒後ですか。

(2) 出発してから，点Pと点Rがはじめて出会うのは何秒後ですか。 (普通部)

3 右の図のように，1辺が48cmの正方形ABCDの辺AB，DCの真ん中の点を，それぞれE，Fとします。点Pは点Aを出発して毎秒2cmの速さで辺AD上をくり返し往復します。同様に，点Qは点Fを出発して毎秒3cmの速さで辺FE上を，点Rは点Bを出発して毎秒4cmの速さで辺BC上を，それぞれくり返し往復します。いま，3点P，Q，Rが同時に出発したとして，次の□に適当な数を入れなさい。

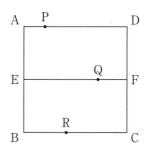

(1) 3点P，Q，Rがはじめて一直線上に並ぶのは，出発してから□秒後です。

(2) はじめて3点P，Q，Rが一直線上に並びながら動くのは，出発してから ア□ 秒後から イ□ 秒後までの間です。 (中等部)

78 点の移動2

1 右の図のように，6 cm はなれた2本の平行線上に4点 A，B，C，D がある。今，点 A，B，C は右にそれぞれ毎秒3 cm，1 cm，1 cm の速さで，点 D は左に毎秒3 cm の速さで，図の位置から4点同時に動き出すとき，次の問いに答えなさい。

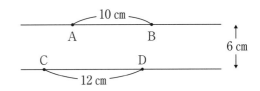

(1) 6秒後に2本の平行線と直線 AC，BD によって囲まれてできる図形の面積を求めなさい。

(2) 直線 AC と BD が交わっているときに，2本の平行線と直線 AC，BD によって作られる2つの三角形の面積の比が1：4になるのは4秒後と何秒後ですか。 (湘南藤沢)

2 ［図1］のような長方形 ABCD があります。点 P は辺 AD 上を，点 Q は辺 BC 上を何度も往復します。点 P は頂点 A から，点 Q は頂点 B から同時に出発します。点 P が動き始めてからの時間と四角形 ABQP の面積の関係は［図2］のようなグラフとなりました。点 P より点 Q が速く動くとき，次の □ に適当な数を入れなさい。

［図1］

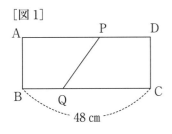

［図2］

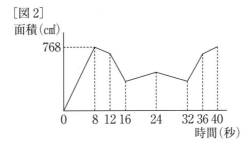

(1) 四角形 ABQP の面積が長方形 ABCD の面積の半分となる2回目の時間は，点 P が出発してから ［ア　］.［イ］ 秒後です

(2) 四角形 ABQP が正方形となる2回目の時間は，点 P が出発してから ［ア　］.［イ］ 秒後です。 (中等部)

3 右の図の正方形は1辺20 cm で，点 E は B から8 cm のところにあります。

点 P が E を出発し，辺の上を秒速2 cm で点 A まで E→C→D→A の順に動きます。

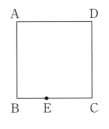

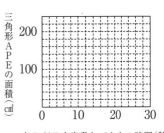

点 P が E を出発してからの時間（秒）

(1) 点 P が E を出発して10秒後の三角形 APE の面積を求めなさい。

(2) 点 P が E を出発してからの時間と三角形 APE の面積の関係をグラフに表しなさい。 (普通部)

1 右の［図1］のように，1辺の長さが8cmである正方形ABCDの周上を，それぞれ一定の速さで進む点P，Qがあります。頂点Aを同時に出発して，点Pは反時計回りに，点Qは時計回りに進みます。下の［図2］のグラフは，2つの三角形PCD，QCDの面積の変化の様子を表しています。このとき，次の□に適当な数を入れなさい。

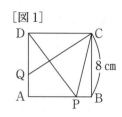

［図1］

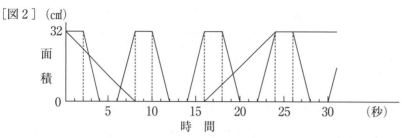

［図2］(cm²)

面積

(1) 2点P，Qが点Aを同時に出発した後で，2度目にP，Qが出会うのは，| ア |.| イ |秒後です。

(2) 2点P，Qが点Aを同時に出発した後で，2度目に三角形PCD，QCDの面積の比が3:2になるとき，この2つの三角形が重なっている部分の面積は，$\boxed{ア}\frac{\boxed{イ}}{\boxed{ウ}}$ cm²です。

(中等部)

2 右の図のように，点Oを中心として半径が6cmと9cmの2つの円があります。小さい円の周上に点Pがあり，PからOを通る直線を引き，大きい円と交わる点をQとします。

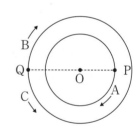

点AはPを出発し，1秒間に3.14cmの速さで小さい円の周上を時計回りに動きます。点BはAと同時にQを出発し，Aと同じ速さで大きい円の周上を時計回りに動きます。点Cは，Aが出発した3秒後にQを出発し，Aの2倍の速さで大きい円の周上をBと反対の向きに動きます。

円周率は3.14とします。

(1) 点Cが出発してから何秒後にはじめて点Bと重なりますか。

(2) 点AがPを出発してから2周するまでの間，半径OAとOBが作る角の大きさはどのように変わりますか。右のグラフに表しなさい。

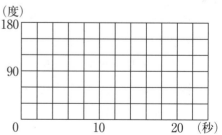

(度)

(普通部)

80 平面図形1

1 右の図において，同じ印をつけた角の大きさがそれぞれ等しいとき，角 x の大きさは ア . イ °です。　（中等部）

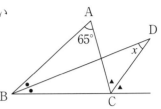

2 右の図で，点 C は直線 BD 上の点です。辺 AB の長さが辺 DE の長さに等しく，辺 AC の長さが辺 CD の長さに等しいとき，あ の角の大きさは ▢ 度です。　（中等部）

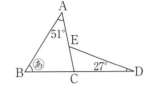

3 右の図のような長方形のグラウンドがあります。太郎君と次郎君が A 地点を同時に出発し，太郎君は B 地点に，次郎君は E 地点に向かって歩いていきました。2 人とも同じ速さで歩いたところ B 地点と E 地点に同時に着きました。E 地点に着いた次郎君は太郎君が正面に見えるように右を向きました。次郎君が右へ向いた角度を求めなさい。　（普通部）

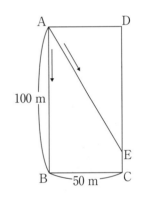

4 右の図形の面積を求めなさい。　（湘南藤沢）

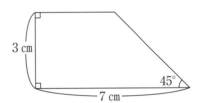

5 1 辺が 10 cm の正方形が 2 つあります。右の図のように，1 つの正方形の中心（対角線の交点）に，もう 1 つの正方形の頂点を重ねたとき，斜線部分の面積は ▢ cm²になります。　（中等部）

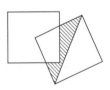

6 右の図の三角形はどれも直角二等辺三角形です。斜線部分の面積は ▢ cm²です。　（中等部）

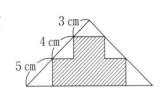

91

81 平面図形2

円と扇形(1)

※ 円周率は 3.14 とします。

1 右の図のように，おうぎ形の2つの半径が正方形の2辺とちょうど重なるように置かれています。さらに，正方形の1辺を直径とする半円を2つかきました。図のぬりつぶした部分の面積の合計は， ア . イ ㎠ です。
(中等部)

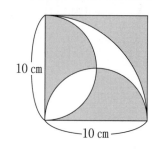

10 cm

10 cm

2 1辺が 40 ㎝ の正方形に，半径 10 ㎝ と半径 20 ㎝ の円の一部を利用して右の図をかきました。斜線の部分の面積を求めなさい。
(普通部)

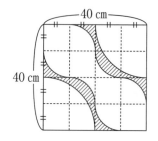

40 cm

40 cm

3 右の図は，半径3㎝ の円の円周の一部分を組み合わせてできた図形である。矢印の方向にこの図形の周りの長さをはかると，BからA，AからD，DからCはそれぞれ円周の$\frac{1}{4}$，CからBは円周の$\frac{3}{4}$であった。この図形の面積を求めなさい。
(湘南藤沢)

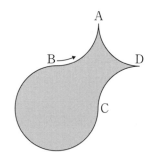

A

B D

C

4 次の □ に適当な数を入れなさい。

下の図のように，半径が 4 ㎝ の円が3つくっついています。また2つの正方形は，それぞれ2つの円の中心を頂点としています。図のぬりつぶした部分の面積の合計は， ア . イ ㎠ です。
(中等部)

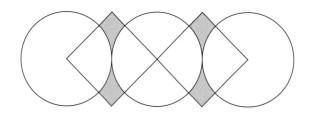

92

※　円周率は 3.14 とします。

1　右の図のように，1 辺が 15 cm の正方形 ABCD とおうぎ形 ABD があります。点 E は辺 AB 上の点で，ぬりつぶした 2 つの部分の面積が等しいとき，AE の長さは ⑦.⑦ cm です。　（中等部）

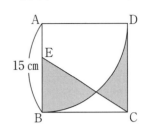

2　右の図のように，中心角が 90° のおうぎ形の半径と長方形の 2 辺が重なるように置かれています。斜線部分 A と B の面積が等しいとき，$x =$ ⑦.⑦ です。　（中等部）

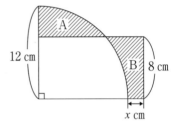

3　右の図は半径 8 cm の 2 つの円と，それらの直径を 2 辺にふくむ長方形です。色のついた部分について，㋐と㋑の面積の和が㋒の面積に等しいとき，辺 AD の長さは ⑦.⑦ cm です。　（中等部）

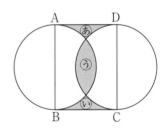

4　次の問いに答えなさい。

(1)　図 1 の四角形 ABCD は，1 辺の長さが 8 cm の正方形である。AC を 1 辺とする正方形の面積を求めなさい。

(2)　図 2 の曲線は，正方形 PQRS の頂点 P と S を通る，半径 6 cm の円の一部である。この曲線の長さが 9.42 cm のとき，㋑と㋺の部分の面積をそれぞれ求めなさい。

（湘南藤沢）

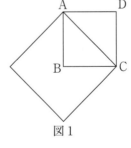

図 1

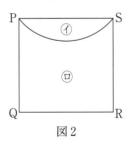

図 2

※　円周率は3.14とします。

1　右の図のように正三角形の1辺と，半円の直径が重なっています。正三角形の1辺の長さが12cm，半円の直径も12cmのとき，ぬりつぶした部分の面積は，$\boxed{ア}$.$\boxed{イ}$ cm²になります。　　　　（中等部）

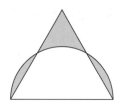

2　右の図は半径10cmの円を $\frac{1}{4}$ に切ったおうぎ形です。点R，Sはおうぎ形の円周の部分を3等分する点で，直線PSとQRは，おうぎ形の半径OTに平行です。このとき図の斜線の部分の面積は $\boxed{ア}\dfrac{\boxed{イ}}{\boxed{ウ}}$ cm² です。　　　　（中等部）

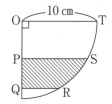

3　右の図のようなABを直径とする円があります。図の斜線部分の面積は $\boxed{ア}$.$\boxed{イ}$ cm²です。　　　　（中等部）

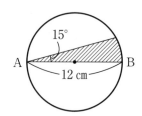

4　右の図は，1辺の長さが15cmのひし形で，2つの対角線の長さは18cmと24cmです。このひし形の内部に，同じ大きさの4つの円を入れたところ，ちょうどどの円も1つの辺にぴったりくっつき，他の2つの円にもぴったりくっつきました。円の半径は $\boxed{ア}$ cmで，ぬりつぶした部分の面積は $\boxed{イ}$.$\boxed{ウ}$ cm²になります。　　　　（中等部）

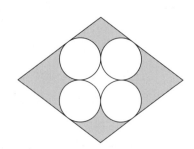

1 右の図は，1目盛が1cmの方眼紙です。

(1) 点Aと点Bを結んだ直線を一辺とする正方形の1つを方眼紙にかきなさい。また，その正方形の面積を求めなさい。

(2) 3つの点A，C，Dを通る円の面積を求めなさい。　　（普通部）
円周率は3.14とします。

2 中心角が30°と60°の2つのおうぎ形と半円が，図のように重なっている。半円の半径を15cmとする。

(1) アの部分の周りの長さを求めなさい。

(2) イの部分の面積を求めなさい。　　（湘南藤沢）

3 右の図の円は半径が6cmで，円周上に12個の点が等しい間隔（かく）で並んでいます。1辺の長さが6cmの正三角形の高さは5.2cmとします。

(1) ABの長さを求めなさい。

(2) 影（かげ）の部分の面積を求めなさい。　　（普通部）

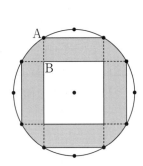

1 右の図の四角形 ABCD は平行四辺形である。このとき，かげのついた部分の面積を求めなさい。

（湘南藤沢）

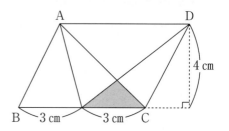

2 右の図の四角形 ABCD は平行四辺形で，E，F はそれぞれの辺のまん中の点です。ぬりつぶした部分の面積は，□□ cm² になります。 （中等部）

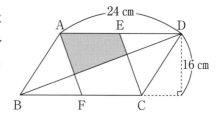

3 右の図の平行四辺形 ABCD において，E と F はそれぞれ辺 AB，BC の真ん中の点で，ED と FI は平行である。アの部分の面積が 3 cm² のとき，イの部分の面積を求めなさい。 （湘南藤沢）

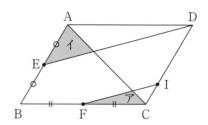

4 右の図の四角形 ABCD は長方形で，BE と EF の長さは等しく，EF：FC は 3：2 です。

(1) 三角形 AEF の面積は長方形 ABCD の面積の何倍ですか。

(2) 三角形 DGF と三角形 DFC の面積の比を求めなさい。

（普通部）

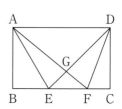

5 右の図のような長方形 ABCD があります。

AE＝6 cm，EB＝2 cm，BC＝15 cm，DF＝4 cm です。

(1) 三角形 AGD の面積を求めなさい。

(2) 四角形 EHFG の面積を求めなさい。 （普通部）

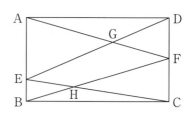

6 右の図のぬりつぶした部分の面積は，□ア □イ/□ウ cm² です。

（中等部）

86 平面図形7

相似と応用(2)

1 右の図のような長方形があります。AB＝3.5cm，AD＝8.4 cm，BD＝9.1cm，AE は BD に垂直です。このとき，AE の 長さは $\dfrac{\boxed{イ}}{\boxed{ウ}}$ cm です。 （中等部）

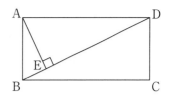

2 右の図の四角形 ABCD は長方形です。3つの三角形 ABF，EFG，DGH の面積の比を最も簡単な整数の比で表しなさい。 （普通部）

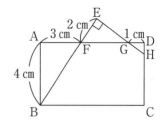

3 右の図のような1辺の長さが3cmの正方形 ABCD があります。点 P，Q，R，S はそれぞれ正方形の辺の上にある点で，AP＝BQ＝CR＝DS＝1cm です。色のついた部分の面積は $\boxed{ア}.\boxed{イ}$ cm² です。 （中等部）

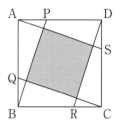

4 1辺6cmの正方形 ABCD の上に，長方形 EFGH を右の図のようにのせました。頂点 E は辺 AD のまん中にあり，辺 EF と辺 FG は辺 AB を3等分しています。また，頂点 C は辺 GH の上にありました。

(1) IC の長さを求めなさい。

(2) 正方形と長方形が重なっている部分の面積は何 cm² ですか。 （普通部）

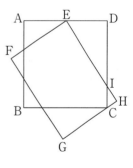

5 長方形 ABCD に幅 10cm の長方形の帯をおきます。

(1) 帯を斜めにおいたところ，図1のようになりました。長方形 ABCD と帯が重なっている部分の面積を求めなさい。

(2) 図1の上からさらに帯をおいたところ，図2のようになりました。斜線部の面積の合計を求めなさい。 （普通部）

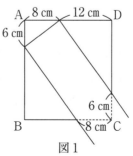

図1

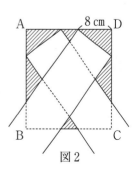

図2

1 右の図のような三角形 ABC の面積が 36 cm² のとき，ぬりつぶした部分の面積は ⓐ . ⓑ cm² になります。　（中等部）

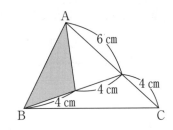

2 右の図のように，三角形 ABC の中に角 C が直角の直角三角形 DBC を作ることができたとき，斜線のついた三角形 ADC の面積は，□ cm² です。　（中等部）

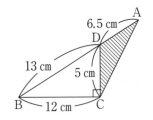

3 三角形 ABC があります。右の図のように，直線 DG，GE，EH，HF，FC をひいて，三角形 ABC を面積が等しい 6 個の三角形に分けました。

(1) AE：EB を求めなさい。

(2) 点 F と点 G を直線で結び，三角形 EFG をつくります。三角形 EFG の面積は三角形 ABC の面積の何倍ですか。　（普通部）

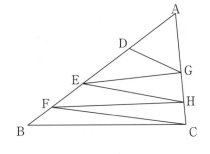

4 右の図のような平行四辺形 ABCD があります。AP と PB は 4：1，BQ と QC は 1：4，CR と RD は 3：2，AS と SD は 1：5 のとき，斜線部分の面積は 26 cm² です。平行四辺形 ABCD の面積を求めなさい。　（普通部）

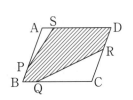

1 　面積が 3 ㎠ の正三角形を 6 つ組み合わせて，右の図のような正六角形を作ったとき，斜線のついた部分の面積は ⬚ア⬚.⬚イ⬚ ㎠ です。　（中等部）

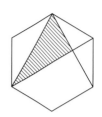

2 　右の図のように，1 辺の長さがすべて 6 ㎝ で，角がすべて等しい六角形を，直線で 2 つの部分に分けました。①の部分と②の部分の面積の比を最も簡単な整数の比で表すと，⬚ア⬚ : ⬚イ⬚ になります。

（中等部）

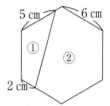

3 　正六角形 ABCDEF があり，右の図のように点 P を AP の長さが AF の $\frac{1}{3}$ になるように，点 Q を CQ の長さが CD の $\frac{1}{2}$ となるようにとります。

(1) 　ウの面積は正六角形 ABCDEF の面積の何分のいくつですか。

(2) 　ア，イ，ウの面積の比を最も簡単な整数の比で表しなさい。

（普通部）

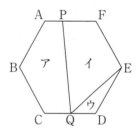

4 　右の図で，点 A，B，…，F は円周を 6 等分する点で，三角形 ACE，DFB はともに面積が 180 ㎠ です。

(1) 　星形（斜線の部分）の面積は何 ㎠ ですか。

(2) 　6 つの点 A，B，…，F を結んでできる正六角形の面積は何 ㎠ ですか。

（普通部）

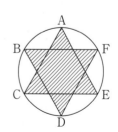

1 図のような長方形の紙があります。

辺 AB 上に点 E をとり，CE を折り目にして折ると，点 B はちょうど辺 AD 上にきました。

この点を F とすると，AF の長さは 2 cm になりました。

BE の長さを求めなさい。 （普通部）

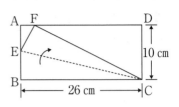

2 図1のような長方形の紙があります。図2はこの紙を点Bが点Dに重なるように折ったものです。

(1) 図2のED と DF をはさみで切り，残った紙を広げるとどんな図形になりますか。

(2) (1)の図形の面積は何 cm² ですか。

（普通部）

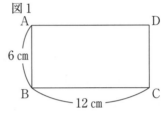
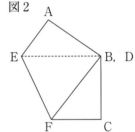

3 図1のような長方形の形をした紙 ABCD がある。辺 AB 上に点 E，辺 CD 上に点 F をとり，直線 EF を折り目として折ったとき，図2のように頂点 B と頂点 D がちょうど重なり，BE と EF の長さが等しくなった。

さらに，辺 DA 上に点 G をとり，図2の状態から直線 EG を折り目として折ったとき，図3のように頂点 A が直線 BE に重なった。

(1) 図2の角⑦の大きさを求めなさい。

(2) AG の長さと GD の長さの比を求めなさい。

(3) 図3のかげをつけた部分の面積が 20 cm² のとき，長方形 ABCD の面積を求めなさい。 （湘南藤沢）

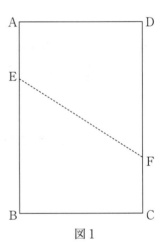

図1

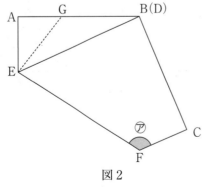

図2

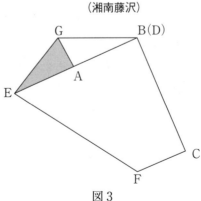

図3

90 平面図形11

1　正方形の紙を下の図のように1つの対角線で折ります。次に折り目のまん中と，直角の頂点が重なるように折ります。さらに，2回目の折り目のまん中と直角の頂点が重なるように折ります。このときにできる斜線のついた三角形の面積は，もとの正方形の面積の $\dfrac{\boxed{ア}}{\boxed{イ}}$ です。

（中等部）

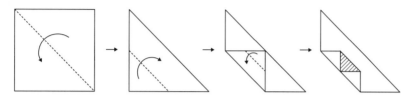

2　1辺の長さが18cmの正方形ABCDを右の図のように折りました。AE, BF, CG, DHの長さをみな同じにとったので，折ったもの同士が重なるところはなく，正方形IJKLができました。正方形EFGHの面積が246.5cm²であるとき，次の□に適当な数を入れなさい。

(1)　正方形IJKLの面積は $\boxed{}$ cm²です。

(2)　AEの長さは $\boxed{ア}$. $\boxed{イ}$ cmです。　　　（中等部）

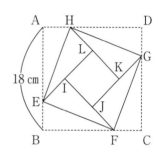

3　図1のような1辺の長さが34cmの正方形の紙がある。この紙を図2のように折り，正方形を作ると，紙が重ならない部分は正方形となり，その面積は196cm²となった。

(1)　図2のかげのついた部分の面積を求めなさい。

(2)　図2の⑤の長さを求めなさい。

(3)　図2の紙を，図3のように同じ記号の点が重なるようにさらに折り，八角形を作る。この八角形の面積を求めなさい。答えは仮分数のままでもよい。

（湘南藤沢）

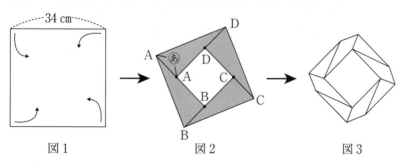

図1　　　　　　　図2　　　　　　　図3

1 下の図1のように平らな机の上に直方体の箱を置きます。辺ABのまん中の点から4cmの所に垂直に8cmのスタンドを立て，豆電球をつけました。すると，図2のような影ができました。箱の体積を求めなさい。 (普通部)

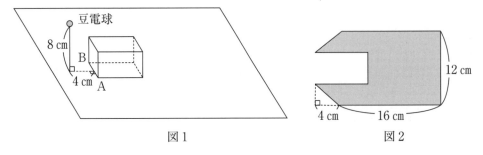

図1   図2

2 底面が1辺0.5mの正方形で，高さが1mの直方体のブロックがいくつか積み上げられてできた直方体の建物がある。ここから1つのブロックを抜いたところ，図1のような穴が1つだけ開いている建物になった。

毎日，日光が建物の真後ろ（辺ABと日光が垂直になる位置）からさすときに，この建物のかげ（図1の黒くぬってある部分）のさまざまな量を測ることにした。

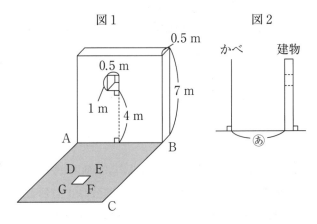

図1   図2

(1) 辺BCの長さが5.6mのとき，辺EFの長さを求めなさい。

(2) 四角形DEFGの面積が0.35㎡のとき，辺BCの長さを求めなさい。

(3) 辺BCの長さが7mのとき，図2のように，この建物と平行に，建物と同じ高さのかべを立てた。このとき，穴を通ってきた日光のうち，かべにあたった部分の面積は0.15㎡となった。建物とかべとの距離（図2のあの長さ）を求めなさい。ただし，この穴を通った日光は，建物からかべまでの間の地面とかべだけにあたるものとする。 (湘南藤沢)

※　円周率は 3.14 とします。

1 　辺 AB の長さが 5 cm，辺 BC の長さが 3 cm，辺 CA の長さが 4 cm の直角三角形 ABC がある。この三角形 ABC を右の図のように，点 C を中心として 90° 回転させると，点 A は点 A′ に移り，点 B は点 B′ に移った。このとき，かげのついた部分の面積は □ cm² となる。　　　　　　　　　　　（湘南藤沢）

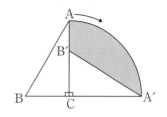

2 　AB = 8 cm，BC = 12 cm，AC = 10 cm の三角形 ABC を，頂点 B を中心として反時計回りに 30° 回転させたところ，右の図のようになりました。折れ線 BAC が通過した部分（右の図のぬりつぶした部分）の面積は，ア□.イ□ cm² です。　　　（中等部）

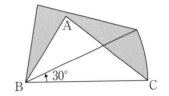

3 　右の図は，直角三角形 ABC を頂点 C を中心に 90 度右に回転した図で，斜線部分は辺 AB が動いたあとを示しています。
　　右の図の斜線部分の面積は ア□.イ□ cm² です。　　（中等部）

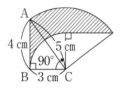

4 　右の図のように，1 辺の長さが 10 cm の正六角形に，正三角形 ABC がくっついています。この正三角形が矢印の向きに正六角形のまわりをすべらずに回転しながら 1 周します。

⑴　正三角形の頂点 A がえがく曲線の長さは何 cm ですか。

⑵　⑴の曲線で囲まれた図形の面積は何 cm² ですか。
　　ただし，正三角形 ABC の高さは 8.66 cm とします。　　（普通部）

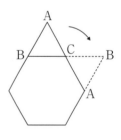

5 　1 辺 12 cm の正方形の紙を四つ折りにして広げた後，折り目にそって 1 辺 6 cm の正方形を切り取った。

⑴　図 1 の点 P，Q は，ともに頂点から折り目までを 4 等分した点のうちの 1 つである。この 2 つの点を結ぶ直線でこの紙を折り返すとき，重なる部分の面積を求めなさい。

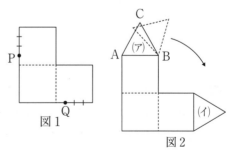

図 1

図 2

⑵　1 辺の長さが 6 cm の正三角形 ABC を，この紙の外側にそって，図 2 の(ア)の位置から(イ)の位置まで矢印の方向にすべらないように回転させる。このとき，正三角形の頂点 A がえがく曲線の長さを求めなさい。　　　　　　　　　　（湘南藤沢）

1 　右の図1のように1辺が2cmと8cm
の2つの正三角形があります。小さい
正三角形が大きい正三角形の中をすべ
らずに回転しながら動きます。

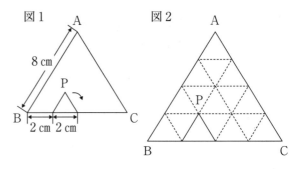

図1　　　　図2

(1) 　点Pが右の図1の位置から辺AC
上にくるまでにえがく曲線を図2に
かきなさい。

(2) 　(1)の曲線の長さを求めなさい。(円周率は3とします。)　　　(普通部)

2 　1辺の長さが9cmの正方形と1辺の長さが3cmの正三角形があり
ます。今,図のように頂点が重なった位置にある正三角形が,正方
形の内部を,辺からはなれず,しかもすべらずに,毎秒30度の速
さで各頂点を中心に回転しながら,ひとまわりしてもとの位置にも
どってきます。このとき,次の□に適当な数を入れなさい。ただし,
円周率を3.14とします。

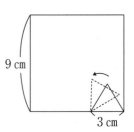

(1) 　正方形の内部で正三角形が通らない部分の周りの長さは　ア　.　イ　cm です。

(2) 　ひとまわりしてもとの位置にもどるのにかかる時間は　□　秒です。　　　(中等部)

3 　長方形 ABCD が図の左の位置から台形の上をすべらずに回転しながら動き,右の長方形
の位置まで移動しました。このとき,頂点 A が動いたあとの曲線の長さは何 cm ですか。
円周率は3.14とします。　　　(普通部)

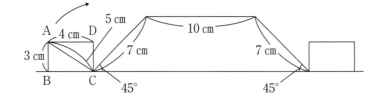

4 　右の図のような半径5cm,中心角90度のおう
ぎ形が⑦の位置から床の上をすべらずに⑦の位
置まで1回転するとき,点Oの動いた道のりは
　ア　.　イ　cm です。

ただし,円周率は3.14とします。□に適当
な数を入れなさい。　　　(中等部)

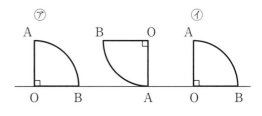

❶ 右の図のような直角三角形 A と長方形 B があります。A は毎秒 3 cm の速さで直線 ℓ にそって矢印の向きに動きます。次の □ に適当な数を入れなさい。

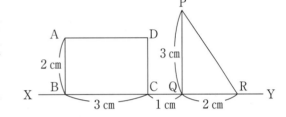

(1) A が動き始めてから 7 秒後に，A と B が重なっている部分の面積は □ cm² です。

(2) A と B が重なっている部分の面積が，B の面積のちょうど半分になる場合が 2 回あります。1 回目は A が動き始めてから ⟨ア⟩.⟨イ⟩ 秒後で，2 回目は A が動き始めてから ⟨ウ⟩.⟨エ⟩ 秒後です。　　　　（中等部）

❷ 右の図のように，長方形 ABCD と直角三角形 PQR があります。長方形 ABCD が図の位置から直線 XY にそって毎秒 1 cm の速さで右へ動きます。

(1) 2 秒後に長方形と三角形が重なっている部分の面積を求めなさい。

(2) 3 秒以上あとで，長方形と三角形が重なっている部分の面積が 2 cm² になるときがあります。それは何秒後ですか。　　　　（普通部）

❸ 対角線の長さが 15 cm の正方形の折り紙を，図 1 のように同じ大きさの 9 個の正方形ができるように折り，そのまん中の正方形（図 1 のかげのついた部分）を切り抜いた。これと同じものをさらにもう 1 枚作った。円周率は 3 とする。

(1) 2 枚の折り紙をぴったり重ねたのち，図 2 のように上の折り紙の 1 辺が下の折り紙の対角線上にくるまで，上の折り紙を点 A を中心として時計回りに回転させた。かげのついた部分の面積を求めなさい。

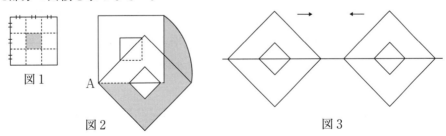

図1　　　図2　　　図3

(2) 図 3 のように，2 枚の折り紙を対角線が一直線になるように横にならべた。この対角線をふくむ直線にそって，2 枚をそれぞれ秒速 1 cm で同時に動かして近づけたとき，最初に頂点が出会ってから 6 秒後に 2 枚の折り紙が重なっている部分の面積を求めなさい。

　　　　（湘南藤沢）

1 図1のように，正方形Aと，長方形を2つつなげた図形Bが直線上においてある。Aをこの直線にそって毎秒1cmの速さで右方向に動かした。図2は，AとBが重なり合う部分の面積の変化を表している。

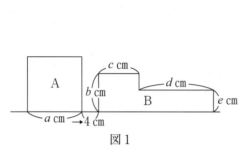

図1

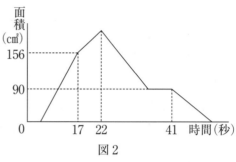

図2

(1) 図1の *a*～*e* にあてはまる数をそれぞれ求めなさい。

(2) 重なり合う部分の面積が2回目に146 cm²となるのは，Aが動き始めてから何秒後ですか。

（湘南藤沢）

2 点Oを中心とする半径6cmの円板を3分の1に切った板がある。この板を右の図のように，OPが地面と平行になるように点Oで壁にとめて，長さ20cmのひもPQをぶらさげた。

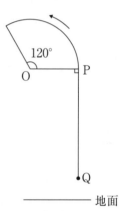

いま，点Oを中心として毎秒20°の速さで反時計回りにこの板を回転させて，たるまないようにひもを巻き取っていく。

円周率を3として以下の問いに答えなさい。

(1) ひもを巻き終わるまでにかかった時間を求めなさい。

(2) ひもを巻き終わるまでに点Qが動いた長さを求めなさい。

（湘南藤沢）

3 下の図のように，形も大きさも同じである円柱をすべらないように転がして，鉄板を矢印の方向に運びます。円柱は底面の半径が15 cmで，どの円柱も転がすときは一定の速さで，12秒間に1回転させます。鉄板は円柱上をすべらずに進み，また，円柱は転がってもたがいに接触しないように置かれているものとします。次の □ に適当な数を入れなさい。ただし，円周率は3.14とします。

(1) 転がっている円柱は，毎秒 ア . イ cmの速さで矢印の方向に進みます。

(2) 10秒間に，鉄板は矢印の方向に □□□ cm進みます。

（中等部）

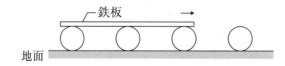

96 平面図形17

1 右の図のように長方形 ABCD の辺上に 4 点 E, F, G, H をとります。

(1) 四角形 EFGH の面積を求めなさい。

(2) 点 H を辺 CD 上を D の方向に動かしたら, 四角形 EFGH の面積が 30 ㎠ になりました。点 H を何 cm 動かしましたか。 (普通部)

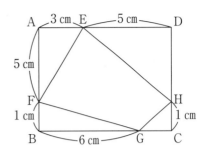

2 右の図のような三角形 ABC で AD, BE, CF が点 G を通っています。また BD と DC の長さの比は 2 : 1, AE と EC の長さの比は 2 : 3 です。このとき, 次の □ に適当な数を入れなさい。

(1) AG と GD の長さの比を最も簡単な整数の比で表すと, ア : イ です。

(2) 三角形 ABC の面積が 30 ㎠ のとき, 三角形 AFC の面積は ア . イ ㎠ です。 (中等部)

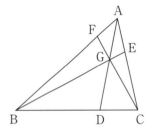

3 右の図のような 1 目が 1 cm の方眼紙があります。これを対角線 BD で切って三角形を作ると, 三角形 BCD の中には, 1 辺が 1 cm の完全な正方形が 4 個あります。縦 64 cm, 横 12 cm の方眼紙で同じことをすると, できた三角形の中には, 1 辺が 1 cm の完全な正方形は何個ありますか。考え方をわかりやすく説明しなさい。 (普通部)

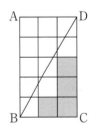

4 右の図のように直角三角形を 1 辺 10 cm の正方形のタイルでおおいました。直角をはさむ 2 辺が 3 m と 4 m の直角三角形を同じようにおおうには, このタイルは少なくとも何個必要ですか。 (普通部)

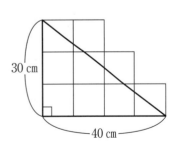

1 まっすぐな針金を 90° ずつ曲げて，図のような形にしました。AB の長さが 8 cm のとき，この針金の長さは何 cm ですか。ただし，針金の間かくはどこも等しいとします。　（普通部）

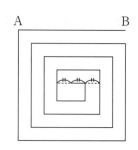

2 高さが 18 cm の本が 2 冊，21 cm の本が 4 冊，25 cm の本が 4 冊あり，本の厚さはどれも 2 cm です。これらの本を幅が 20 cm の本だなにならべます。本と本だなの接しているいちばん上の点 A からもう一方の点 B までを，本のふちにそって折れ線（図の太線部分）で結んでみました。本をいろいろとならべかえて，点 A から点 B までの折れ線の長さを調べてみました。

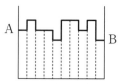

このとき，次の □ に適当な数を入れなさい。右の図は，本のならべ方の 1 つの例です。

(1) いちばん短い折れ線の長さは □ cm です。

(2) いちばん長い折れ線の長さは □ cm です。　（中等部）

3 次の問いに答えなさい。

(1) 下の図 1 のように長方形 ABCD を 3 つの図形に分けたとき，3 つの図形の面積が同じになりました。このとき EF の長さは何 cm ですか。

(2) 図 2 のように長方形 ABCD を 3 つの図形に分けたとき，3 つの図形の面積と 3 つの図形の周の長さがそれぞれ同じになりました。このとき EG の長さは何 cm ですか。

　（普通部）

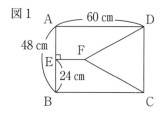

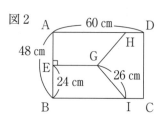

1 　右の図のような立方体があります。点ア，イ，ウ，エ，オ，カは辺のまん中の点です。アからカまで順に立方体の上に線をひきました。2種類の展開図にアからカまでの線をかきなさい。ただし，F，G，Hは図のように決まっています。　　　（普通部）

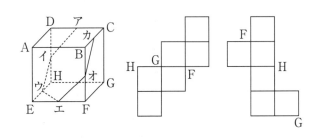

2 　正三角形を8枚あわせて立体を作りました。

　この立体に図1のように各辺の真ん中の点を結んで直線を引き，これを図2のような展開図にしました。立体に引いた残りの直線を図2の展開図にかきなさい。図1のABと図2のABは同じです（答えのみでよい）。　　　（普通部）

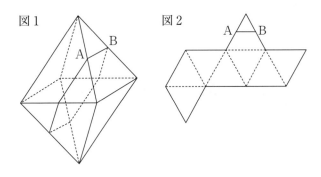

3 　次のアからエのうち，五角柱の展開図をすべて選んで記号で答えなさい。　　　（普通部）

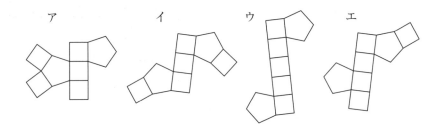

1 右の展開図を組み立てて，面が6つある立体を作りました。

(1) 点Gと重なる点をすべて答えなさい。

(2) 面アを底にして置き，この中に半分の高さまで水を入れました。次にこの立体をころがして面イを底にして置きました。水の深さは何cmになりましたか。 （普通部）

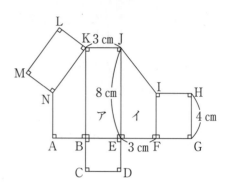

2 右の図はある四角すいを底面に平行な平面で切って作った立体の展開図です。

(1) もとの四角すいの高さは何cmですか。

(2) この立体の体積は何cm³ですか。 （普通部）

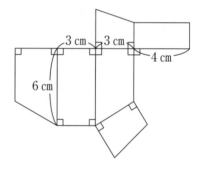

3 右の図のように1目盛が1cmの方眼紙に展開図をかきました。これを組み立ててできる立体の表面積と体積を求めなさい。 （普通部）

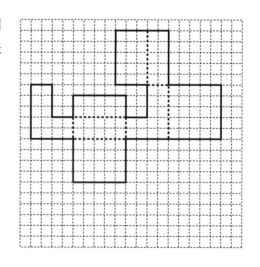

100 立体図形3

 円すい

1 次の □ にあてはまる数を求めなさい。ただし，円周率は 3.14 とします。

(1) 下の図1のような円すいの表面積は，ア□.イ□ ㎠ です。

(2) 下の図2のような円すいがあります。この円すいの側面の展開図をかくと，そのおうぎ形の中心角の大きさは □□ 度になります。

(3) 下の図3のような円すいがあります。底面の円周上の点 A から糸を側面上で1周させました。糸は最も短い場合で ア□.イ□ ㎝ 必要です。 (中等部)

図1

14 cm
5 cm

図2

15 cm
9 cm

図3

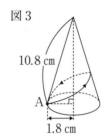

10.8 cm
A
1.8 cm

2 2辺 AB，AC が等しい二等辺三角形と長方形を右の図のように組み合わせました。この図形を直線 PQ のまわりに1回転させてできる立体の表面の面積は ア□.イ□ ㎠です。

ただし，円周率は 3.14 とします。 (中等部)

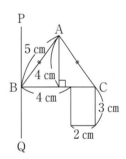

P
A
5 cm
4 cm
B 4 cm C
3 cm
2 cm
Q

101 立体図形4

回転体

1 次の □ にあてはまる数を求めなさい。ただし，円周率は 3.14 とします。

(1) 下の図1のような直角三角形 ABC を，直線 AC を軸として1回転してできる立体の表面の面積は $\boxed{ア}\boxed{\ \ \ }.\boxed{イ}$ ㎠ です。 （中等部）

(2) 下の図2のような直角三角形 ABC と長方形 BDEC を組み合わせた図形を，直線 AE を軸として1回転させてできる立体の表面の面積は，$\boxed{ア}\boxed{\ \ \ }.\boxed{イ}$ ㎠ です。 （中等部）

(3) 下の図3のような AB＝5 cm，BC＝4 cm，CD＝8 cm の台形 ABCD を，辺 AB を軸として1回転させてできる立体の体積は $\boxed{ア}\boxed{\ \ }.\boxed{イ}$ ㎤ です。 （中等部）

(4) 下の図4を ℓ を軸として1回転させたとき，できる立体の体積は $\boxed{\ \ \ }$ ㎤ です。

（湘南藤沢）

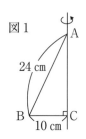
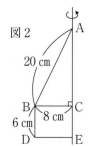
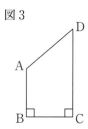
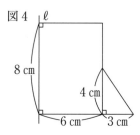

2 右の図のような平行四辺形 ABCD を，直線 ℓ を軸として1回転したときにできる立体の表面積を求めなさい。ただし，円周率は 3.14 とする。 （湘南藤沢）

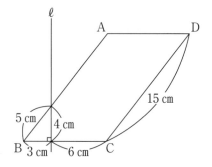

1 1辺が10cmの立方体22個をすきまなく積み重ねて右の図のような
立体をつくり，そのすべての面を青くぬりました。

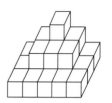

(1) この立体の表面積を求めなさい。

(2) この立体をくずしたとき，3つの面がぬられている立方体は何個
ありますか。 （普通部）

2 下の図1のようなたて5cm，横4cm，高さ3cmの直方体がたくさんあります。この直方
体をすべて同じ向きに，1段目に1個，2段目に9個，3段目に25個というようにピラミッ
ドの形に積んでいきます。図2は4段のピラミッドの形です。次の □ に適当な数を入れな
さい。

図1

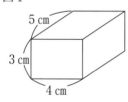

図2

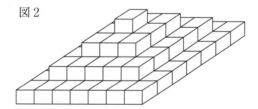

(1) 6段のピラミッドの形を作るには，この直方体を □□□ 個使います。

(2) 7段のピラミッドの形を作ったとき，その表面積は □□□□ cm² です。 （中等部）

1 4つの面で囲まれたある立体を，真上から見ると図アのようになり，真正面から見ると図イのようになります。この立体の体積は $\boxed{ア}$. $\boxed{イ}$ ㎤ です。□ に適当な数を入れなさい。

（中等部）

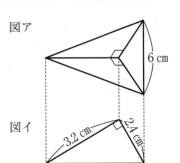

図ア

6㎝

図イ

3.2㎝　2.4㎝

2 1辺の長さが1㎝の，青い立方体と赤い立方体と透明な立方体がいくつかあります。この3種類の立方体を積み上げて，右の図のように1辺の長さが3㎝の立方体にしました。この立方体を正面，右，上から見た図が下の図です。ただし，色の付いた立方体の奥にある立方体はどの種類かわかりません。

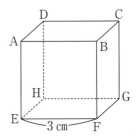

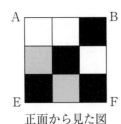

正面から見た図

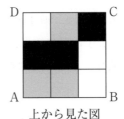

右から見た図

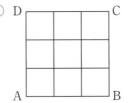

上から見た図

■ は青色，　■ は赤色，　□ は色がないことを表す。

(1) 一番上の段はどのような配置ですか。右の①の図に記入しなさい。青い立方体は○で，赤い立方体は×で書き，透明な立方体は何も書かないこと。

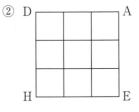

(2) 左から見たときの図を，右の②の図に記入しなさい。青色は○で，赤色は×で書き，色がないときは何も書かないこと。

（普通部）

1 　下の図は，１辺の長さが 12 cm の立方体を，ある平面で切り取った残りの立体です。CD ＝６cm，IF ＝９cm，JG ＝３cm です。

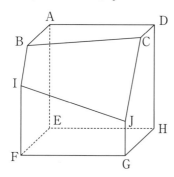

(1)　AB の長さを求めなさい。

(2)　切り取った立体の体積を求めなさい。

　　ただし，角すいの体積は（底面積）×（高さ）÷３です。　　　　　　　　　　　　（普通部）

2 　右の図１のように，１辺の長さが６cm の立方体 ABCD － EFGH がある。点 I, J はそれぞれ辺 AE, BF のまん中の点であり，点 L, K は辺 DH, CG 上の点で DL：LH＝CK：KG である。この立方体を４点 I, J, K, L を通る平面で切断して２つの立体に分けるとき，次の問いに答えなさい。

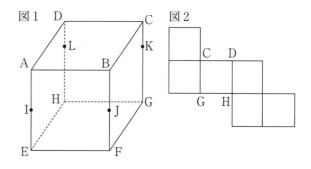

(1)　DL：LH＝１：２ であるとき，頂点 A をふくむ立体の体積を求めなさい。

(2)　(1)での切り口の図形の辺を，図２の展開図にかきこみなさい。

(3)　頂点 A をふくむ立体と頂点 E をふくむ立体の体積の比が７：９であった。DL の長さを求めなさい。

　　　　　　　　　　　　　　　　　　　　　　　　　　　　　　　　　　　　　　（湘南藤沢）

1 　右のようなサイコロを，1の目が上，2の目が正面にくるように下のマ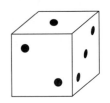
ス目の黒くぬってある部分におき，マス目の(ア)，(イ)，(ウ)，……の順にサ
イコロをたおしていく。下の例では，サイコロが(ウ)の位置にきたとき，
上の面には2の目がでる。

　このような操作を(1)～(3)のそれぞれのマス目上でおこなったとき，最
後に上の面にでる目を答えなさい。　　　　　　　　　　　　　　（湘南藤沢）

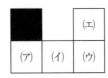

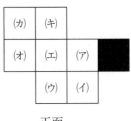

（例）　うしろ

（1）　うしろ

（2）　うしろ

（3）　うしろ

正面

正面

正面

正面

2 　サイコロの向かい合う面の目の合計は7になります。た
とえば，図1のサイコロの下の面の目は6です。6個のサ
イコロを同じ数の目どうしをくっつけて図2のような直方
体を作りました。

（1）　アの面の目はいくつですか。

（2）　図2の直方体のすべての面の目の合計はいくつですか。

　　　　　　　　　　　　　　　　　　　　　　　　　　（普通部）

図1　　　図2

1 右の図の立体は，底面が正方形であるふたつの四角すいを，底面に平行な平面で切ってはり合わせたものです。

(1) はり合わせた面の面積を求めなさい。

(2) この立体の体積を求めなさい。 （普通部）

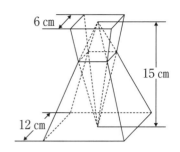

2 右の図のように長さ4cmのOAを4等分，3cmのOBを3等分，5cmのOCを5等分し，OA，OB，OCのそれぞれに平行な点線の直線を引きます。図の点線の部分の長さの合計は， □ cmです。□に適当な数を入れなさい。

（中等部）

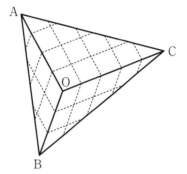

3 右の図の立方体は1辺が5mで，それぞれの面には，図のように1mごとに線がひいてあります。斜線の部分を矢印の方向にそれぞれ反対側までくりぬいてできる立体の体積は何m³になりますか。

（普通部）

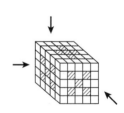

107 体積と容積 1 容器に水を入れる

1 図のように，底面積が 12 cm² ，高さが 8 cm の三角すいの容器に水が入っている。この容器を水平な台の上に置いたら，水の深さが 4 cm になった。この容器に入っている水の量は何 cm³ですか。 （湘南藤沢）

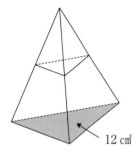

12 cm²

2 底面が 1 辺 10 cm の正方形で，高さが 30 cm の直方体の容器に水をいっぱいに入れました。底面の 1 辺を床につけたまま 45 度傾けたとき，容器の中には水が何 ℓ 残りますか。 （普通部）

3 底面は 3 辺が 3 cm，4 cm，5 cm の三角形，高さが 6 cm の三角柱の形をした水そうがあります。水そういっぱいに水を入れ，図のようにかたむけたとき，水そうの中に残った水の容積は □ cm³ です。ただし，水そうの厚さは考えません。 （中等部）

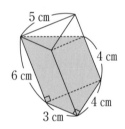

5 cm
4 cm
6 cm
4 cm
3 cm

4 右の図のような同じ形，大きさの直方体の容器が 3 つあります。図のように置いたときの上面を A，手前の面を B，右側の面を C とします。長方形 A，B，C の面積の比が 5：4：3 のとき

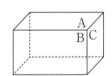

A
B C

(1) 長方形 A，B，C の面をそれぞれ底面としたときの 3 つの容器の高さの比は □ : □ : □ です。

(2) ある量の水を A の面を底面とした容器に入れると，水の入っていない部分の高さが 6 cm になりました。B の面を底面にした容器に同じ量の水を入れると，水の入っていない部分の高さは □ cm になります。

(3) この直方体の体積が 28800 cm³ のとき，ある量の水を A の面を底面とした容器に入れると，水の入っていない部分の高さが 6 cm になりました。B の面を底面にした容器に同じ量の水を入れると，水の入っている部分の高さは □ cm になります。 （湘南藤沢）

108 体積と容積２

1　円柱の形をした高さ20 cmの容器Aと高さ6 cmの容器B
があり，容器Aと容器Bの底面の半径の比は3：2である。
容器Aには高さ10 cmまで水が入っており，容器Bは空で
ある。いま，容器Bを容器の口を上にし，容器Bの底面
を容器Aの底面と平行にしたまま水の中に沈めていく。容
器の厚みは考えないものとして，以下の問いに答えなさい。
（必要ならば円周率は3で計算しなさい。）

(1)　容器Bの中に水が入る瞬間の，容器Aの水面の高さ
　　は何 cmですか。

(2)　容器Bに水が入り始めてから後，容器Aの水面の高
　　さが12 cmになった。このとき，容器Bの底面から測っ
　　た容器Bの水面の高さは何 cmですか。　　　（湘南藤沢）

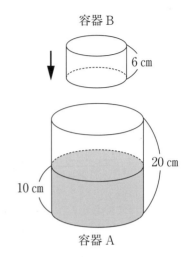

容器B

6 cm

20 cm

10 cm

容器A

2　図1の直方体の水そうの中に，図2
のような立体を斜線の面を下にして4
つ置きます。その後，この水そうに毎
秒10 cm³ずつ水を入れていきます。

(1)　水の深さが2 cmになったとき，水
　　面の面積は何 cm²ですか。

(2)　(1)のあと水そうの水がいっぱいに
　　なるまで何秒かかりますか。

　　　図2の立体の体積は 底面積×高さ÷3 になります。　　　（普通部）

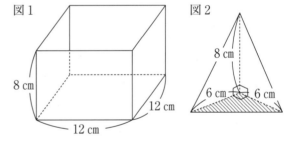

図1

8 cm

12 cm

12 cm

図2

8 cm

6 cm　6 cm

1　1辺80cmの立方体があります。手前の面から向かいあっている面までと，横の面から向かいあっている面まで，それぞれ正方形の穴をあけました。このとき，立方体の前後左右のどの面も図1のような形になりました。

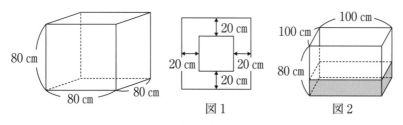

図1　　　　　図2

(1)　穴のあいた立体の表面積は ◻◻◻◻ ㎠ です。

(2)　図2のような容器の中に深さ25.6cmのところまで水が入っています。

　　(1)の立体を，穴のあいていない下の面が容器の底面から10cm離れたところで水平になるように，容器の中に入れました。

　　このとき，容器の水の深さは ◻◻ cm になります。

（湘南藤沢）

2　右の図1のように，1辺が30cmの立方体のアの面から向かいあっている面まで，縦1cm，横1cm，高さ30cmの直方体の穴をいくつかあける。

　次に，図2のような底面積が1600㎠の直方体の容器に水を入れ，図1の立体を底面が底につくまで沈める実験を次の3つの方法で行った。

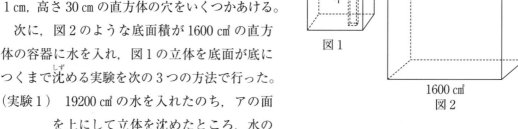

図1

1600㎠
図2

(実験1)　19200㎠の水を入れたのち，アの面を上にして立体を沈めたところ，水の深さは立体の高さの $\frac{16}{25}$ になった。

(実験2)　19200㎠の水を入れたのち，イの面を上にして立体を沈めたところ，穴の総数のうち $\frac{11}{15}$ の穴が水の中に入った。

(実験3)　24000㎠の水を入れたのち，イの面を下にして立体を沈めたところ，水の深さは24cmになった。

　　ただし，実験2と実験3において，一部分だけ水の中に入った穴はなかったものとする。

(1)　実験1で立体を入れた後，水は何cm上昇しましたか。

(2)　立体にあいている穴の数は何個ですか。

(3)　実験2で立体を沈めた後の水の深さは何cmですか。

(4)　実験2でも実験3でも水に入った穴は何個ですか。

（湘南藤沢）

1 下の図は，底面が直角二等辺三角形の２種類の三角柱を，直方体からとりのぞいたような容器です。これに 36900 ㎤ の水を入れたところ，水面は点 G より４㎝ 下の位置になりました。次の □ に適当な数を入れなさい。

AB＝10 ㎝
EF＝16 ㎝
FG＝20 ㎝
BI＝30 ㎝

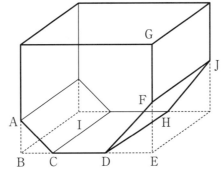

(1) 辺 CD の長さは □ ㎝ です。

(2) 辺 DH が床についたまま，辺 BI 側を静かに持ち上げて，面 DHJF が床につくようにすると，□□□□□ ㎤ の水がこぼれます。 （中等部）

2 右の図のように，動くしきり（かげのついた部分）によって左右２つの直方体に分けられた容器の中に，水面の高さが同じになるように水を入れた。しきりを容器の左右の側面と平行にしたまま右方向に９㎝ 動かしたところ，右側の水面の高さは，しきりを動かす前の水面の高さより 7.2 ㎝ 上がり，左側の水面の高さは，しきりを動かす前の水面の高さの半分になった。このときの，左右の水面の高さの差は 11.2 ㎝ となった。

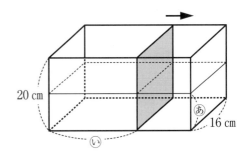

左右の水の量はしきりを動かしても変化しない，また，しきりの厚さは考えないものとして，以下の問いに答えなさい。

(1) ⓐの長さ（しきりを動かす前の水面の高さ）を求めなさい。

(2) ⓘの長さ（しきりを動かす前の左側の容器のはば）を求めなさい。

(3) 容器の中の水全体の体積を求めなさい。 （湘南藤沢）

1 図のような水そうに水を一定の割合で入れていくとき，水を入れはじめてからの時間と水そうの底面から水面までの高さとの関係を表したのが右のグラフです。ただし，水そうの厚さは考えません。

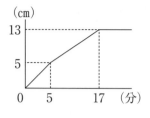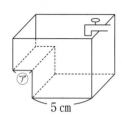

(1) 図で⑦の長さは $\boxed{ア}$. $\boxed{イ}$ cm です。

(2) 10分後の水面までの高さは $\boxed{ウ}\dfrac{\boxed{エ}}{\boxed{オ}}$ cm です。

(中等部)

2 右の図のように，左右に仕切られた水そうがあります。グラフは，仕切板より左側に一定の割合で水を入れたときの，入れ始めてからの時間と，左側の水そうの水の深さとの関係を表したものの一部です。

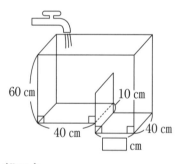

(1) 図の □ にあてはまる数を求めなさい。

(2) この水そう全体がいっぱいになるのは，水を入れ始めてから何分後ですか。 (普通部)

112 水深とグラフ2

おもりの入った容器

1 　下の図のように，直方体の容器の中に2枚の長方形のしきり板XとYがまっすぐ立っており，しきり板で分けられた部分をそれぞれA，B，Cとする。また，Cの部分には鉄でできた円柱が入れてある。Aの側から1秒間に1cm³の割合で水を入れ，一番高い水面の高さと時間（分）との関係を調べたところ下のグラフのようになった。

　板の厚さは考えないものとして，次の各問いに答えなさい。

(1)　PQの長さは何cmですか。

(2)　しきり板Yの高さは何cmですか。

(3)　円柱の高さが9cmであるとき，底面の半径は何cmですか。ただし，円周率は3とする。

（湘南藤沢）

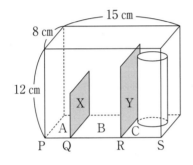
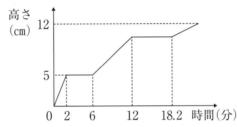

2 　1辺の長さ12cmの鉄でできた立方体から，下の図のように小さい立方体Aを切り取り，残った立体をBとする。

　この2つの立体A，Bを同じ大きさの2つの容器に別々に入れて，毎秒8cm³の割合で水を入れた。

　下の2つのグラフは，それぞれの容器での時間と水位の関係を表したものである。

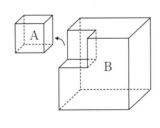
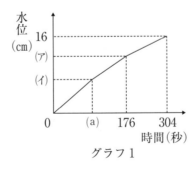
グラフ1

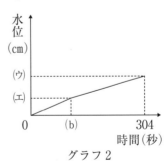
グラフ2

(1)　グラフ1は，立体A，Bのどちらの立体を入れたときのグラフですか。

(2)　グラフの(ア)～(エ)，(a)，(b)にあてはまる値をそれぞれ求めなさい。

（湘南藤沢）

1 下の［図1］のように，直方体の形をした水そうを長方形のしきりで①，②に分け，水道管A，Bから同時に①，②それぞれに一定の割合で水を入れます。［図2］のグラフは，水を入れはじめてからの時間と①，②それぞれの水面の高さの関係を示したものです。水そうのかべやしきりの厚さは考えないものとして，次の□に適当な数を入れなさい。

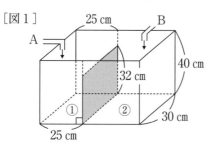

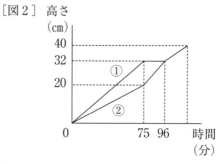

(1) 水道管Aからは，1分間に□□□cm³の水が出ています。

(2) ①と②の水面の高さの差が4cmになるのは，水を入れはじめてから ア□分後と イ□分後です。

(3) 水を入れはじめてから□□□分後に，この水そうは満水になります。　　　　（中等部）

2 図1において，立体Aは直方体から直方体を切り取ったものである。また，水そうBは直方体の形をしたものである。

Bに深さ20cmまで水を入れ，AをBに毎秒1cmの速さでしずめた。ただし，Aの底面（かげのついた面）とBの底面は常に平行であったとする。

図2は，Aの底面と

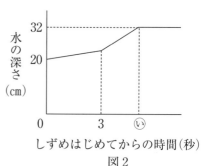

図2

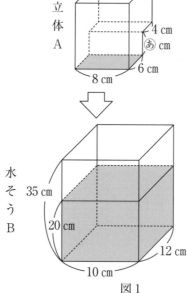

図1

水面が接したときを0秒として，水の深さの変化を表したグラフである。

(1) Aの体積を求めなさい。

(2) Aにおいて，あの長さを求めなさい。

(3) 図2において，いの時間を求めなさい。　　　　（湘南藤沢）

1 右の［図1］は，底面積が300 cm²，深さが50 cmの角柱の容器です。A管から水が入り，B管，C管から水が出ます。［図2］のグラフは，時間と水の深さの関係を表したものです。次の □ に適当な数を入れなさい。

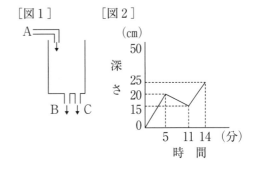

［図1］　　　［図2］

(1) 最初の5分間はA管から水を入れ，B管，C管は閉じておきます。A管から入る水の量は毎分 □□□ cm³ です。

(2) 次の6分間はA管，C管を閉じ，B管から水を出し，さらに次の3分間はB管を閉じ，A管から水を入れてC管から水を出しました。その後は3管すべてを開くと，はじめから □□ 分後に容器は満水になります。

(中等部)

2 下の図1は底面をA，高さ20 cmとする直方体と，底面をB，高さ10 cmとする直方体をつなげて作った容器である。2つの底面A，Bはともに1辺の長さ4 cmの正方形である。底面Aに底面積4 cm²，高さ10 cmの直方体Xが置かれている。容器の右はしの上に管Cがあり，毎秒8 cm³で水を入れることができる。底面Bに管Dがあり，ふたを開けると毎秒2 cm³で水を出すことができる。

いま，管Dのふたを開けてから，管Cから水を入れ始め，10秒後に直方体Xをすばやく引きぬいた。図2は水を入れ始めてからの時間と底面Aからの水面の高さの関係をグラフで表したもので，水を入れ始めてからの時間が㋑秒のときに管Dのふたを閉じた。

このとき，グラフの㋐，㋑，㋒にあてはまる数を求めなさい。

(湘南藤沢)

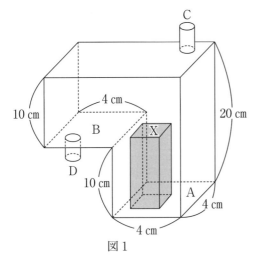

図1

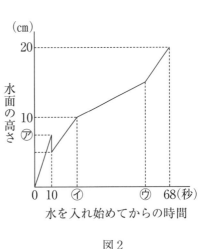

図2

解答編

解答・解説

① 計算1 　　　[整数・小数]

1 (1) 128000 　(2) 7 　(3) 24 　(4) 50
(5) 0.444 　(6) 376.8 　(7) 50 　(8) 25
(9) 2.1 　(10) 0.5 　(11) 2000 　(12) 1997

② 計算2 　　　[分数・小数]

1 (1) ア 2 　イ 3 　(2) $20\frac{5}{6}$

(3) ア 1 　イ 9 　ウ 10 　(4) $\frac{1}{2}$

(5) ア 5 　イ 6 　(6) 2 　(7) $\frac{4}{5}$

(8) $1\frac{1}{5}$ 　(9) 7 　(10) 7 　(11) 150

(12) $\frac{11}{21}$ 　(13) $1\frac{1}{2}$ 　(14) ア 5 　イ 75

考え方と解き方

1 (11)〜(14) $0.25=\frac{1}{4}$, $0.75=\frac{3}{4}$, $0.125=\frac{1}{8}$,

$0.375=\frac{3}{8}$, $0.625=\frac{5}{8}$, $0.875=\frac{7}{8}$ を利用する。

③ 計算3 　　　[四則混合]

1 (1) $\frac{1}{3}$ 　(2) ア 3 　イ 5 　(3) 11
(4) ア 2 　イ 5 　(5) $\frac{13}{20}$
(6) ア 3 　イ 16 　(7) 19
(8) $\frac{7}{9}$ 　(9) $\frac{5}{6}$ 　(10) ア 3 　イ 14
(11) 3 　(12) 16

考え方と解き方

1 (4)〜(12) $0.25=\frac{1}{4}$, $0.75=\frac{3}{4}$, $0.125=\frac{1}{8}$,

$0.375=\frac{3}{8}$, $0.625=\frac{5}{8}$, $0.875=\frac{7}{8}$ を利用する。

④ 計算4 　　　[単位計算・計算の応用]

1 (1) $4\frac{4}{15}$ 　(2) ア 3 　イ 30 　(3) 3.2
(4) ア 2 　イ 25 　(5) 4350 　(6) 520
(7) ア 9 　イ 856
2 (1) $\frac{5}{6}$ 　(2) $\frac{1011}{5000}$ 　(3) $\frac{7}{8}$
3 (1) 37250 　(2) 25

考え方と解き方

1 (5)〜(7) $1\,d\ell=100\,cm^3=100\,m\ell$ 　$1\,\ell=1000\,cm^3=$
$10\,d\ell$ 　$1\,k\ell=1000\,\ell$ を使って単位をそろえて
計算する。

2 (1) $\dfrac{1}{1\times2}+\dfrac{1}{2\times3}+\dfrac{1}{3\times4}+\dfrac{1}{4\times5}+\dfrac{1}{5\times6}$

$=\left(\dfrac{1}{1}-\dfrac{1}{2}\right)+\left(\dfrac{1}{2}-\dfrac{1}{3}\right)\cdots+\left(\dfrac{1}{5}-\dfrac{1}{6}\right)$

$=\dfrac{1}{1}-\dfrac{1}{6}=\underline{\dfrac{5}{6}}$

(2) 工夫をするより，分母5000で通分できる
ので普通に通分して足す。

与式$=\dfrac{500}{5000}+\dfrac{250}{5000}+\dfrac{200}{5000}+\dfrac{50}{5000}+\dfrac{8}{5000}+\dfrac{2}{5000}$

$+\dfrac{1}{5000}=\underline{\dfrac{1011}{5000}}$

(3) $\left(\dfrac{1}{1}-\dfrac{1}{2}\right)+\left(\dfrac{1}{2}-\dfrac{1}{3}\right)+\left(\dfrac{1}{3}-\dfrac{1}{5}\right)+\left(\dfrac{1}{5}-\dfrac{1}{8}\right)$

$=\dfrac{1}{1}-\dfrac{1}{8}=\underline{\dfrac{7}{8}}$

3 (1) $(3743-3707)\div4+1=10$
$(3707+3743)\times10\times\dfrac{1}{2}=\underline{37250}$

(2) $(2+50)\times25\times\dfrac{1}{2}=26\times25$
$=25\times(25+1)=25\times25+25$
より，$\underline{25}$

⑤ 計算と応用 　　　[縮尺・四捨五入と範囲]

1 (1) ア 156 　イ 25 　(2) 12
(3) ア 3 　イ 75
2 (1) 25 cm 　(2) 12500 分の1
3 350, 351, 352, 353
4 ア 3 　イ 310
5 (1) 52 　(2) 22

考え方と解き方

1 (1) $\dfrac{5\times5\times25\cancel{000}\times25\cancel{000}}{1\cancel{00}\times\cancel{100}\times\cancel{100}\times\cancel{100}}$

$=\dfrac{625}{4}=\underline{156.25\,(ha)}$

(2) $\dfrac{12\times16\times2\cancel{500}\times2\cancel{500}}{1\cancel{00}\times100\times\cancel{100}\times\cancel{100}}$

$=3\times4=\underline{12\,(ha)}$

(3) $60\times25000\times25000\times\dfrac{1}{100\times100}\times\dfrac{1}{1000\times1000}$

$=\dfrac{6\times25\times25}{1000}=\underline{3.75\,(km^2)}$

❷ (1) $\dfrac{\overset{8}{6.4} \times 25\cancel{000} \times 1.5}{12\cancel{000} \times 0.8} = \dfrac{12 \times 25}{12} = \underline{25}\,(\text{cm})$

(2) $\dfrac{250 \times 100 \times 0.8}{25000} = 0.8\,(\text{cm})$

$0.8 + 1.2 = 2\,(\text{cm})$

$\dfrac{2}{250 \times 100} = \dfrac{1}{12500}$

❸ $9.45 \leqq \Box \div 37 < 9.55$

$349.65 \leqq \Box < 353.35$

これより，$\Box = \underline{350,\ 351,\ 352,\ 353}$

❹ $7.75 \leqq \Box \div 40 < 7.85$

$310 \leqq \Box < 314 \cdots ①$

$7.35 \leqq \Box \div 42 < 7.45$

$308.7 \leqq \Box < 312.9 \cdots ②$

①②より，$\Box = 310,\ 311,\ 312$

これより，$\underline{\text{ア}\ 3\quad \text{イ}\ 310}$

❺ ある2けたの整数を$\Box$とすると，小数第1位を四捨五入して1になる数

$0.5 \leqq \Box \div 7 < 1.5 \qquad 0.5 \leqq \Box \div 8 < 1.5$

$3.5 \leqq \Box < 10.5 \qquad 4.0 \leqq \Box < 12$

$\Box = 10 \qquad\qquad \Box = 10,\ 11$

共通する整数→10.（1個）

小数第1位を四捨五入して2になる数

$1.5 \leqq \Box \div 7 < 2.5 \qquad 1.5 \leqq \Box \div 8 < 2.5$

$10.5 \leqq \Box < 17.5 \qquad 12 \leqq \Box < 20$

$\Box = 11 \sim 17 \qquad\qquad \Box = 12 \sim 19$

共通する数　12, 13, 14, 15, 16, 17（6個）

同様に求めていくと，

$3 \to 20,\ 21,\ 22,\ 23,\ 24$（5個）

$4 \to 28,\ 29,\ 30,\ 31$（4個）

$5 \to 36,\ 37,\ 38$（3個）

$6 \to 44,\ 45$（2個）

$7 \to 52$（1個）

以上より，(1) $\underline{52}$

(2) $1 + 6 + 5 + 4 + 3 + 2 + 1 = \underline{22}\,(\text{個})$

---

❻ 約束記号1 　　　計算

❶ 20

❷ (1) ア　198　　イ　792　　(2) 495

❸ (1) ア　9　　イ　14　　(2) 5

考え方と解き方

❶ $10 \bigcirc 7 = 2 \times 10 + 3 \times 7 = 41$

$15 \circledcirc 41 = 41 - 15 = 26$

$6 \circledcirc 26 = 26 - 6 = \underline{20}$

---

❷ (1) 百の位A，十の位B，一の位Cとする。

$《X》 = 100 \times A + 10 \times B + C - 100 \times C - 10 \times B - A$

$\qquad = 99 \times (A - C)$

最小 $= 99 \times 2 = 198$ より，$\underline{\text{ア}\ 198}$

最大 $= 99 \times 8 = 792$ より，$\underline{\text{イ}\ 792}$

(2) $《X》$ は，99×2，99×3，$99 \times 4 \cdots\cdots 99 \times 8$ まで。

$99 \times 5 = 495$ は，$9 - 4 = 5$ より，$《X》 = X = \underline{495}$

❸ (1) $\dfrac{5}{6} \div 3 \times 2 + 1 = \dfrac{5}{9} + 1 = \dfrac{14}{9}$

$\dfrac{14}{9} \overset{\text{A}}{\to} \dfrac{9}{14}$ より　$\underline{\text{ア}\ 9\quad \text{イ}\ 14}$

(2) $\dfrac{5}{7} \overset{\text{B}}{\to} \dfrac{12}{7} \overset{\text{D}}{\to} \dfrac{4}{7} \overset{\text{A}}{\to} \dfrac{7}{4} \overset{\text{C}}{\to} \dfrac{7}{2} \overset{\text{C}}{\to} 7$ より，

$\underline{5\ 回}$

---

❼ 約束記号2 　　　調べ・応用

❶ (1) 90, 81, 72　　(2) 10通り

❷ (1) 2　　(2) 13

❸ (1) ア　1　　イ　3　　ウ　2　　エ　2

(2) ア　8　　イ　0

考え方と解き方

❶ (1) 十の位の数と一の位の数の和が9になる2けたの整数は，大きい方から，$\underline{90,\ 81,\ 72}$

(2) 2けたの整数を$\Box$とすると，

㋑ $\Box \to 5 \to 5 \to 5$ のとき，

$\Box = 50,\ 41,\ 32,\ 23,\ 14$

㋺ $\Box = 99$ のとき，$\Box \to 18$ が最大なので，23以上は考えなくてよい。

$\Box \to 14 \to 5 \to 5$ のとき，

$\Box = 95,\ 86,\ 77,\ 68,\ 59$

㋑，㋺より，$\underline{10\ 通り}$

❷ (1) $2 \times 7 \times 9 = 126 \qquad 1 \times 2 \times 6 = 12$

$1 \times 2 = 2$ より，$\underline{2}$

(2) $\Box \to 6 \qquad \Box = 16,\ 61,\ 23,\ 32$

$\Box \to 16 \to 6 \qquad \Box = 28,\ 82,\ 44$

$\Box \to 32 \to 6 \qquad \Box = 48,\ 84$

$\Box \to 28 \to 16 \to 6 \qquad \Box = 47,\ 74$

$\Box \to 48 \to 32 \to 6 \qquad \Box = 68,\ 86$

以上より，$4 + 3 + 2 \times 3 = \underline{13}\,(\text{個})$

❸ 赤→$1\,\text{cm}^2$，白→$4\,\text{cm}^2$，青→$16\,\text{cm}^2$，緑→$64\,\text{cm}^2$

(1) $173 \div 64 = \overset{\text{エ}}{2}$ あまり 45，$45 \div 16 = \overset{\text{ア}}{2}$ あまり

13　$13 \div 4 = \overset{\text{イ}}{3}$ あまり 1　より，

$\underline{\text{ア}\ 1\quad \text{イ}\ 3\quad \text{ウ}\ 2\quad \text{エ}\ 2}$

(2) $1×8+4×\boxed{ア}+16×5+64×1$

$=1×\boxed{イ}+4×2+16×3+64×2$

$4×\boxed{ア}+152=1×\boxed{イ}+184$

$4×\boxed{ア}=\boxed{イ}+32$ （$\boxed{イ}$⇒0～3）

これより，<u>ア 8　イ 0</u>

⑧ 数の性質1 　公倍数・公約数

❶ (1)　12　　(2)　14　　(3)　119

❷ 66　　　　**❸** (1)　108　　(2)　11 個

❹ 8　　　　**❺** 1800 個

考え方と解き方

❶ (1)　$115-7=108$, $139-7=132$, $199-7=192$

108, 132, 192 の最大公約数は 12　12 の約数のうち 7 より大きい数は 12　これより <u>12</u>

(2)　$135-9=126$, $177-9=168$, $261-9=252$

126, 168, 252 の最大公約数は 42　42 の約数のうち 9 より大きい数は，42, 21, 14 これより，<u>14</u>

(3)　$1570-23=1547=7×13×17$

$7×13=91$, $7×17=119$ より，<u>119</u>

❷ 30 と 90 の公約数のうち，3 より大きいもの

5, 6, 10, 15, 30 の和 <u>=66</u>

❸ (1)　$17×\overset{商}{\boxed{}}+\overset{余り}{\boxed{}}=\boxed{}×(17+1)=\boxed{}×18$

$\boxed{}=5$ のとき 90，$\boxed{}=6$ のとき <u>108</u>

(2)　$\boxed{}=6～16$ より，$16-6+1=$ <u>11（個）</u>

❹ $7×5=35$　$35÷9=3$ あまり 8 より，<u>8</u>

❺ $270:180=3:2$ より

$216÷(3×2)=36=6×6$ から

$6×3=18$, $6×2=12$, $180÷12=15$ が 3 辺

最小公倍数 $=180$ が 1 辺

$180×180×180÷(18×12×15)=$ <u>1800（個）</u>

⑨ 数の性質2 　約数・応用

❶ ア　6　　イ　7　　ウ　13　　　　**❷** 66

❸ 16　　　　**❹** 567

❺ (1)　4　　(2)　23, 37, 53, 73

❻ (1)　12　　(2)　8

考え方と解き方

❶ $546=2×3×7×13=6×7×13$

$6+7+13=26$ より，<u>ア 6　イ 7　ウ 13</u>

❷ 4 つの連続した整数を $\boxed{}$, $\boxed{}+1$, $\boxed{}+2$, $\boxed{}+3$ とすると，これら 4 つの数をたすと，$\boxed{}×4$

$+(1+2+3)=\boxed{}×4+6$

$\boxed{}=10$, 11, 12, … $\boxed{}=15$ のとき，

$15×4+6=66=7×9+3$ より，<u>66</u>

❸ 約数が 5 個の数は○⁴（○×○×○×○）で表される。（○は素数）

最も小さい素数は 2 なので，$2×2×2×2=$ <u>16</u>

❹ わり切れない数は，3, 7, 11, 13, 17, 19…の倍数。そのうち，2, 4, 6…20 のうちに含まれるのは $3×2$ の倍数 $=6$ の倍数，$7×2=14$ の倍数だけ。6 の倍数は 3 個，14 の倍数は 1 個。ただし，18 は 9 の倍数なので，3 を消すには $3×3$ が必要。したがって，$3×3×3×3×7=$ <u>567</u>

❺ (1)　$A=12×○+11=6×(2×○)+11$

$B=6×△+4$, $C=18×\boxed{}+13$

$=6×(3×\boxed{})+13$ より，

$(11+4+13)÷6=28÷6=4$ 余り 4

これより，<u>4</u>

(2)　$\overset{×}{22}$, $\overset{×}{23}$, $\overset{×}{25}$, $\overset{×}{27}$, $\overset{×}{32}$, $\overset{×}{33}$, $\overset{×}{35}$, $\overset{○}{37}$, $\overset{×}{52}$, $\overset{○}{53}$,

$\overset{×}{55}$, $\overset{×}{57}$, $\overset{×}{72}$, $\overset{○}{73}$, $\overset{×}{75}$, $\overset{×}{77}$ より，

<u>23, 37, 53, 73</u>

❻ (1)　$A÷B÷C=0.3$ より，$\dfrac{A}{B×C}=\dfrac{3}{10}=\dfrac{12}{40}$

$A×B×C=480=12×40$ より，$A=$ <u>12</u>

(2)　$B×C=40$ より，$(B, C)⇒(40, 1)$

$(20, 2)(10, 4)(8, 5)$

これより，$B=$ <u>8</u>

⑩ 数の性質3 　分数・約数

❶ (1)　108　　(2)　96　　　　**❷** 28

❸ (1)　23　　(2)　ア　9　　イ　3　　ウ　4

❹ 8, 24　　**❺** $\left(\dfrac{1}{5}, \dfrac{1}{3}\right)$, $\left(\dfrac{1}{30}, \dfrac{1}{2}\right)$

❻ A　20　　B　5

考え方と解き方

❶ (1)　$189=3×3×3×7$ より

分母が 189 の真分数で約分できないものは，分子が 3 でも 7 でも割れない数

$188÷21=8…20$

$188÷3=62…2$

$188÷7=26…6$

より，エ→$188-(62$

$+26-8)=188-80$

$=$ <u>108（個）</u>

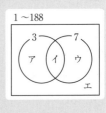

(2)　$360=2×2×2×3×3×5$ より，

分母が360の分数のうち，約分できないものは，分子が2でも3でも5でもわれない数

1～360

ア→360÷30=12

イ→360÷10-12=24

ウ→360÷6-12=48

エ→360÷15-12=12

$\overset{ア\quad ウ\quad エ}{カ→360÷3-(12+48+12)}=48$

$\overset{ア\quad イ\quad エ}{キ→360÷5-(12+24+12)}=24$

$\overset{カ\quad エ\quad キ}{ク→360-(360÷2+48+12+24)}$

$=360-(180+48+12+24)=\underline{96(個)}$

2 分子で場合分けをして調べる。

$\dfrac{2}{3,5,7}$→3個　　$\dfrac{3}{2,4,5,7,8}$→5個

$\dfrac{4}{3,5,7}$→3個　　$\dfrac{5}{2,3,4,6,7,8}$→6個

$\dfrac{6}{5,7}$→2個　　$\dfrac{7}{2,3,4,5,6,8}$→6個

$\dfrac{8}{3,5,7}$→3個

以上より，$2+3\times3+5+6\times2=2+9+5+12$

$=\underline{28(個)}$

3 (1) $\dfrac{1\sim9}{1}$→9個　　$\dfrac{2,4,6,8}{2}$→4個

$\dfrac{3,6,9}{3}$→3個　　$\dfrac{4,8}{4}$→2個

$\dfrac{5}{5}, \dfrac{6}{6}, \dfrac{7}{7}, \dfrac{8}{8}, \dfrac{9}{9}$→5個

$9+4+3+2+5=\underline{23(個)}$

(2) $\dfrac{5}{2}+\dfrac{7}{3}+\dfrac{8}{3}+\dfrac{9}{4}$

$=2\dfrac{1}{2}+5+2\dfrac{1}{4}=9\dfrac{3}{4}$ より，

ア9　イ3　ウ4

4 $\dfrac{1}{6}+\dfrac{1}{\square}=\dfrac{4+\triangle}{24}$（△は24の約数）

$\triangle=1$のとき，$\dfrac{1}{\square}=\dfrac{1}{24}$

$\triangle=3$のとき，$\dfrac{1}{\square}=\dfrac{3}{24}=\dfrac{1}{8}$

これより，$\square=\underline{8, 24}$

5 $\dfrac{○+\triangle}{15}=\dfrac{8}{15}$（○，△は15の約数）

$\dfrac{3+5}{15}=\dfrac{8}{15}$ より $\left(\dfrac{3}{15}, \dfrac{5}{15}\right)→\left(\underline{\dfrac{1}{5}}, \underline{\dfrac{1}{3}}\right)$

$\dfrac{○+\triangle}{30}=\dfrac{8}{15}=\dfrac{16}{30}$（○，△は30の約数）

$\dfrac{1+15}{30}=\dfrac{16}{30}=\dfrac{8}{15}$ より，

$\left(\dfrac{1}{30}, \dfrac{15}{30}\right)→\left(\underline{\dfrac{1}{30}}, \underline{\dfrac{1}{2}}\right)$

6 $\dfrac{1}{6}+\dfrac{1}{3}+\dfrac{1}{A}+\dfrac{1}{4}+\dfrac{1}{B}=1$

$\dfrac{1}{6}+\dfrac{1}{3}+\dfrac{1}{4}=\dfrac{2+4+3}{12}=\dfrac{9}{12}=\dfrac{3}{4}$

これより，$\dfrac{1}{A}+\dfrac{1}{B}=1-\dfrac{3}{4}=\dfrac{1}{4}$

$\dfrac{1}{4}=\dfrac{3}{12}=\dfrac{1+2}{12}→\dfrac{1}{12}, \dfrac{1}{6}$

A，Bは3，4，6以外の数なので不可。

$\dfrac{1}{4}=\dfrac{5}{20}=\dfrac{1+4}{20}→\dfrac{1}{20}, \dfrac{1}{5}$ より，

$\underline{A\ 20\quad B\ 5}$

⑪ 数の性質4　　分数・公倍数

1 ア 10　イ 5　ウ 7　　　**2** 91

3 (1) ア 11　イ 12　ウ 90

(2) ア 247　イ 1　ウ 2　エ 44550

考え方と解き方

1 求める分数を$\dfrac{B}{A}$とすると，

$\dfrac{B}{A}\times3\dfrac{11}{15}=\dfrac{B}{A}\times\dfrac{56}{15}$→整数

$\dfrac{B}{A}\div\dfrac{25}{91}=\dfrac{B}{A}\times\dfrac{91}{25}$→整数

これより，A→56，91の最大公約数→7

B→15，25の最小公倍数→75

$\dfrac{B}{A}=\dfrac{75}{7}=10\dfrac{5}{7}$ より，$\underline{ア\ 10\quad イ\ 5\quad ウ\ 7}$

2 $0.364=\dfrac{364}{1000}=\dfrac{91}{250}$

$\dfrac{91}{250}\times250=91$ より，$\underline{91}$

3 (1) $9\dfrac{1}{6}=\dfrac{55}{6}$，$8\dfrac{1}{4}=\dfrac{33}{4}$

正方形の1辺の長さを$\dfrac{B}{A}$cmとすると，

$\dfrac{55}{6}\div\dfrac{B}{A}=\dfrac{55}{6}\times\dfrac{A}{B}$→整数

$\dfrac{33}{4}\div\dfrac{B}{A}=\dfrac{33}{4}\times\dfrac{A}{B}$→整数　より，

A→6と4の最小公倍数→12

B→55と33の最大公約数→11

これより，$\underline{ア\ 11\quad イ\ 12}$

$\dfrac{55}{6}\div\dfrac{11}{12}=\dfrac{55}{6}\times\dfrac{12}{11}=10$

$\dfrac{33}{4}\div\dfrac{11}{12}=\dfrac{33}{4}\times\dfrac{12}{11}=9$

$10\times9=90$ より，$\underline{ウ\ 90}$

(2) $4\dfrac{1}{2}=\dfrac{9}{2}$ より，立方体の1辺の長さを$\dfrac{B}{A}$cmとすると，

A→6，4，2の最大公約数→2

B→55，33，9の最小公倍数→495

$\dfrac{495}{2}=247\dfrac{1}{2}$ より，$\underline{ア\ 247\quad イ\ 1\quad ウ\ 2}$

$\dfrac{495}{2}\div\dfrac{55}{6}=\dfrac{495}{2}\times\dfrac{6}{55}=27$

$\dfrac{495}{2} \div \dfrac{33}{4} = \dfrac{495}{2} \times \dfrac{4}{33} = 30$

$\dfrac{495}{2} \div \dfrac{9}{2} = \dfrac{495}{2} \times \dfrac{2}{9} = 55$ より,

$27 \times 30 \times 55 = 44550$ となり, エ 44550

⑫ 数の性質5 ベン図・応用

1 51　　　**2** (1) 29　 (2) 215

3 36

考え方と解き方

1

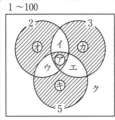

上のベン図の斜線部分の合計になる。

$100 \div 30 = 3$ あまり 10 より, ア→3

$100 \div 6 = 16$ あまり 4 より, イ→16−3=13

$100 \div 10 = 10$ より, ウ→10−3=7

$100 \div 15 = 6$ あまり 10 より, エ→6−3=3

$100 \div 2 = 50$ より, オ→50−$\overset{ア}{(3}+\overset{イ}{13}+\overset{ウ}{7)}=27$

$100 \div 3 = 33$ あまり 1 より,

カ→$33-\overset{ア}{(3}+\overset{イ}{13}+\overset{エ}{3)}=14$

$100 \div 5 = 20$ より, キ→$20-\overset{ア}{(3}+\overset{ウ}{7}+\overset{エ}{3)}=7$

これより, $3+27+14+7=\underline{51(個)}$

2 (1)

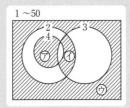

上のベン図の斜線部分の合計になる。

$50 \div 4 = 12$ あまり 2, $50 \div 12 = 4$ あまり 2

より, ア→12−4=8,

$50 \div 6 = 8$ あまり 2 より, イ→8−4=4

$50 \div 2 = 25$, $50 \div 3 = 16$ あまり 2 より,

ウ→$50-(25+16-8)=17$

これより, $8+4+17=\underline{29(枚)}$

(2) 25 以下の整数→約数 5 個…㋑

25 より大きい整数→約数 6 個で最大のもの

(＝それ自体)だけが 26 以上のもの…㋺

㋑→○×○×○×○ の形の整数

→$2 \times 2 \times 2 \times 2 = 16$

㋺→○×○×○×△ または ○×○×○×○×○

の形の整数

$2 \times 2 \times 7 = 28$, $2 \times 2 \times 11 = 44$, $3 \times 3 \times 5 = 45$

$5 \times 5 \times 2 = 50$, $2 \times 2 \times 2 \times 2 \times 2 = 32$

これより, $16+28+44+45+50+32=\underline{215}$

3 $249 \div 6 = 41$ あまり 3

$99 \div 6 = 16$ あまり 3 より, 6 の倍数の番号がついている生徒は, $41-16=25$(人)

$249 \div 4 = 62$ あまり 1

$99 \div 4 = 24$ あまり 3 より, 4 の倍数の番号がついている生徒は, $62-24=38$(人)

$249 \div 12 = 20$ あまり 9

$99 \div 12 = 8$ あまり 3 より, 12 の倍数の番号がついている生徒は, $20-8=12$(人)

これより, ここまでで, $25+38-12=51$(人)の生徒がぬける。

ぬけた生徒のうち, 5 の倍数の番号がついている生徒は, 100, 120, 140, 150, 160, 180, 200, 210, 220, 240 の 10 人

これより, 残っている生徒の人数は,

$150-51+10=109$(人)

$109 \div 3 = 36$ あまり 1 より, 36 人

⑬ 数の性質6 N進法の応用

1 (1) 1035　 (2) 592

2 (1) 31　 (2) ア 4　 イ 5　 ウ 7

考え方と解き方

1 6 進数の問題

(1) 右の計算より,

1035

```
6 ) 2 3 9
  6 ) 3 9 … 5 ↑
    6 ) 6 … 3
        1 … 0
```

(2)

216	36	6	1
0	5	0	5
1	5	1	5

+) より,

$216 \times 1 + 36 \times (5+5) + 6 \times 1 + 1 \times (5+5)$

$= 216 + 360 + 6 + 10 = \underline{592(個)}$

2 2 進数の問題

(1) $\overset{①}{1}+\overset{②}{2}+\overset{③}{4}+\overset{④}{8}+\overset{⑤}{16}=\underline{31(秒後)}$

(2) 1 分 28 秒＝88 秒

左から 1 の位, 2 の位…

$\overset{①②③④⑤⑥⑦}{}$ と書くと, 0001101

となり, ア 4　 イ 5　 ウ 7

```
2 ) 8 8
  2 ) 4 4 … 0
    2 ) 2 2 … 0
      2 ) 1 1 … 0
        2 ) 5 … 1
          2 ) 2 … 1
              1 … 0
```

⑭ 調べて解く1　　計算の応用

❶
$$\begin{array}{r} 9\ \boxed{2}\boxed{3}\boxed{7} \\ \times\qquad\quad 5 \\ \hline \boxed{4}\boxed{6}1\ 8\ \boxed{5} \end{array}$$

❷ ア　9　　イ　3
　　ウ　4　　エ　6

❸ 3　　**❹** 88　　**❺** 24

考え方と解き方

❶
$$\begin{array}{r} 9\ \boxed{ア}\boxed{イ}\boxed{ウ} \\ \times\qquad\quad 5 \\ \hline \boxed{エ}\boxed{オ}1\ 8\ \boxed{カ} \end{array}$$

イ→奇数→3，5，7

5×ウ＝35 より，ウ＝7，カ＝5

これより，イ＝3，エ＝4 とわかるので，ア＝2，オ＝6 も決まる。

以上より，
$$\begin{array}{r} 9\ \boxed{2}\boxed{3}\boxed{7} \\ \times\qquad\quad 5 \\ \hline \boxed{4}\boxed{6}1\ 8\ \boxed{5} \end{array}$$

❷ 5000÷18＝277 あまり 14 より，ア＝8，9

8はすでに使われているので，ア＝9 と決まる。

$18×2\overset{ア}{9}7=5\overset{イ}{3}\overset{ウ}{4}\overset{エ}{6}$ より，

ア9　イ3　ウ4　エ6

❸ $\boxed{ア}1\boxed{イ}2\boxed{ウ}3\boxed{エ}4\boxed{オ}5\boxed{カ}$

残りのカード→(6，7，8，9，10，11)

差が5となるのは11，6なので，

カ→6，オ→11（またはカ→11，オ→6）

11－4＝7 より，エ→7

10－7＝3 より，ウ→10

10－2＝8 より，イ→8

9－8＝1 より，ア→9

9－6＝3

カ→11，オ→6 のとき，

エ→10，ウ→7，イ→9，ア→8

となり，この場合も 11－8＝3

❹ 28＋76＋A＝A＋4＋オから，

オ＝28＋76－4＝100

76＋イ＋エ＝28＋イ＋100 から，

エ＝52。28＋ア＋ウ＝ウ＋52＋100 から，ア＝52＋100－28＝124。28＋76＋A＝28＋124＋ウから，A－ウ＝124－76＝48。A＋イ＋ウ＝28＋イ＋100 から，A＋ウ＝128。和と差から，(128＋48)÷2＝88

28	76	A
ア	イ	4
ウ	エ	オ

❺ 右の図で，

4×21×A×5＝28×A×1×B

より，$B=\dfrac{4×21×5}{28}=15$

これより，

$ア=\dfrac{10×6×28×3}{7×2×15}=\underline{24}$

10	6	28	3
4	21	A	5
		1	
7	2	B	ア

⑮ 調べて解く2　　カード

❶ ア　60　　イ　80

❷ (1) 3　　(2) 1

❸ ア　3　　イ　7　　ウ　5　　エ　7

❹ 8

考え方と解き方

❶ $(10+90)×9×\dfrac{1}{2}=450$，450÷3＝150

B…150－90＝60→(10, 50)または(20, 40)

10 は A がひいたので，

B がひいたカードは(90，40，20)

A…150－10＝140＝60＋80(50＋90は不可)

これより，ア 60　イ 80

❷ (1) $(1+9)×9×\dfrac{1}{2}÷3=15$…一人が持っているカードの数の和

	1回目	2回目	3回目	計
A	2	ア	6	15
B	イ	5	ウ	15
C	エ	オ	カ	15
計	15	15	15	

15－(2＋6)＝7…ア

15－(7＋5)＝3…オ より　3

(2) 15－5＝10 より，イ＋ウ＝10

残ったカードは 1，4，8，9

これより，(イ，ウ)＝(1，9)

(エ，カ)＝(4，8)

15－2＝13 より，イ＋エ＝13

これより，イ＝9，エ＝4，ウ＝1

❸ $(1+8)×8×\dfrac{1}{2}÷4=9$…やり取りの後 A〜D が持っているカードの数字の和

	はじめ	やり取りの後
A	8，○	8，1
B	△，2	○，△
C	7，□	7，2
D	◎，1	□，◎

○＋△＝9，□＋◎＝9

これより, $(○, △)(□, ◎) = (4, 5)(3, 6)$
または$(3, 6)(4, 5)$
$△+2=◎+1$ より, $◎-△=1$
$◎=6$ のとき $△=5$, $□=3$
$◎=4$ のとき $△=3$, $□=5$
これより, ア3 イ7 ウ5 エ7

4 A～D 4人のカードの取り方は,
ア(赤, 白, 青)(6点) イ(赤, 白, 黄)(7点)
ウ(赤, 青, 黄)(8点) エ(白, 青, 黄)(9点)
のいずれかになる。Dは赤いカードを持っていて, 3の倍数→ア これより, B→エ Cは青いカードを持っているので, Cの得点は8点

⑯ 調べて解く3　　ゲーム・応用

1 イ 469, 368, 267　　ウ 495
2 (1) 45　　(2) 2, 4, 5　　**3** 5人
4 59　　**5** 8個

考え方と解き方

1 ア=□6△, イ=△6□ とすると, 一の位のひき算は十の位からくり下がるので, 十の位のひき算もくり下がり, $□-△=5$ となる。

$$\begin{array}{r} □6△ \\ -)\ △6□ \\ \hline 4○○ \end{array}$$

よって$(□, △)=(9, 4)(8, 3)(7, 2)$
これより, イは469, 368, 267
ウは $964-469=495$ ($863-368=495$, $762-267=495$)

2 (1) 5枚のカードの表, 裏の数字は$(1, 11)$
$(2, 10)(3, 9)(4, 8)(5, 7)$
これより, $7+8+9+10+11=45$
(2) 数字が増えるカード3枚
$45-31=14$ より, $2+4+8=14$

表	7	8	9	10	11
裏	5	4	3	2	1
差	2	4	6	8	10

⇓

表	⑤	④	9	②	11
裏	7	8	3	10	1

以上より, 2, 4, 5

3 最低点を③点, 最高点を④点として, 3人, 4人, 5人…の場合を調べていく。
3人…③+(③+4)+④=⑩+4=280
⑩=280−4=276→不可
4人…③+(③+4)+(③+8)+④=280

⑬+12=280　⑬=280−12=268→不可
5人…③+(③+4)+(③+8)+(③+12)+④
=280　⑯+24=280
⑯=280−24=256　①=256÷16=16
以上より, 5人

4 2×A+B×10+C−60÷D とする。B>A>Cとしたとき最大。Dによって場合分けして, 最大となるのはD=5のとき, 2×4+6×10+3−60÷5=59

5 下のような表を書いて, 逆にもどして調べていく。勝った人は, おはじきの数が3倍になる。

A	8	24	18	0
B	14	6	18	0
C	32	24	18	54

以上より, 8個

⑰ 調べて解く4　　パネル・数表

1 (1)

①	2	3	4
5	6	7	8
9	⑩	⑪	⑫
13	⑭	⑮	⑯

(3)

1	2	3	4
⑤	⑥	⑦	⑧
9	10	11	12
⑬	⑭	⑮	⑯

(2) 15番

2 (1) ア 25　　イ 3
(2) ウ 96　　エ 5　　(3) オ 10

考え方と解き方

1 (1)

1番

①	②	③	④
⑤	6	7	8
⑨	10	11	12
⑬	14	15	16

→ 2番

1	2	3	4
⑤	⑥	7	8
⑨	⑩	11	12
⑬	⑭	15	16

→ 3番

①	②	③	④
⑤	6	7	8
⑨	⑩	⑪	12
⑬	⑭	⑮	16

4番

1	2	3	4
⑤	⑥	⑦	⑧
⑨	⑩	⑪	⑫
⑬	⑭	⑮	⑯

→ 5番

①	2	3	4
5	6	7	8
9	⑩	⑪	⑫
13	⑭	⑮	⑯

(2)

5番

①	2	3	4
5	6	7	8
9	⑩	⑪	⑫
13	⑭	⑮	⑯

8番

①	②	③	④
⑤	⑥	⑦	⑧
9	10	11	12
⑬	⑭	⑮	⑯

12番

1	2	3	4
5	6	7	8
9	10	11	12
⑬	⑭	⑮	⑯

13番

1	2	3	4
⑤	6	7	8
⑨	10	11	12
13	14	15	16

14番

①	②	3	4
⑤	⑥	7	8
⑨	⑩	11	12
⑬	⑭	15	16

15番

①	②	③	4
⑤	⑥	⑦	8
⑨	⑩	⑪	12
13	14	15	16

より，**15番**

(3) 右の図 アで奇数番号のパネル1，

ア

①	2	③	4
5	⑥	7	⑧
⑨	10	⑪	12
13	⑭	15	⑯

イ

1	2	3	4
⑤	⑥	⑦	⑧
9	10	11	12
⑬	⑭	⑮	⑯

3，5，7，
…とふれていくと，奇数番号のパネルは5回，ついたり消えたりし，偶数番号のパネルは2回，ついたり消えたりする。

これより，1，3，5，…15とパネルにふれていくと，図イのようになる。

❷ (1) A：40 ⇒ 20 ⇒ 50 ⇒ 25
　　 B：40 ⇒ 60 ⇒ 30 ⇒ 55 　**ア 25　イ 3**
(2) (63 + 129) ÷ 2 = 96 ずつが最初。
　　 A：96 ⇒ 48 ⇒ 120 ⇒ 60 ⇒ 126 ⇒ 63
　　 B：96 ⇒ 144 ⇒ 72 ⇒ 132 ⇒ 66 ⇒ 129
　　 <u>ウ 96　エ 5</u>
(3) 初めを1ずつとする。
　　 A：$1 ⇒ \dfrac{1}{2} ⇒ \dfrac{5}{4} ⇒ \dfrac{5}{8} ⇒ \dfrac{21}{16}…$
　　 B：$1 ⇒ \dfrac{3}{2} ⇒ \dfrac{3}{4} ⇒ \dfrac{11}{8} ⇒ \dfrac{11}{16}…$
となるので，1回ごとに2で割られていくことがわかる。
$3072 = 2×2×2×2×2×2×2×2×2×2×3$ なので，<u>オ 10</u>回までは2で割り切れる。

⑱ 調べて解く5　いろいろな問題

❶ ア 1　イ 3　　　　❷ 37枚
❸ (1) 3　(2) 81
❹ (1) 5　(2) 138　(3) 167

考え方と解き方

❶

	勝	負	対戦数
よし子	1	2	3
ゆき子	1	2	3
あや子	4	0	4
のり子	○	△	4

のり子さんが○勝△敗だったとすると，
○ + △ = 4，△ − ○ = 2 より，
○ = 1，△ = 3　これより，<u>ア 1　イ 3</u>

❷ 両替をした後の(10円玉，5円玉，1円玉)の枚数として考えられるのは，
　㋑(12, 1, 2)㋺(13, 0, 2)の2通り
　㋑→127円，㋺→132円
　㋑→(5×55 − 127) ÷ (5 − 1) = 37
　㋺→(5×55 − 132) ÷ (5 − 1) = 143÷4 →不可
これより，<u>37枚</u>

❸ (1) 7個ずつ3つの山に分けると，てんびんを1回使うと重い玉の入った山がわかる。次にこの7個を3個，3個，1個に分けて，ア と イ をくらべる。
　　アとイがつり合ったらウが重い玉であることがわかる。(この場合は2回でみつかる。)アとイがつり合わなかったら，重い玉の入った3個がわかる。この後，もう一回てんびんを使うと必ず重い玉がみつかる。
　　以上より，<u>3回</u>
(2) てんびんを1回使うと全体の玉の数を $\dfrac{1}{3}$ にすることができる。
　　これより，3×3×3×3 = <u>81(個)</u>

❹ (1)

20	10	3	1
2	1	0	2

　　より，<u>5枚</u>

(2) 1けたの整数のうち，
　　1枚で表すことができる数→1，3
　　2枚→2，4，6　3枚→5，7，9
　　4枚→8　100→20×5，110→20×5＋10×1
　　120→20×6，130→20×6＋10×1 より，
　　138 は，11枚使うので表すことができない。
　　これより，<u>138</u>

(3) (2)より，1〜139までで 139−1 = 138(個)
　　140〜149→9(個)　　150〜159→(6個)
　　160〜169→6(個)　　170〜179→(3個)
　　180〜189→3(個)　　190〜199→(1個)

$$200\sim\quad\rightarrow1(個)\ より,$$
$$138+9+6\times2+3\times2+1\times2=\underline{167}(個)$$

⑲ 調べて解く6 推理

❶ C, D, B, A, E

❷ (B, E, A, C, D)(E, B, C, A, D)

❸
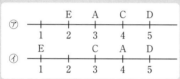

❹ A…白, 白　　B…赤, 白

考え方と解き方

❶

```
       C  D        A  E
前  1   2   3   4   5  後
```

条件を直線上に表すと上の図のようになる。Bは
3番目に来るので C, D, B, A, E となる。

❷

```
⑦       E  A     C  D
    1   2   3   4   5
⑦       E        C  A  D
    1   2   3   4   5
```

条件を直線上に表すと上の図の⑦, ⑦のようにな
る。これより,
B, E, A, C, D　　E, B, C, A, D

❸ AとBの条件を考
えると右の①, ②が
考えられる。
CとEは①では(⑦
⑦)②では(⑦ ⑦)に
座る。
これより, DはBの
正面に座ることがわ
かる。(③, ④)
残りの条件を考える
と右の⑤, ⑥の2通
りが考えられる。

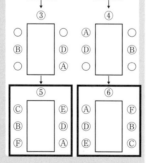

❹ 相手が赤赤のリボンをつけていれば自分は白白
とわかるので, AもBも赤赤ではない。これより,
A, Bは白白または赤白となる。Aが赤白の場合,
Bは白白, 赤白の2通りが考えられるのでBは
自分のリボンの色を知ることができない。よって,
A 白白　B 赤白

⑳ 規則性1 整数の数列

❶ (1) 361　　(2) 5

❷ (1) 17 組　　(2) 83 組

❸ (1) 15　　(2) 44

❹ (1) 38　　(2) 216　　(3) 182

考え方と解き方

❶ (1) $19\times19=\underline{361}$

(2) $\dfrac{6}{13}=0.\overset{\downarrow}{/461538}/461\cdots$　これより,
$250\div6=41\ あまり\ 4\ より,\ \underline{5}$

❷ (1) まん中の数が2の倍数のものを調べる。
$(98-2)\div6+1=\underline{17}(組)$

(2) まん中の数が4の倍数のものを調べる。
$8,\ 20,\ 32,\ \cdots$
$8+12\times(\square-1)<999$
$(999-8)\div12=82\ あまり\ 7\ より,$
$\square=82+1=\underline{83}(組)$

❸ (1) $\overset{①}{(1)}\overset{②}{(2,3)}\overset{③}{(4,5,6)}/\overset{④}{(7)}\overset{⑤}{(8,9)}\overset{⑥}{(10,11,12)}/$
と3つずつ区切って考える。
$29\div6=4\ あまり\ 5\ より,\ 3\times4+3=\underline{15}(番目)$

(2) $1\div6=0\ あまり\ 1$
$(2+3)\div6=0\ あまり\ 5$
$(4+5+6)\div6=2\ あまり\ 3$
$173\div6=28\ あまり\ 5\ より,\ 2つの数が入っ$
ている区切りになる。
$(173-1)\div2=86\ より,\ 173=86+87$
$86\div6=14\ あまり\ 2\to3\times14+2=\underline{44}(番目)$

❹ $\underset{和\ \ 6}{\underbrace{①②③}_{3個}}/\underset{12}{\underbrace{①①②②③③}_{6個}}/\underset{18}{\underbrace{①①①②②\cdots③}_{9個}}/\cdots$
と区切って考える。

(1) $20=(3+6+9)+2\ より,$
$(6+12+18)+1\times2=\underline{38}$

(2) $108=3\times36=3\times(1+2+3+\cdots+8)$
これより,
$6\times(1+2+\cdots+8)=6\times(1+8)\times8\times\dfrac{1}{2}$
$=6\times9\times4=\underline{216}$

(3) $353\div6=58\ あまり\ 5$
$353-6\times\overset{55}{(1+2+\cdots+10)}=353-330=23$
$23-1\times11=12,\ 12\div2=6\ より,$
$3\times\overset{55}{(1+2+\cdots+10)}+11+6=\underline{182}(個)$

これより，$\dfrac{34}{55}-\dfrac{55}{89}=\dfrac{34\times89}{4895}-\dfrac{55\times55}{4895}$

$=\dfrac{3026}{4895}-\dfrac{3025}{4895}=\underline{\dfrac{1}{4895}}$

㉑ 規則性2 分数の数列

❶ (1) 40 番目　　(2) $\dfrac{5}{12}$

❷ (1) ア　8　　イ　21　　(2) 150

❸ (1) ア　1　　イ　199　　(2) 21

❹ (1) $\dfrac{55}{89}$　　(2) $\dfrac{1}{4895}$

考え方と解き方

❶ $\left.\dfrac{1}{1}\right|\dfrac{1}{2},\dfrac{2}{2}\left|\dfrac{1}{3},\dfrac{2}{3},\dfrac{3}{3}\right|\cdots$

1個　　2個　　　3個

(1) $(1+8)\times8\times\dfrac{1}{2}+4=\underline{40(番目)}$

(2) $(1+11)\times11\times\dfrac{1}{2}=66$　$71-66=5$ より，$\underline{\dfrac{5}{12}}$

❷ (1) 下のような組に分け，各組の分母と和を書いていく。

おおよその見当をつけ，$1+2+3+4+\cdots+15$ $=(1+15)\times15\div2=120$。

$120+16+17+18+19=190$ から，203 番目は，20 組の 13 番目。

イ $=\underline{21}$ で，アは 20 から 13 番目の $\underline{8}$

$\left(\dfrac{1}{2}\right)$	$\left(\dfrac{2}{3},\right.$	$\left.\dfrac{1}{3}\right)$	$\left(\dfrac{3}{4},\right.$	$\dfrac{2}{4},$	$\left.\dfrac{1}{4}\right)$	$\left(\dfrac{4}{5},\right.$	$\dfrac{3}{5},$	$\dfrac{2}{5},$	$\left.\dfrac{1}{5}\right)$	$\cdots$
組	1組	2組		3組			4組			$\cdots$
分母	2	3		4			5			$\cdots$
和	$\dfrac{1}{2}$	1	,	$\dfrac{3}{2}$	,		2			$\cdots$

(2) おおよその見当をつけ，$1+2+3+4+\cdots+23=(1+23)\times23\div2=276$。$276+24=300$ から，300 番目は 24 組の最後の数。

各組の和は等差数列なので，

$\left(\dfrac{1}{2}+\dfrac{1}{2}+\dfrac{1}{2}\times23\right)\times24\div2=\underline{150}$

❸ (1) 分子…1，2，3 のくり返し，分母…1，3，5，7…の等差数列　これより，分子→100 $\div3=33$ あまり 1 より 1，分母→$2\times100-1$ $=199$　以上より，$\underline{ア\,1\quad イ\,199}$

(2) 分子 1 →$\dfrac{1}{1},\dfrac{1}{7},\dfrac{1}{13},\dfrac{1}{19}$ の 4 個

分子 2 →$\dfrac{2}{3},\dfrac{2}{9},\dfrac{2}{15},\cdots,\dfrac{2}{39}$ の 7 個

分子 3 →$\dfrac{3}{5},\dfrac{3}{11},\cdots,\dfrac{3}{59}$ の 10 個

これより，$4+7+10=\underline{21(個)}$

❹ (1) 分母…1，2，3，5，8，13，21，34，55，89 より，$\underline{\dfrac{55}{89}}$

(2) 9 番目の分数は $\dfrac{34}{55}$

㉒ 規則性3 数表(1)

❶ (1) 49　　(2) 904　　(3) 11 段目と 122 段目

❷ (1) 55　　(2) 5 段目，左から 4 番目

❸ ア　5　　イ　2　　ウ　34

考え方と解き方

❶ (1) $1+2+3+\cdots9=45$ より，10 段目の 4 番目は，$45+4=\underline{49}$

(2) $(1+14)\times14\div2=105$ から 15 段目は，106 から始まる。白は 106，108，…120 まで。$(106+120)\times8\div2=\underline{904}$

(3) 偶数段なら先頭から偶数と奇数の組があまりなくいくつかできる。それぞれの組で差が 1 なので，61 組ある。$61\times2=122$ 個の整数があって，それは $\underline{122\,段目}$

奇数段は，白から始まり白で終わり，白の方が黒より 1 枚多い。偶数段のように組を作っていくと，白黒の組が何組かあって，最後に白が 1 枚。ここで，3 段目から調べてみる。各組は右端の数が奇数なら偶数の方が 1 ずつ大きいので，3 段目は最後の $6-1\times1=5$，5 段目は $15-1\times2=13$，7 段目は $28-1\times3=25$，9 段目は最後は $36+9=45$ から $45-1\times4=41$，11 段目は最後は $45+10+11=66$ から，$66-1\times5=61$ となる。したがって，2 つ目は $\underline{11\,段目}$

❷ (1) $1+2+3+\cdots+10=(1+10)\times10\times\dfrac{1}{2}=\underline{55}$

(2) 右の図より，$\underline{5\,段目，左から}$ $\underline{4\,番目}$

1 段目	1	1　3　6　10…
2 段目		2　5　9…………
3 段目	2	4　8……………
4 段目	3	7………………
5 段目		11…17…24…32…
6 段目	4	16　23　31………
7 段目	5	22　30…………
8 段目	6 / 7	29………………

❸ 問題の数列は，$(1,2)(1,2,3)(1,2,3,4)\cdots$ を 4 個ずつ並べたものである。

$4\times10+1=41$，$1+2+\cdots+8=36$

$41-36=5$ より，$\underline{ア\,5}$

$(20,1)\to4\times19+1=77$

$1+2+\cdots+11=66$，$77-66=11$ より，

(20, 1)=11, (20, 2)=12 これより，<u>イ 2</u>

⑬から逆にたどって
いくと，ウ段に並ん
でいる数は，13，14，
15，16 であることが
わかる。

ウ 段目 13→<u>14</u>→<u>15</u>→<u>16</u>
(ウ+1)段目 1 → 2 → 3 → 4
(ウ+2)段目 5 → 6 → 7 → 8
(ウ+3)段目 9 →10→11→12
(ウ+4)段目 ⑬

$(1+16)×16×\dfrac{1}{2}÷4=34$ より，<u>ウ 34</u>

㉓ 規則性4 　数表(2)

❶ (1)　ア　55　　(2)　イ　20　　ウ　4010
　　(3)　エ　32　　オ　4
❷ (1)　291　　(2)　32 段目
❸ ア　11　　イ　15
❹ (1)　ア　36　　イ　210　　(2)　2048

考え方と解き方

❶ (1)　$1+2+3+\cdots+10=(1+10)×10×\dfrac{1}{2}$
　　　　$=\underline{55}\cdots(ア)$
　(2)　20 段→<u>20 個</u>…(イ)
　　　20 段目の左から一番目の数は，
　　　$(1+19)×19×\dfrac{1}{2}+1=191$，一番右の数は，
　　　191+19=210 これより，$(191+210)×20×\dfrac{1}{2}$
　　　$=401×10=\underline{4010}\cdots(ウ)$
　(3)　□段目の一番右の数は$(1+□)×□×\dfrac{1}{2}$
　　　$(1+□)×□×\dfrac{1}{2}<500$　　$(1+□)×□<1000$
　　　31×32=992，32×33=1056 より，□=31
　　　$(1+31)×31×\dfrac{1}{2}=496$，500−496=4
　　　これより，500 は 32 段の左から 4 番目にあ
　　　ることがわかる。これより，<u>エ 32　オ 4</u>
❷ n 段の一番右の数が n×n であることに着目し
　て考える。
　　(1)　17×17+2=<u>291</u>
　　(2)　31×31＝961，32×32＝1024 より，<u>32 段目</u>
❸ 1 段目→3 個，2 段目→6 個，3 段目→9 個の
　数字が並んでいる。これより，
　$3+6+9+\cdots+30=3×(1+2+3+\cdots+10)$
　　$=3×(1+10)×10×\dfrac{1}{2}=3×55=165$
　180−165=15 より，180 は 11 段目の左から 15 番
　目の数であることがわかる。
　これより，<u>ア 11　イ 15</u>

❹

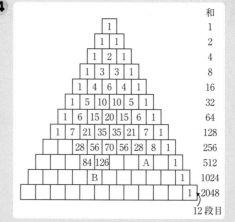

(1)　上の図より，A →28+8=36 より，<u>ア 36</u>
　　　B →84+126=210 より，<u>イ 210</u>
(2)　上の図より，
　　1段目　2段目　3段目　4段目　　　12段目
　　$1 → 2 → 4 → 8 →\cdots→\underline{2048}$

㉔ 規則性5 　カレンダー・電球

❶ (1)　木曜日　　(2)　3 月 29 日　　(3)　7 月
❷ 26　　　　❸ 40
❹ (1)　14　　(2)　ア　1　　イ　30　　(3)　203

考え方と解き方

❶ (1)　(31−1)＋28＋31＋30＋31＋30
　　　＋31＋31＋30＋1＝273
　　　　　　↖10 月 1 日木曜日
　　　273÷7＝39 あまり 0 より，<u>木曜日</u>
　(2)　1 番目の日曜日は 1 月 4 日
　　　4＋7×(13−1)＝88 より，
　　　$1/88\xrightarrow{-31}2/57\xrightarrow{-28}\underline{3/29}$
　(3)　翌年の 1 月 1 日は金曜日，このあと，1 日
　　　の曜日が木曜日になる月をさがしていく。
　　　3 月 1 日→月，5 月 1 日→土，7 月 1 日→木
　　　より，<u>7 月</u>
❷ 2008 年 1 月 1 日→火　（2008 年はうるう年な
　2009 年 1 月 1 日→木　ので 2 日ずれる。）
　2010 年 1 月 1 日→金　　　1 月 5 日→火
　5＋7×3＝<u>26(日)</u>
❸

	1	2	3	4	5	6	7	8	9	10	11	12	13	14	15
A	○	○	×	○	○	×	○	○	×	○	○	○	○	○	×
B	○	○	○	×	×	○	○	○	×	×	○	○	×	×	×

上の図のように，A，B が同時についている時間
は，15 秒間中 6 秒間
99÷15＝6 あまり 9 より，
6×6＋4＝<u>40(秒間)</u>

❹ (1) イ→1+8=9秒周期

120÷9=13 あまり3 より, 13+1=<u>14(回)</u>

(2) ア→1+5=6秒周期

ウ→14+1=15秒周期

9と6と15の最小公倍数→90

90秒=1分30秒より, <u>ア1 イ30</u>

(3) エ→1+17=18秒周期

オ→1+24=25秒周期

90と18と25の最小公倍数は450

ア→450÷6=75 イ→450÷9=50

ウ→450÷15=30 エ→450÷18=25

オ→450÷25=18 これより,

75+50+30+25+18+5=<u>203(回)</u>

25 規則性6 ご石を並べる

❶ (1) 325個   (2) 97個   (3) 1400個

❷ (1) 43番目   (2) 2752個

考え方と解き方

❶ (1) $(1+25)\times25\times\dfrac{1}{2}=\underline{325(個)}$

(2)

1番目	2番目	3番目	4番目	5番目	6番目…
1	3	6	10	15	21…
↓	↓	↓	↓	↓	↓
4	9	16	25	36	
2×2	3×3	4×4	5×5	6×6	

これより, (3番目+4番目)+(8番目+9番目)

=4×4+9×9=16+81=<u>97(個)</u>

(3) (9番目+10番目)+(19番目+20番目)

+(29番目+30番目)

=10×10+20×20+30×30

=100+400+900=<u>1400(個)</u>

❷ (1) $1+2+3+\cdots+\square=(1+\square)\times\square\times\dfrac{1}{2}=946$

$(1+\square)\times\square=2\times946=2\times2\times11\times43$

$=44\times43$

$\square=43\to\underline{43番目}$

(2)

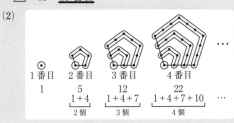

$1+3\times(43-1)=127$ これより,

$\underbrace{1+4+7+\cdots+127}_{43個}=(1+127)\times43\times\dfrac{1}{2}$

$=\underline{2752(個)}$

26 規則性7 図形(1)

❶ (1) 42 cm   (2) 158 cm

❷ (1) 24   (2) 119   (3) 906

考え方と解き方

❶ (1) $(4\times5+1)\times2=\underline{42(cm)}$

(2) $\{4\times\underset{横}{10}+(2\times\underset{たて}{19}+1)\}\times2=\underline{158(cm)}$

❷ (1) 右の図より, <u>24㎠</u>

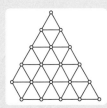

(2)

ご石	1+2	1+2+3	1+2+3+4 …
面積	1 (1×1)	4 (2×2)	9 (3×3) …

これより, 面積が 14×14=196㎠ のとき,

ご石は $1+2+3+\cdots+15=(1+15)\times15\times\dfrac{1}{2}$

$=120(個)$ 必要なことがわかる。

右の図より,

120−1=119(個)

のご石をならべると,

正三角形の面積の合

計は 196−1=195(㎠)

であることがわかる。

これより, <u>119個</u>

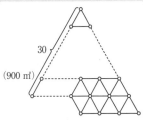

(3) $1+2+\cdots+31=(1+31)\times31\times\dfrac{1}{2}=496$

より, 496個

のご石をな

らべたとき

の正三角形

の面積の合

計は 30×30

=900(㎠)

である。

500−496=4個 のご石を加えると上の図よ

り, 面積は6㎠ふえることがわかる。

これより, 900+6=<u>906(㎠)</u>

27 規則性8　図形(2)

❶ (1)　675 cm³　　(2)　118 枚　　(3)　150 番目

❷ (1)　210 cm　　(2)　40 cm　　(3)　196 枚

考え方と解き方

❶ (1)　5 番目の立方体の個数は，5×5＝25(個)

　　これより，(3×3×3)×25＝<u>675(cm³)</u>

(2)　□番目の立体の面の枚数は □×4＋2 で表

すことができる。

　　これより，29×4＋2＝<u>118(枚)</u>

(3)　□×4＋2＝602 より，

　　□＝(602－2)÷4＝<u>150(番目)</u>

❷ (1)

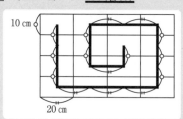

上の図より，

10×(3＋3＋2＋1)＋20×(3＋2＋1)

＝10×9＋20×6＝<u>210(cm)</u>

(2)

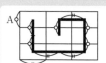

上の図より，縦横3枚ずつタイルを並べたと

き，A→縦　5　横　3

　　　　B→縦　3　横　5

となり，折れ線の長さの差は，

B－A＝(横－縦)×2＝(20－10)×2＝20(cm)

これより，(20－10)×(5－1)＝<u>40(cm)</u>

(3)　(2)より，縦，横□枚ずつ並べたとき，

(20－10)×(□－1)＝130 より，

□＝130÷10＋1＝14

これより，14×14＝<u>196(枚)</u>

28 規則性9　フィボナッチ数列系

❶ (1)　7　　(2)　274

❷ (1)　ア　3　　イ　8　　(2)　89

考え方と解き方

❶ (1)

	1 段	2 段	3 段	4 段
昇り方	1	2	4	7

4 段の階段を昇るには，

　　イ　1 段＋3 段　　ロ　2 段＋2 段

　　ハ　3 段＋1 段　　の場合が考えられる。

　　これより，1＋2＋4＝<u>7(通り)</u>

(2)　(1)と同じように考えて，

　　5 段→2＋4＋7＝13 通り

　　6 段→4＋7＋13＝24 通り

　　7 段→7＋13＋24＝44 通り

　　8 段→13＋24＋44＝81 通り

　　9 段→24＋44＋81＝149 通り

　　10 段→44＋81＋149＝<u>274(通り)</u>

❷ (1)《3》…

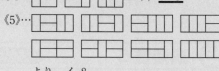

より，<u>ア　3</u>

《5》…

より，<u>イ　8</u>

(2)《1》＝1，《2》＝2，《3》＝3

《4》＝5，《5》＝8 より，

《6》＝5＋8＝13，《7》＝8＋13＝21

《8》＝13＋21＝34，《9》＝21＋34＝55

《10》＝34＋55＝<u>89</u>

29 規則性10　いろいろな問題(1)

❶ (1)　30　　(2)　3　　(3)　123

❷ (1)　26　　(2)　120　　(3)　2048 チーム

❸ 144 本

考え方と解き方

❶ (1)　(1＋2＋3＋4＋5)×2＝<u>30(m)</u>

(2)　(1＋2＋3＋…＋7)×2＝56

　　56＋8＝64　　　70－64＝6

　　　　↑
　　　　⑨

　　→⑨から 6 m もどる ⑨⑧⑦⑥⑤④③
　　　　　　　　　　　　　　1 2 3 4 5 6

(3)　右の図より，

　　(1＋2＋…＋10)×2＋11

　　＋2＝110＋11＋2

　　＝<u>123(m)</u>

❷ (1)　16÷2＝8

　　1×8＋2×4＋3×2＋4×1＝<u>26</u>

(2)　2×2×2×2×2×2＝64 チーム

　　1×32＋2×16＋3×8＋4×4＋5×2＋6×1

　　＝32＋32＋24＋16＋10＋6＝<u>120</u>

(3)　8178－4083×2＝12…決勝は 12 回戦

　　N＝4083 のときは決勝は 11 回戦で，チー

ム数と決勝が何回戦であるかは，下の表のようになっている。

決勝	1	2	3	4	5	6	…
チーム数	2	4	8	16	32	64	…

したがって，$\underbrace{2 \times 2 \times \cdots \times 2}_{11 \text{コ}} = \underline{2048}$（チーム）

3 1辺が3mのジャングルジムを真上から見ると右の図のようになる。各・の下には3本ずつパイプがある。正面から見ても，横から見ても同じに見えるので，$3 \times 16 \times 3 = \underline{144}$（本）

30 規則性11　いろいろな問題(2)

1 (1) 31　(2) 511

2 (1) G　(2) H　(3) I

3 (1) 32　(2) 72

考え方と解き方

1 (1)

折った回数	1	2	3	4	5
山折り	0	1	3	7	15
谷折り	1	2	4	8	16
合計	1	3	7	15	31

上の表より，$\underline{31}$ 個

(2) 山折りの折り目→6回→$15 \times 2 + 1 = 31$

7回→$31 \times 2 + 1 = 63$

8回→$63 \times 2 + 1 = 127$

9回→$127 \times 2 + 1 = 255$

10回→$255 \times 2 + 1 = \underline{511}$（個）

2 (1) 取り除く石は順に，I→H→J→B→E→C→D→A→F となり，$\underline{G}$ が最後に残る。

(2) (1)より，最後に残る石は，最初に数えた石から時計回りに数えて7番目の石であることがわかる。G→F→E→D より，

A→J→I→$\underline{H}$

(3) Aの石から数えはじめたとすると，取り除く石は順に，G→E→F→J→H→A→B→D→I となり，最後にCが残る。

C→B→A より，A→J→$\underline{I}$

3 (1) 1巡目→1，3，5，7，……，31

2巡目→2，6，10，14，……，30

3巡目→4，12，20，28

4巡目→8，24

5巡目→16 となり，$\underline{32}$ が最後に残る。

(2) 1巡目…奇数が50個取られて，残り50個

2巡目…2×奇数 が25個取られて，残りは下の25個

④，8，⑫，16，⑳，24，㉘，32，㊱，40，㊹，48，㊷，56，㊽，64，㊽，72，㊼，80，㊽，88，㊽，96，⑩

3巡目に4×奇数（○印）が取られたあと，1番上の数は8→これは下に回され，16，32，48，64，80，96 と取られて，8，24，40，56，72，88 が残っている。

このあと，24，56，88，40，8 と取られて $\underline{72}$ が残る。

※計算で求める場合，次のように求めることができる。

カードの枚数が，$2 \times 2 \times \cdots \times 2$（枚）のときは，その数が最後に残る。$32 \times 2 = 64$ より，

$(100 - 64) \times 2 = 36 \times 2 = \underline{72}$

31 場合の数1　順列

1 12　**2** (1) 6　(2) 30

3 (1) 9通り　(2) 60通り　**4** 8通り

考え方と解き方

1 どのような数を入れても，必ず大小関係が決まるので，$4 \times 3 \times 2 \times 1 \times \dfrac{1}{2} = \underline{12}$（通り）

2 (1) $4 \times 3 \times 2 \times 1 \div 4 = \underline{6}$（通り）

(2) $6 \times 5 = \underline{30}$（通り）

3 (1) ○（勝ち）を4つ，×（負け）を2つならべて，6番目は必ず○となる順列

（○○○××）の並べ方は，$\dfrac{5 \times 4}{2 \times 1} = 10$ 通り

例をのぞいて，$10 - 1 = \underline{9}$（通り）

(2) （○○○×△）○→$5 \times 4 = 20$

（○○○△△）○→$\dfrac{5 \times 4}{2 \times 1} = 10$

$(20 + 10) \times 2 = \underline{60}$（通り）

4 $\boxed{ABC} = 100 \times A + 10 \times B + C$ とすると，

$\boxed{ABC} + \boxed{CAB} + \boxed{BCA}$

$= A + (100 + 10 + 1) + B \times (100 + 10 + 1)$

$+ C \times (100 + 10 + 1) = 111 \times (A + B + C) = 1776$

$A + B + C = 1776 \div 111 = 16$

これより(A，B，C)⇒(9，6，1)(9，5，2)

(9，4，3)(8，7，1)(8，6，2)(8，5，3)

(7，6，3)(7，5，4)の$\underline{8}$ 通り

㉜ 場合の数２　　調べる問題

1 6通り　　　　**2** 14通り

3 (1) 27点　　(2) 4点，5点，8点，11点

4 7通り　　　　**5** 5通り

考え方と解き方

1 （1，4）（2，3）（1，1，3）（1，2，2）
（1，1，1，2）（1，1，1，1，1）の<u>6通り</u>

2
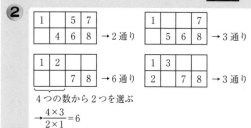

$2+3+6+3=\underline{14(通り)}$

3 (1) ① 7×5　② $7\times4+3\times1$
　　③ $7\times3+3\times2$
　　より，$7\times3+3\times2=21+6=\underline{27(点)}$

(2) できる数→ 3，6，7，9，10，12～20
　これより，<u>4点，5点，8点，11点</u>

4 3個の選び方を求めれば良い。

(4)	黒	3	2	2	1	1	0	0
(3)	青	0	1	0	2	1	3	2
(1)	赤	0	0	1	0	1	0	1

より，<u>7通り</u>

5
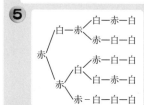

より，<u>5通り</u>

㉝ 場合の数３　　いろいろな問題(1)

1 8通り　　　　**2** 9通り

3 (1) 39　　(2) 25

4 (1) 8　　(2) 40　　(3) 56

考え方と解き方

1

品物の値段	100	200	300	400
値　　札	100	300	400	200
	100	400	200	300

上の表のように，100円だけが一致する場合は
2通り。

これより，$2\times4=\underline{8(通り)}$

2 右の図のように，AがすわっていたいすにBがすわる場合は3通り。

Ⓐ	Ⓑ	Ⓒ	Ⓓ
B	A	D	C
B	C	D	A
B	D	A	C

これより，$3\times3=\underline{9(通り)}$

3 (1)

出た目	1	2	3	4	5	6
針の目盛	11	2	9	4	7	6

　　　　　　　13　　　13　　　13

上の表より，$13\times3=\underline{39}$

(2) 針が12を指すのは，㋑(偶，偶，偶)㋺(偶，奇，奇)の場合が考えられる。㋑の場合は目の和が12→$\underset{6通り}{(2，4，6)}\underset{1通り}{(4，4，4)}$
㋺の場合は，奇数の目の和が偶数の目の数と等しい$\underset{3通り}{(2，1，1)}\underset{6通り}{(4，1，3)}\underset{6通り}{(6，1，5)}$
$\underset{3通り}{(6，3，3)}$
以上より，$6\times3+3\times2+1=\underline{25(通り)}$

4 (1) 4つの側面をA，B，C，D，取り出し口のある面をE，はじめに床に接している面をFとする。(以下の文字は床に接しているものを示す。)

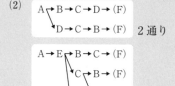
より，$2\times4=\underline{8\,(通り)}$

(2)
```
A┌B→C→D→(F)  ┐
 └D→C→B→(F)  ┘ 2通り

A→E┌B┌C→(F)      ┐
   │ └B→(F)       │
   │  └D→(F)      │ 4通り
   └D→C→(F)      ┘

A┌B→E┌C→(F)      ┐
 │   └D→(F)       │
 └D→E┌B→(F)      │ 4通り
     └C→(F)      ┘
```
より，
$(2+4+4)\times4=\underline{40(通り)}$

(3) 2回　A→(F)　より　$1\times4=4(通り)$

4回
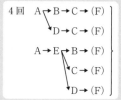
より $5\times4=20(通り)$

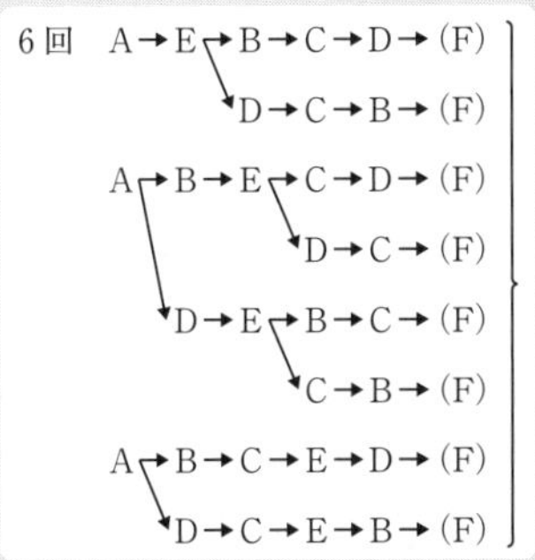

6回　A→E→B→C→D→(F)
D→C→B→(F)
A→B→E→C→D→(F)
D→C→(F)
D→E→B→C→(F)
C→B→(F)
A→B→C→E→D→(F)
D→C→E→B→(F)

より，

8×4＝32(通り)

以上より，4＋20＋32＝<u>56(通り)</u>

34 場合の数4　いろいろな問題(2)

1 (1)　13　　(2)　27

2 (1)　12　　(2)　2850

3 (1)　ア　7　　イ　2　　(2)　40

考え方と解き方

1 (1)　A君が持っている赤，青，緑のえんぴつの本数を①本，△1本，□1本とすると，B君が持っている赤，青，緑のえんぴつの本数は①本，△2本，□3本となる。

①＋△2＝28 より，

①	26	24	～	2
△2	2	4	～	26

→<u>13(通り)</u>

(2)　①＋△2＋□3＝21 より，

①	1	2	4	1	～	7	2	～	10	1	～	13	2	～	16
△2	2	4	2	8	～	2	10	～	2	14	～	2	16	～	2
□3	18	15	15	12	～	12	9	～	9	6	～	6	3	～	3

1　2　4　5　7　8

1＋2＋4＋5＋7＋8＝<u>27(通り)</u>

2 (1)　下の表より，<u>12(通り)</u>

7個入	1	1	1	0	0	0	0	0	0	0	0	0
5個入	1	0	0	2	1	1	1	0	0	0	0	0
3個入	0	1	0	0	2	1	0	4	3	2	1	0
1個	0	2	5	2	1	4	7	0	3	6	9	12

(2)　下の表より，200×15－150＝<u>2850(円)</u>

7個入（115円引）	2	1	1	1	0
5個入　（50円引）	0	1	1	0	3
3個入　（15円引）	0	1	0	2	0
1個　　（値引なし）	1	0	3	2	0
値引合計　　（円）	230	180	165	145	150
	1	2	3	5	4

3 (1)　1位，2位とも全勝はその両チームどうしの試合結果で矛盾するのであり得ない。1，2位のチームどうしの試合が引き分けだったとき，つまり1位2位とも2勝1引き分けの場合が最も勝ち点が大きい。したがって，最大の勝ち点アは3×2＋1＝<u>7(点)</u>

2位が最も勝ち点が低い場合は，1位が全勝して残り3チームの点が低かった場合。最下位チームが0勝の場合は他チームは少なくとも3点。最下位が1勝の場合は2チームは3点以上。次に最下位が2引き分けの場合は，他の2チームも2引き分けとなる。したがって，1チームが3勝，他の3チームがすべて1敗2引き分けの場合で2位チームの最小の勝ち点イは<u>2(点)</u>

(2)　2位以下の3チームの勝敗は，下図①～⑦の7組が考えられる。

1位の勝ち点で場合分けする。

1位が3勝0敗の場合…他チームは1位チームには負け，それ以外のチームとの関係は①～⑦の7通り。勝ち点の組み合わせは1位が9点のとき，他チームは表の通り。

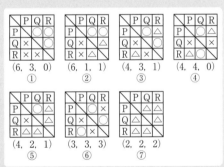

＼	P	Q	R
P	＼	○	○
Q	×	＼	○
R	×	×	＼

(6，3，0)
①

＼	P	Q	R
P	＼	○	○
Q	×	＼	△
R	×	△	＼

(6，1，1)
②

＼	P	Q	R
P	＼	○	△
Q	×	＼	○
R	△	×	＼

(4，3，1)
③

＼	P	Q	R
P	＼	○	△
Q	×	＼	×
R	△	○	＼

(4，4，0)
④

＼	P	Q	R
P	＼	○	△
Q	×	＼	△
R	△	△	＼

(4，2，1)
⑤

＼	P	Q	R
P	＼	○	×
Q	×	＼	○
R	○	×	＼

(3，3，3)
⑥

＼	P	Q	R
P	＼	△	△
Q	△	＼	△
R	△	△	＼

(2，2，2)
⑦

1位が2勝1引き分け（勝ち点7点）の場合…他の3チームのうち，1位チームと引き分けたチームは1点加わるので，①～⑦のどこか一か所に1点を加えた組み合わせを考える（最大で7点なので1位を超えることはない）。(7，3，0)(6，4，0)(6，3，1)(7，1，1)(6，2，1)(5，3，1)(4，4，1)(4，3，2)(5，4，0)(5，2，1)(4，3，1)(4，2，2)(4，3，3)(3，2，2)以上14通り。

1位が2勝1敗（勝ち点6点）の場合…どこかのチームが1位チームに1勝しているので，3点を加える。ただし，たした結果6点を超えるものがあったらのぞく。(6，6，0)(6，3，

3) $(6, 4, 1)$ $(4, 3, 4)$ $(4, 5, 1)$ $(4, 2, 4)$
$(5, 2, 2)$ 以上 7 通り。

1 位が 1 勝 2 引き分け（勝ち点 5 点）の場合
…2 チームに 1 点ずつ加わるので, $(5, 4, 1)$ $(5, 3, 2)$ $(4, 4, 2)$ $(5, 5, 0)$ $(5, 3, 1)$ $(5, 2, 2)$ $(4, 3, 2)$ $(4, 4, 3)$ $(3, 3, 2)$ の 9 通り。

1 位が 1 勝 1 引き分け（勝ち点 4）の場合…$(4, 4, 4)$ $(4, 4, 3)$ の 2 通り。

1 位が 1 勝 2 敗（勝ち点 3 点）の場合…0 通り。

1 位が 0 勝 3 引き分け（勝ち点 3 点）の場合, ⑦に 1 点ずつたした $(3, 3, 3)$ の 1 通り。

したがって, 合計, $7+14+7+9+2+1=\underline{40}$（通り）

㉟ 場合の数 5　やり取り・調べ

1 (1) 5 通り　(2) 22 通り
2 (1) 3 点　(2) 10 通り
3 (1) 16 通り　(2) 5 通り　(3) 16 通り

考え方と解き方

1 (1) $(A, B)\Rightarrow(2, 6)(3, 5)$
$(4, 4)(5, 3)(6, 2)$ の $\underline{5\text{通り}}$

(2) (1)の後の A, B, C 3 人の持っているおはじきの数は, ④$(2, 6, 4)$ ㋺$(3, 5, 4)$ ㋩$(4, 4, 4)$ ㋥$(5, 3, 4)$ ㋭$(6, 2, 4)$

④$(B, C)\Rightarrow(4, 6)(5, 5)$
$(6, 4)(7, 3)(8, 2)$ → 5 通り

㋺$(3, 6)(4, 5)(5, 4)(6, 3)(7, 2)$
→ 5 通り

㋩(1)より 5 通り

㋥$(2, 5)(3, 4)(4, 3)(5, 2)$
→ 4 通り

㋭$(2, 4)(3, 3)(4, 2)$→ 3 通り

以上より, $5\times3+4+3=\underline{22\text{（通り）}}$

2 (1) 勝ちを○, あいこを△, 負けを×とすると,
$(○, ○, ○)$→$2+2+2=6$
$(○, ○, △)$→$2+2=4$
$(○, ○, ×)$→$2+2-1=3$ より, $\underline{3\text{点}}$

(2) $(△, △, ×, ×)$→$\dfrac{4\times3}{2\times1}=6$（通り）
$(△, ×, ×, ×)$→ 4 通り
$(×, ×, ×, ×)$→ 1 通り
これより, $6+4+1-1=\underline{10\text{（通り）}}$

3 (1) $2\times2\times2\times2=\underline{16\text{（通り）}}$

---

(2) 千円札で支払う人 4 人…1 通り
3 人…4 通りより, $1+4=\underline{5\text{（通り）}}$

(3) 千円札で支払う人 3 人…$\dfrac{5\times4}{2\times1}=10$（通り）
4 人…5 通り, 5 人…1 通り
$10+5+1=\underline{16\text{（通り）}}$

㊱ 場合の数 6　道順

1 (1) 3 通り　(2) 16 通り
2 (1) 4 通り　(2) 10 通り
3 (1) 6 通り　(2) 54 通り

考え方と解き方

1 (1) 右の図のように記号をつけると, 点 P から点 A まで 3 秒で行く行き方は,

の $\underline{3\text{通り}}$

(2)
Q まで 5 秒＝A まで
4 秒＝○印まで 3 秒
これより,
$1+3+2=6$（通り）

Q まで 5 秒＝F まで
4 秒＝○印まで 3 秒
これより,
$3+4+3=10$（通り）

以上より, $6+10=\underline{16\text{（通り）}}$

2 (1)
A→B　C→B　　A→D→A→B
　　A→B　　　E→A→B

以上より, $\underline{4\text{通り}}$

(2)
3 秒後に B …4 通り
3 秒後に E …3 通り
3 秒後に D …3 通り

以上より, $4+3+3=\underline{10\text{（通り）}}$

3 右の図のように記号をつけると,

(1) A→イ と進む方法は, イハロへ B とイホニへ B の 2 通り
これより, $2\times3=\underline{6\text{（通り）}}$

(2) B に 5 辺動いて進む…ハまで 4 辺動いて進む方法×3（ハ, ヘ, ホ）

ハまで 4 辺…イ, ロ, B に 3 辺動いて進む方

法の合計

イまで3辺…イＡイ, イハイ, イホイ, ロＡイ,

ロハイ, ニＡイ, ニホイの7通り

ロまで3辺も7通り

Ｂまで3辺は最短距離で6通り

よって (7×2+6)×3=60(通り) で, ここから(1)の6通りをひけばよい。

これより, 60-6=<u>54(通り)</u>

③⑦ 場合の数7 　図形(1)

1 35 個　　**2** (1) 27　　(2) 45

3 14 通り　　**4** 20 本

考え方と解き方

1

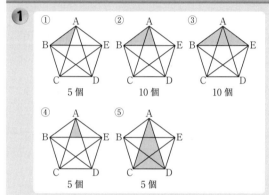

上の図より, 5×3+10×2=<u>35(個)</u>

2 (1) 1辺1の正三角形→16個

1辺2の正三角形→7個

1辺3の正三角形→3個

1辺4の正三角形→1個

以上より, 16+7+3+1=<u>27(個)</u>

(2)

 → (1+2+3)×3=18(個)

→ (1+2)×2×3=18(個)

→ 2×3=6(個)

→ 3個

以上より, 18×2+6+3=<u>45(個)</u>

3

6通り　　6通り　　2通り

以上より, 6×2+2=<u>14(通り)</u>

---

4 組み立てた立体は図のような立体。頂点は9個あるので, 9こから2個を選ぶ組み合わせは, $\frac{9\times8}{2\times1}$=36通り。このうち立体の辺は16本なので, 直線は, 36-16=<u>20(本)</u>

③⑧ 場合の数8 　図形(2)

1 8　　**2** (1) 50 個　　(2) 265 個

3 6　　**4** (1) 5　　(2) ア 48　　イ 4

考え方と解き方

1

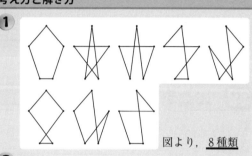

図より, <u>8種類</u>

2 (1)

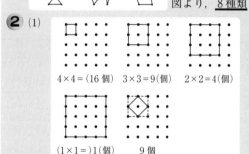

4×4=(16個)　3×3=9(個)　2×2=4(個)

(1×1=)1(個)　9個

右の図より, 16+9+4+1+9+1+8+2=<u>50(個)</u>

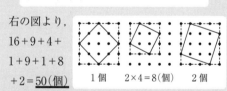

1個　　2×4=8(個)　　2個

(2) (12×12+11×11+10×10+……1×1) - (10×10+9×9+………1×1) = 12×12+11×11=144+121=<u>265(個)</u>

3

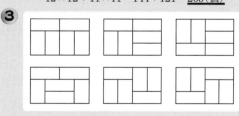

上の図より, <u>6通り</u>

④ (1)

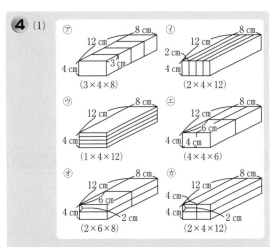

上の図で，④と⑦は同じなので，<u>5 種類</u>

(2) $12 \times 4 = \underline{48}(\text{cm}) \cdots (\text{ア})$

$1 \times 4 = \underline{4}(\text{cm}) \cdots (\text{イ})$

㊳ 比と割合１　百分率・売買損益

① 600　**②** 1040　**③** 55 個

④ 1615　**⑤** 9100 円

⑥ (1) 38　(2) 15　**⑦** ア　8　イ　16

考え方と解き方

① $(150 + 30) \div 0.3 = \underline{600}(\text{円})$

② $1.25 \times 0.9 = \dfrac{5}{4} \times \dfrac{9}{10} = \dfrac{9}{8}$

$130 \div \left(\dfrac{9}{8} - 1 \right) = 130 \times 8 = \underline{1040}(\text{円})$

③ $3000 \times 1.6 = 4800$ 円 $\cdots$ 定価

$4800 \times 0.8 = 3840$ 円 $\cdots$ 定価の 2 割引

$3000 \times 150 - 4800 \times 50 = 210000$

$210000 \div 3840 = 54.\cdots$

$54 + 1 = \underline{55}(\text{個})$

④ $48 = 10 \times 3 + 6 \times 3$ より，10 枚セットを 3 セット，

6 枚セットを 3 セット買えばよい。

$(2000 \times 10 \times 0.8 \times 3 + 2000 \times 6 \times 0.82 \times 3) \div 48$

$= \underline{1615}(\text{円})$

⑤ $136500 \times \left(\dfrac{1.12}{1.05} - 1 \right) = 136500 \times \dfrac{7}{105} = \underline{9100}(\text{円})$

⑥ (1) $(30 \times 1 + 50 \times 2 + 60 \times 3 + 40 \times 4 + 20 \times 5)$

$\div (1 + 2 + 3 + 4 + 5) = 570 \div 15 = \underline{38}(\%)$

(2) $12 \div 0.3 = 40$　$70 \div 0.4 = 175$

$175 - 40 \times 4 = \underline{15}(\text{個})$

⑦ $(5.2 \times 5.2 - 5 \times 5) \div (5 \times 5) \times 100$

$= (27.04 - 25) \times 4 = 2.04 \times 4$

$= 8.16$ より，<u>ア 8　イ 16</u>

㊵ 比と割合２　比例配分・逆比

① 34500　**②** 2700

③ 24750 円　**④** 252 人　**⑤** 3500 円

考え方と解き方

① $A : B : C = 1.5 : 0.7 : 1 = 15 : 7 : 10$

$29900 \div \{(15 - 10) + (15 - 7)\}$

$= 29900 \div 13 = 2300$

$2300 \times 15 = \underline{34500}(\text{円})$

② $1500 \div (9 - 4) = 300$

$300 \times 9 = \underline{2700}(\text{円})$

太 : 次 : 三

3 : 2

　　3 : 2

9 : 6 : 4

③ $A \times \dfrac{2}{11} = B \times \dfrac{5}{7} = C \times \dfrac{9}{13}$ より，

$A : B : C = \dfrac{11}{2} : \dfrac{7}{5} : \dfrac{13}{9} = 495 : 126 : 130$

$37550 \div (495 + 126 + 130) = 50$

$50 \times 495 = \underline{24750}(\text{円})$

④ $\dfrac{1}{3} : \dfrac{1}{4} : \dfrac{1}{7} = 28 : 21 : 12$

$183 \div (28 + 21 + 12) = 3$

$3 \times 28 \times 3 = \underline{252}(\text{人})$

⑤ 太郎　②$+800 \rightarrow$②$+600$

次郎　②$-200 \rightarrow$②-400

三郎　①　　$\rightarrow$①-200

(②$+600$) : (①-200) $= 4 : 1$

②$+600 =$④-800　②$=1400$

①$= 1400 \div 2 = 700$

(②$+600$) $+$ (②-400) $+$①$-200 =$⑤

これより，$700 \times 5 = \underline{3500}(\text{円})$

㊶ 比と割合３　比例式

① 150 円　**②** 210

③ (1) 4500 円　(2) 1260 円

④ (1) 11　(2) 12　(3) □$\cdots$23　△$\cdots$13

⑤ ア　7000　イ　3000　**⑥** 50 ℓ

考え方と解き方

① ($\overset{A}{④} - 100$) : ($\overset{B}{①} + 50$) $= 5 : 2$

⑧$- 200 =$⑤$+ 250$

①$= (250 + 200) \div (8 - 5) = \underline{150}(\text{円})$

② ($\overset{A}{②} + 10$) : ($\overset{B}{③} - 30$) $= 5 : 6$

⑫$+ 60 =$⑮$- 150$

①$= (150 + 60) \div (15 - 12) = 70$

$70 \times 3 = \underline{210}(\text{ℓ})$

③ (1) A君の本の値段を⑤円，B君の本の値段を③円とする。

$(2400+⑤):(1240+③)=9:5$

$12000+㉕=11160+㉗$

$①=(12000-11160)÷(27-25)$

$=420$

これより，A君がはじめに持っていたお金は，

$2400+420×5=\underline{4500(円)}$

(2) (1)より，$420×3=\underline{1260(円)}$

④ (1) $(10-3)÷(3-2)=7$ より，

$\dfrac{3+□}{10+□}=\dfrac{2×7}{3×7}=\dfrac{14}{21}$, $□=21-10=\underline{11}$

(2) $(54+36)÷(8+7)=6$ より，

$\dfrac{36+□}{54+□}=\dfrac{8×6}{7×6}=\dfrac{48}{42}$, $□=48-36=\underline{12}$

(3) $□=⑤-7$, $△=①+7$ とおくと，

$\dfrac{△+7}{□-7}=\dfrac{①+14}{⑤-14}=\dfrac{5}{4}$ これより，

$(①+14):(⑤-14)=5:4$

$④+56=㉕-70$, $①=(70+56)÷(25-4)=6$

$□=6×5-7=\underline{23}$, $△=6+7=\underline{13}$

⑤ $(⑦-500-1250):(③+500+700)=5:4$

$(⑦-1750)×4=(③+1200)×5$

$㉘-7000=⑮+6000$

$①=(7000+6000)÷(28-15)$

$=1000$ これより，ア $\underline{7000}$ イ $\underline{3000}$

⑥ 右の図より，

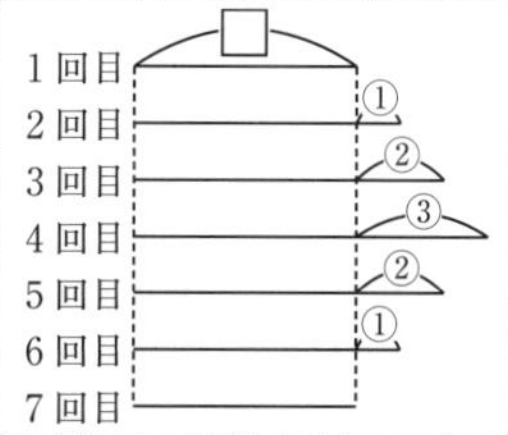

$□:(□+③)=3:5$

$□×5=□×3+⑨$

$□=⑨÷(5-2)$

$=④.5$

これより，

$④.5×7+(①+②+③+②+①)=㊵.5$

4回目→$□+③=④.5+③=⑦.5$

これより，$270×\dfrac{7.5}{40.5}=270×\dfrac{15}{81}=\underline{50(ℓ)}$

図（1回目〜7回目，①②③②①）

㊷ 比と割合4 比例配分・やり取り

1 2700 円

2 (1) 460 cm，340 cm (2) 40 cm

3 39 **4** 1500 円 **5** 1200 円

考え方と解き方

1 5:4に同じ金額1をたすと7:6になることから，

$⑤+□:④+□=7:6$ ⇒$7×(④+□)=6×(⑤$

$+□)$ ⇒$㉘+⑦=㉚+⑥$ ⇒$□=②$

したがって，はじめのAは$⑤+②×2=⑨$だった。

したがって，はじめのCは⑦だった。$⑦-900円$

$=④$から，$①=300円$。したがって，はじめのA

は$300×9=\underline{2700(円)}$

②

長いリボン…⑮+10→⑮→⑮-10

短いリボン…⑪+10→⑪→⑪-10

$(⑮-10):(⑪-10)=11:8$ より，

$(120)-80=(121)-110$，$①=110-80=30$

これより，$30×15+10=\underline{460(cm)}$

$30×11+10=\underline{340(cm)}$

(2) $(460-340)÷(10-7)=120÷3=40$

$460-40×10=60$，$60-20=\underline{40(cm)}$

③ $(110-2)÷(2+3+4)=12$

$12×3=36$ より，$B×\dfrac{4}{5}=36$

$B×\dfrac{1}{5}=36×\dfrac{1}{4}=9$ これより，Cがはじめに持っ

ていたみかんの数は，

$12×4-9=\underline{39(個)}$

④ $7600÷(9+11+9×2)=200$

$200×11÷\dfrac{2}{3}-200×9=\underline{1500(円)}$

⑤ A君がはじめに持っていたお金を⑫円とする

と，A君が出したお金は⑤円，B君が出したお金

は $⑤-100(円)$，C君が出したお金は $⑤-400$

（円）となる。

$B=(⑤-100)÷\left(1-\dfrac{1}{3}\right)=⑦.5-150$

$C=(⑤-400)÷\left(1-\dfrac{1}{2}\right)=⑩-800$

これより，$⑫+(⑦.5-150)+(⑩-800)$

$=㉙.5-950=2000$

$①=(2000+950)÷29.5=100$

したがって，A君がはじめに持っていたお金は，

$100×12=\underline{1200(円)}$

㊸ 食塩水1 基本

1 ア 12 イ 5 **2** 275 g

3 200 **4** ア 7 イ 2

5 5% **6** ア 7 イ 11

7 9.7%

考え方と解き方

1 $1:0.12=25:3$

右図より $2+98×\dfrac{3}{28}=12.5\%$

ア $\underline{12}$ イ $\underline{5}$

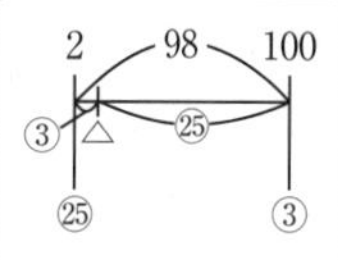

❷ $400 \times \frac{5}{100} \div \frac{16}{100} = 400 \times \frac{5}{16} = 125$
$400 - 125 = \underline{275}(g)$

❸ $(7-6) \times 600 + (8-6) \times \square$
$= (6-4) \times 500$
$600 + 2 \times \square = 1000$
$\square = (1000-600) \div 2 = \underline{200}(g)$

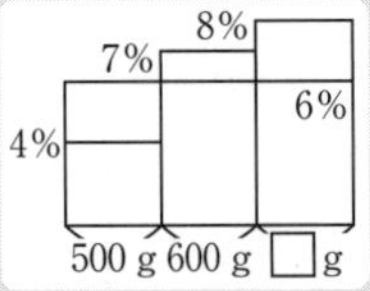

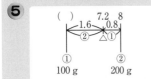

❹ $10 \times \frac{900}{1000} \times \frac{800}{1000} = 10 \times \frac{9}{10} \times \frac{4}{5} = 7.2(\%)$
これより，ア 7 イ 2

❺
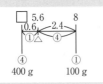
$(\ ) = 7.2 - 1.6 = 5.6$

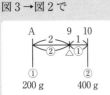
$\square = 5.6 - 0.6 = \underline{5}(\%)$

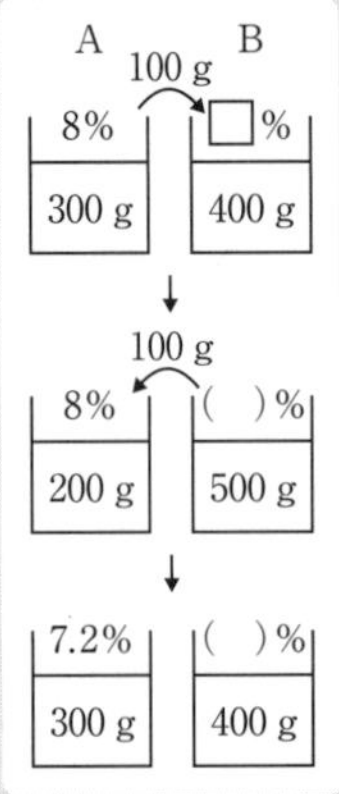

❻ 右の図で，図3→図2→図1ともどして考える。
図3→図2で

$A = 9 - 2 = \underline{7}(\%) \cdots (ア)$
図2→図1で
$B = 10 + 1 = \underline{11}(\%) \cdots (イ)$

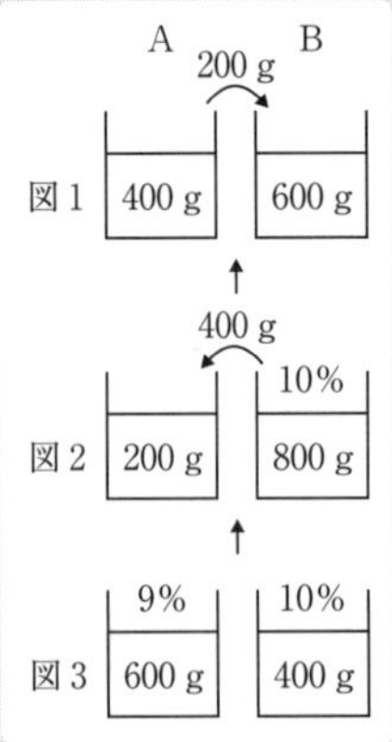

❼ B，Cそれぞれの濃さをB%，C%とする。
$20 + 100 \times B \div 100 = 20 + B = 300 \times 0.09$ より，B = 7%
$450 \times 0.082 = 36.9 g$　$250 \times 0.07 + 200 \times C \div 100 = 36.9 g$ より，
$C = \underline{9.7}(\%)$

㊹ 食塩水2　応用(1)

❶ ア 400　　イ 600
❷ (1) 46 g　(2) 3.8%　(3) 500 g

❸ (1) 2:7　　(2) ㋐ 170 g　　㋑ 120 g
❹ (1) 3:2　　(2) 12%

考え方と解き方

❶ $22 \div \frac{5.5}{100} = \underline{400}(g) \cdots (ア)$
$\frac{22+20}{400+20} \times 100 = \frac{42}{420} \times 100 = 10\% \cdots B の濃さ$
右の図より，
$\square = 400 \times \frac{3}{2} = \underline{600}(g) \cdots (イ)$

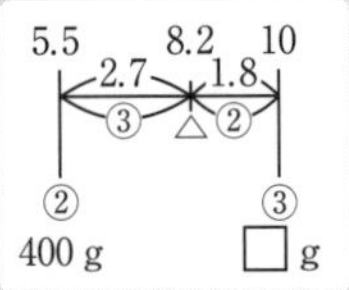

❷ (1) $812.5 \times 0.072 - 12.5 = \underline{46}(g)$
(2) B，Cから取り出した食塩水の重さを③g，②gとする。
$(5 \times 3 + 2 \times 2) \div (3+2) = \underline{3.8}(\%)$
(3) 右の図より，B，Cから取り出した食塩水の重さを③g，②gとすると，Aから取り出した食塩水の重さは⑤gであることがわかる。

$812.5 - 12.5 = 800$ より，
$700 + 900 - (③+⑤) = 800$
$⑧ = 800$，$① = 100$ より，$⑤ = \underline{500}(g)$

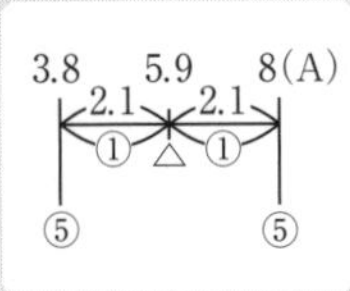

❸ (1)

図より，$\underline{2:7}$
(2) ㋐…A→2%，B→7%とすると，
$\left(200 \times \frac{2}{100} + 300 \times \frac{7}{100}\right) \div 2 = 12.5(g)$
$12.5 - 200 \times \frac{2}{100} = 8.5$
$8.5 \div \left(\frac{7}{100} - \frac{2}{100}\right) = \underline{170}(g)$
㋑…$(2 \times 2 + 7 \times 3) \div (2+3) = 5$
右の図より，
$200 \times \frac{3}{2+3} = \underline{120}(g)$

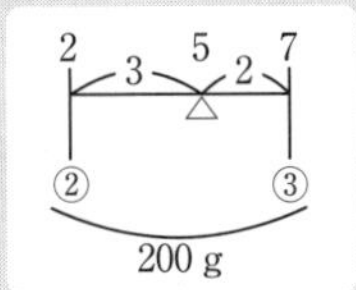

❹ (1) はじめのAとBの食塩水の重さをそれぞれ2，3とすると，右の表より，$\underline{3:2}$

	最初	作業1	作業2
A	2	1	3
B	3	4	2

(2) 濃度比が4：5になった作業2

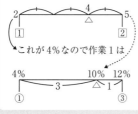

これより，<u>12%</u>

㊺ 食塩水３ 〔応用(2)〕

❶ (1) 20 (2) 20
❷ (1) 10% (2) 6 (3) 13.564%
❸ (1) $\dfrac{2}{5}$ (2) 20 g (3) 40 g (4) 24 g

考え方と解き方

❶ (1) $200 \times \dfrac{10}{100} = \underline{20}(g)$

(2)
$$\begin{array}{l} A\ 80\ g \\ B\ 20\ g \\ C\ 200\ g \end{array} \Bigg\rangle 300\ g \quad \begin{array}{l} A\ 20\ g \\ B\ 80\ g \\ C\ 200\ g \end{array} \Bigg\rangle 300\ g$$
①% (①+2)%

$300 \times \dfrac{2}{100} = 6(g)$

$\left(\begin{array}{l} A\ 20\ g \\ B\ 80\ g \end{array}\right) - \left(\begin{array}{l} A\ 80\ g \\ B\ 20\ g \end{array}\right) \Rightarrow 6\,g\ の差$

B 60 g に含まれる食塩の重さは，A 60 g に含まれる食塩の重さより 6 g 重い。

$60 \times \dfrac{10}{100} + 6 = 12$ より，$\dfrac{12}{60} \times 100 = \underline{20}(\%)$

❷ (1) $\dfrac{30}{30+270} \times 100 = \dfrac{30}{300} \times 100 = \underline{10}(\%)$

(2) ①→10%

②→$10 \times \dfrac{100}{100-20} = 10 \times \dfrac{5}{4} = \dfrac{25}{2}(\%)$

③→$\dfrac{25}{2} \times \dfrac{5}{4} = \dfrac{125}{8}$ ④→$\dfrac{125}{8} \times \dfrac{5}{4} = \dfrac{625}{32}$

⑤→$\dfrac{625}{32} \times \dfrac{5}{4} = \dfrac{3125}{128} = 24.\cdots$

⑥→$\dfrac{3125}{128} \times \dfrac{5}{4} = \dfrac{15625}{512} = 30.\cdots$ より，⑥

(3)❶
$$\begin{array}{cc} & A \\ 砂糖\ 10\ g & 10 \quad 1.8 \\ 水\ \ \ 90\ g & 72 \quad 16.2 \\ \hline 100\ g & 82\ g \quad 18\ g \end{array}$$ ×0.8 より，

❷
$$\begin{array}{cc} & A \\ 11.8 & 11.8 \quad 1.764 \\ 88.2 & 70.56 \quad 15.876 \\ \hline 100\ g & 82.36\ g \quad 17.64\ g \end{array}$$ ×0.8 より，

$\dfrac{11.8+1.764}{100} \times 100 = \underline{13.564}(\%)$

❸ (1) $\left(1-\dfrac{3}{20}\right) \times \left(1-\dfrac{9}{17}\right) = \dfrac{17}{20} \times \dfrac{8}{17} = \dfrac{2}{5}$

---

(2) はじめ容器に入っていた食塩水の重さを①g，容器の重さを△gとする。

$\dfrac{17}{20} + △ = 190$，$\dfrac{2}{5} + △ = (① + △) \times \dfrac{5}{11}$

$△ - \dfrac{5}{11} = \dfrac{5}{11} - \dfrac{2}{5} = \dfrac{6}{11} = \dfrac{3}{55}$

$△ = \dfrac{3}{55} \div \dfrac{6}{11} = \dfrac{3}{55} \times \dfrac{11}{6} = \dfrac{1}{10}$ これより，

$\dfrac{17}{20} + △ = \dfrac{17}{20} + \dfrac{1}{10} = \dfrac{19}{20} = 190$

① $= 190 \div \dfrac{19}{20} = 200$

△ $= \dfrac{1}{10} = \underline{20}(g)$

(3) $200 \times \dfrac{20}{100} = \underline{40}(g)$

(4) $200 \times \dfrac{2}{5} = 80$，$80 \times \dfrac{20}{100} = 16$

$40 - 16 = \underline{24}(g)$

㊻ 特殊算１ 〔分配算・相当算〕

❶ (1) 25 (2) 23 ❷ 78
❸ 1050 円 ❹ (1) 180 個 (2) 17.5%
❺ (1) ア 4 イ 5 (2) 36000

考え方と解き方

❶ (1) $441 - (1+2+\cdots\cdots+13)$
$= 441 - (1+13) \times 13 \times \dfrac{1}{2} = 350$
$350 \div 14 = \underline{25}(ページ)$

(2) $770 - (12+24+\cdots\cdots+108)$
$= 770 - (12+108) \times 9 \times \dfrac{1}{2} = 230$
$230 \div 10 = \underline{23}(ページ)$

❷ A＝①(冊) とすると，B＝$\dfrac{4}{5}$＋6

C＝$\left(\dfrac{4}{5}+6\right) \times \dfrac{2}{3} + 1 = \dfrac{8}{15} + 5$

これより，①＋$\left(\dfrac{4}{5}+6\right) + \left(\dfrac{8}{15}+5\right)$

$= \dfrac{35}{15} + 11 = \dfrac{7}{3} + 11 = 221$

①$= (221-11) \div \dfrac{7}{3} = 210 \times \dfrac{3}{7} = 90$

これより，$90 \times \dfrac{4}{5} + 6 = \underline{78}(冊)$

❸ 2人がもらったお金の合計を①円とする。

$\dfrac{4}{7} + 100 + \left(\dfrac{4}{7}+100\right) \times \dfrac{1}{2} = \dfrac{6}{7} + 150 = ①$

$\dfrac{1}{7} = 150$ より，①$= 150 \times 7 = \underline{1050}(円)$

❹ (1) $A+4 = B-4 = C \times 3 = D \div 3 = ①$ とすると，
$A = ① - 4$，$B = ① + 4$，$C = \dfrac{1}{3}$，$D = ③$
これより，

$\left(\text{①}-4\right)+\left(\text{①}+4\right)+\dfrac{1}{3}+\text{③}=\left(\dfrac{16}{3}\right)=320$

$\text{①}=320\div\dfrac{16}{3}=320\times\dfrac{3}{16}=60$

$\text{D}=\text{③}=60\times3=\underline{180(個)}$

(2)　$\text{A}=60-4=56$　$\dfrac{56}{320}\times100=\underline{17.5(\%)}$

5 (1)　Bの最初の所持金を1とすると，Aの当日
　　の所持金は $\dfrac{2}{3}$　$\dfrac{2}{3}\times\dfrac{3}{5}=\dfrac{2}{5}$　より，

　　$\dfrac{2}{5}\times2=\dfrac{4}{5}$　これより，**ア4　イ5**

(2)　$\left(1-\dfrac{2}{5}\right)\times\dfrac{1}{9}=\dfrac{3}{5}\times\dfrac{1}{9}=\dfrac{1}{15}$

　　$\dfrac{2}{3}\times\dfrac{2}{5}+\dfrac{1}{15}=\dfrac{5}{15}=\dfrac{1}{3}\rightarrow12000(円)$

　　$1\rightarrow12000\div\dfrac{1}{3}=\underline{36000(円)}$

㊼　特殊算2　　　　　　　[還元算]

1 45　　**2** 105　　**3** 195

4 1050　　**5** 25

6 A君…18個　　B君…36個

考え方と解き方

1 $35\div\left(1-\dfrac{8}{15}\right)=35\times\dfrac{15}{7}=75(万円)$ …長男の取
　　った残り

　　$\dfrac{3}{8}:\left(1-\dfrac{3}{8}\right)=3:5$ より

　　$75\times\dfrac{3}{5}=\underline{45(万円)}$

2 $24\div\left(1-\dfrac{1}{4}\right)=24\times\dfrac{4}{3}=32$

　　$(32+10)\div\left(1-\dfrac{2}{5}\right)=42\times\dfrac{5}{3}=70$

　　$70\div\left(1-\dfrac{1}{3}\right)=70\times\dfrac{3}{2}=\underline{105(ページ)}$

3 $(50-20)\div\left(1-\dfrac{3}{4}\right)=30\times4=120$

　　$(120+10)\div\left(1-\dfrac{1}{3}\right)=130\times\dfrac{3}{2}=\underline{195(ページ)}$

4 $(140+20)\div\left(1-\dfrac{3}{5}\right)=400$

　　$(400-50)\div\left(1-\dfrac{2}{3}\right)=350\times3=\underline{1050(円)}$

5 $2\dfrac{1}{2}\div\left(1-\dfrac{3}{5}\right)=\dfrac{5}{2}\times\dfrac{5}{2}=\dfrac{25}{4}$

　　$\dfrac{25}{4}\div\left(1-\dfrac{3}{4}\right)=\dfrac{25}{4}\times\dfrac{4}{1}=\underline{25(ℓ)}$

6 $\text{B}\times\dfrac{2}{3}=28$ より，

$\text{B}=28\times\dfrac{3}{2}=42$ ㊐

A	18	㋑ 9	㋒24	㋓12	26
B	36	㋔45	㋕30	㋖42	28

$26-42\times\dfrac{1}{3}=12$ ㋑　$\text{A}\times\dfrac{1}{2}=12$ より

$\text{A}=12\times2=24$ ㋒　$42-24\times\dfrac{1}{2}=30$ ㋓

$30\times\dfrac{3}{2}=45$ ㋔　$24-45\times\dfrac{1}{3}=9$ ㋕

$9\times2=\underline{18(個)}_{(A君)}$　$45-18\times\dfrac{1}{2}=\underline{36(個)}_{(B君)}$

㊽　特殊算3　　　[つるかめ算・差集め算]

1 (1)　25　　(2)　6　　(3)　ア　86　　イ　160

2 17　　　　**3** ア　7　　イ　21　　ウ　22

4 137個　　**5** 235人

考え方と解き方

1 (1)　$(4100-125\times29)\div(144-125)$
　　　　　$=475\div19=\underline{25(個)}$

(2)　$(7560-420\times15)\div(630-420)$
　　　$=1260\div210=\underline{6(個)}$

(3)　$(2240+960)\div(100-80)$
　　　$=3200\div20=160(個)$
　　　$960\div160=6,\ 80+6=86(円)$ より，
　　　$\underline{\text{ア}\ 86\ \ \text{イ}\ 160}$

2 $150\times70-10000=500$

$500\div(150-120)=16.\cdots\ 16+1=\underline{17(個)}$

3 $5562\div1.03=5400$

右の図より，

$5400-80\times50=1400$

$=\text{⑧⓪}+\text{⑫⓪}=\text{㉒⓪⓪}$

①$=1400\div200=7$

③$=7\times3=21$

$50-(7+21)=22$ より，

$\underline{\text{ア}\ 7\ \ \text{イ}\ 21\ \ \text{ウ}\ 22}$

4 $(23+9)\div(10-8)=16(人)$ より，
$8\times16+9=\underline{137(個)}$

5 すべての部屋に5人ずつ泊まると3部屋あまる
ことから，ちょうど泊まれる場合より，$5\times3=15$
人多く泊まれる。A，B，Cが2，3，5部屋なら
$6\times2+5\times3+4\times5=47$人泊まれる。もし，5人ず
つなら $5\times(2+3+5)=50$人泊まれる。この差は，
$50-47=3$人。全体の差は $15\div3=5$倍。したがっ
て，$47\times5=\underline{235(人)}$

㊾　特殊算4　　　　　　　[平均算(1)]

1 (1)　96　　(2)　58　　(3)　95

2 ア　148　　イ　8　　**3** 820円

4 74点　　　　**5** 62点

1 (1) $(72+3)×8−72×7=\underline{96}(点)$

(2) $(82−6)×4−82×3=\underline{58}(点)$

(3) $(85×8−79×5)÷3=\underline{95}(点)$

2 $147.5×2+154.6×3−152.5×4$
$=148.8(cm)$ より, ア $\underline{148}$ イ $\underline{8}$

3 右の図の計算より,
$□=1015−135×\dfrac{13}{9}$
$=1015−195$
$=\underline{820}(円)$

(男子) 1015 1150 (女子) 195 135 ⑬ △ ⑨ 9人 13人

4 右の図の計算より,
$73.2+2×\dfrac{2}{5}=\underline{74}(点)$

D・E 2 73.2 A・B・C ③ △ ② 2 3

5 $68.5×4−(80+59)=135$
$(135−11)÷2=\underline{62}(点)$

---

⑤⓪ 特殊算5 平均算(2)

1 (1) ア 84 イ 82 (2) 332

2 (1) 128 cm (2) 127.2 cm

3 (1) 72 点 (2) 95 点

4 (1) 2 点 (2) 84 点

1 (1) ア→$83×3−(76+89)=\underline{84}(点)$
イ→$(94+69+83)÷3=\underline{82}(点)$

(2) $80×16−(76+82+75+83)×3=\underline{332}(点)$

2 (1) $3:(4+5)=1:3$
右の図の計算より,
A班の身長の平均は,
$125+3=\underline{128}(cm)$

(2) $128×\dfrac{15}{16}=120(cm)$…B班の身長の平均
右の図の計算より,
C班の身長の平均は,
$124+3.2=\underline{127.2}(cm)$

3 (1) $77×(3+3)−78×5=\underline{72}(点)$

(2) $A+B=77×3−72=159(点)$
$D+E=77×3−72=159(点)$
これより, Eが最高点なら, Dが最低点であることがわかる。
しがって, Eの得点は,
$(159+31)÷2=\underline{95}(点)$

---

4 (1) $\left.\begin{array}{l}A+B+C=86×3=258\\C+D+E=77×3=231\end{array}\right\}$ より,
$(A+B+C)−(C+D+E)$
$=(A+B)−(D+E)=27$
$A=E+25$ より, $B−D=27−25=\underline{2}(点)$

(2) $B+D=158$ より,
$B=(158+2)÷2=80$ 点
$A+C=258−80=178$, $A=C+10$ より,
Cの得点は, $(178−10)÷2=\underline{84}(点)$

(51) 特殊算6 消去算

1 160 **2** 944

3 ア 120 イ 80

4 1800 円

1 $\left.\begin{array}{l}り×3+な×4=1000\\り×5+な×3=1080\end{array}\right\}\begin{array}{l}\xrightarrow{×5}\\\xrightarrow{×3}\end{array}$
$\begin{array}{r}り×15+な×20=5000\\−)\underline{り×15+な×9=3240}\\な×11=1760\end{array}$

これより, なし1この値段は,
$1760÷11=\underline{160}(円)$

2 $\left.\begin{array}{l}赤+青=28\\青+白=46\\赤+白=44\end{array}\right\}$ より, $\begin{array}{l}赤+青+白=\\(28+46+44)÷2=59\end{array}$
$赤=59−46=13$
$青=28−13=15$
$白=46−15=31$
$(31−15)×59=\underline{944}$

3 $\left.\begin{array}{l}大×12+小×8=2080\\大×8+小×12=1920\end{array}\right\}$ より,
$大+小=(2080+1920)÷20=200$
$大−小=(2080−1920)÷4=40$
これより, $大=(200+40)÷2=120(円)$
$小=120−40=80(円)$
$\underline{ア\ 120\quad イ\ 80}$

4 入場料の比は, 大人:小学生$=1.5:1=3:2$
1人あたりのバス代は, $9+15=24$ 人と $10+20$
$=30$ 人のときの比は, $30:24=5:4$
③+⑤$=7800$ 円, ②+④$=6000$ 円から, □を20
でそろえると, ③$×4−$②$×5=$②$=7800×4−6000$
$×5=1200$ 円から, ①$=600$ 円 ③$=\underline{1800}(円)$

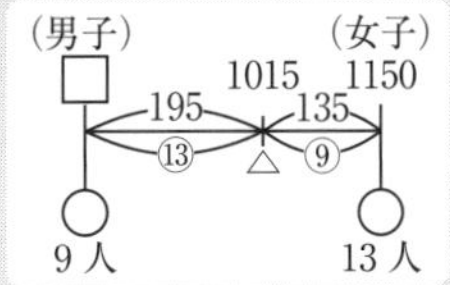

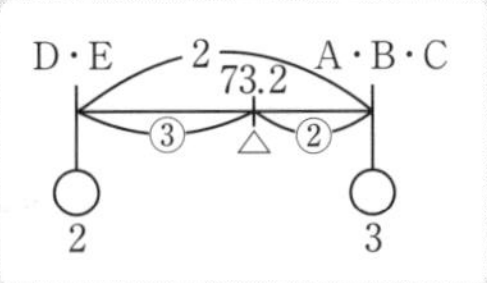

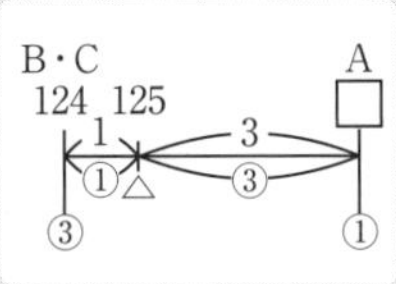

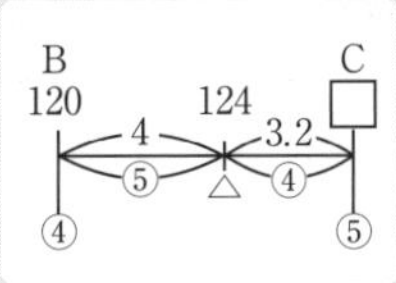

52 特殊算7 年令算・集合算

1 6才 　**2** 太郎君…12歳　妹…5歳
3 49さい　**4** 21人
5 ア　55　イ　160

考え方と解き方

1 $(3-1)\times6=12$

$(60-12)\div2=24$…3人の娘の年令の合計

$\{24-(2+4)\}\div3=\underline{6(才)}$

2 現在の太郎君の年齢を①(歳)とすると，

母の年齢は③(歳)，父の年齢は③＋3(歳)

これより，③＋3－3＝(①－3)×4

③＝④－12　①＝\underline{12(歳)}

$12\times3-3=33,\ 33\times\dfrac{1}{3}=11$

$11-(12-3)=2$…3年前の妹の年齢

これより，現在の妹の年齢は，

$2+3=\underline{5(歳)}$

3 姉＋祖母→$47\times2=94$

太郎＋父→$32\times2=64$

太郎君の年れいを①とすると，妹→①＋3

祖母→⑤＋1，(①＋3)＋(⑤＋1)

$=⑥＋4=94$ より，①＝$(94-4)\div6=15$

したがって，父の年れいは，

$64-15=\underline{49(さい)}$

4 Bが好きな生徒を①人とすると，

$①.5＋①－3＋8=40$

$②.5=35,\ ①=14,\ 14\times1.5=\underline{21(人)}$

5 最も少ない場合

図1で，メ→145人
男→150人の場合

$145+150-240$

$=55(人)$

最も多い場合

図2で，メ→160人以上
男→160人の場合→160(人)

これより，\underline{ア　55　イ　160}

240人　　240人
図1　　　図2

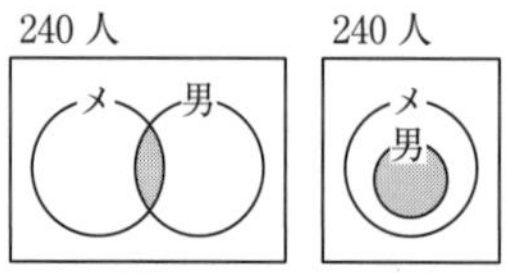

53 特殊算8 植木算・方陣算

1 87個　　**2** ア　1　イ　13　ウ　24
3 180個　　**4** (1) 54個　　(2) 271個
5 (1) 91個　　(2) 171個　　(3) 36個

考え方と解き方

1 $5\times2-3.5\times2=3,\ 10-3=7$

$10+7\times(\square-1)=612$ より，

$\square=(612-10)\div7+1=\underline{87(個)}$

2 $476\div34=14$ 本に分ける。切る回数は13回，休憩の回数は12回。

$5\times13+\dfrac{42}{60}\times12=73.4$ 分＝1時間13.4分＝1時間13分24秒

\underline{ア　1　イ　13　ウ　24}

3 $130-5\times2=120$

$160-5\times2=150$

$(120+150)\times2\div3=\underline{180(個)}$

4 (1) $(10-1)\times6=\underline{54(個)}$

(2) $1+6+12+\cdots\cdots+54$

$=1+(6+54)\times9\times\dfrac{1}{2}$

$=1+270=\underline{271(個)}$

5 (1) $(\square-1)\times3=36$

$\square=36\div3+1=13$

$(1+13)\times13\times\dfrac{1}{2}=\underline{91(個)}$

(2) はじめに①段並んでいたとすると，下3段に加えたご石の数は，

$(①+1)+(①+2)+(①+3)=③+6=60$

$①=(60-6)\div3=18$

$(1+18)\times18\times\dfrac{1}{2}=\underline{171(個)}$

(3) 1周囲むと段の数は3段ふえる。

3周→9段ふえる。これより，

$(①+1)+(①+2)+\cdots\cdots+(①+9)$

$=⑨+(1+9)\times9\times\dfrac{1}{2}=⑨+45=117$

$①=(117-45)\div9=8$

$(1+8)\times8\times\dfrac{1}{2}=\underline{36(個)}$

54 特殊算9 仕事算・のべ算(1)

1 3　　**2** 11台　　**3** 14台
4 (1) ア　4　イ　30　　(2) 36
5 (1) 16日　　(2) 10人　　(3) 10日

考え方と解き方

1 けい子さんとみち子さんの1日あたりの仕事量の比は，$\dfrac{1}{12}:\dfrac{1}{18}=3:2$

$3\times12-(3+2)\times6=6$

$6\div2=\underline{3(日)}$

2 $4500\div(5\times6)=150$

$8000\div5=1600$

1600÷150=10.…… 10+1=11(台)

3 10×12−5×8=80

80÷6=13.……13+1=14(台)

4 (1) 2時間15分=135分
1時間30分= 90分 } より,
全体の仕事量を270とすると,
270÷135=2, 270÷90=3
3−2=1 より,姉と妹の1分間あたりの仕事量は,それぞれ,2,1となる。
270÷1=270(分)より,4(時間)30(分)
ア 4 イ 30

(2) $270\times\frac{1}{9}=30$, 30÷2=15(分)
1時間59分−15分=104分
$270\times\frac{8}{9}-1\times104=136$
136÷2=68, 104−68=36(分間)

5 (1) 大×10×12=大×6×10+子×5×16
大×60=子×80 より,大人と子どもの1日あたりの仕事量の比は,
$\frac{1}{60}:\frac{1}{80}=4:3$
全体の仕事量を,4×10×12=480 とすると,
480÷(3×10)=16(日)

(2) 480−4×15×6=120
120÷4=30, 30÷3=10(人)

(3) 大人30人と子ども40人では,1日で 4×30+3×40=240 の仕事をするので,大人30人と子ども40人とロボット1台で仕事をしたのは1日とわかる。これより,
480−4×6×(9−1)=288
288−240=48…ロボット1台が1日でする仕事量
これより,
480÷48=10(日)

(55) 特殊算10 仕事算(2)

1 (1) 毎分1.5ℓ (2) 毎分4ℓ

2 (1) 69 (2) 99

3 (1) 1:4 (2) ア 60 イ 1 ウ 15

考え方と解き方

1 (1) $2.5\times5\frac{1}{5}\div3\frac{1}{4}=\frac{5}{2}\times\frac{26}{5}\times\frac{4}{13}=4$
4−2.5=1.5→毎分1.5ℓ

(2) 容器㋑にAで8分かかったとすると,
㋑の容積は,2.5×8=20(ℓ)
Aだけ入れた時間は,$8\times\frac{5}{11}=\frac{40}{11}$(分)
3本で入れた時間は,$5-\frac{40}{11}=\frac{15}{11}$(分)
$20\times\frac{6}{11}\div\frac{15}{11}=8$(ℓ) より,8−4=4
これより,毎分4ℓ

2 (1) 60秒後→春夫君が水そうに入れた水の量は,60÷15=4 より,3×4=12ℓ,夏子さんが入れた水の量は,0.5×(60−45)=7.5ℓ
(12−7.5)÷0.5=9 より,
60+9=69(秒後)

(2) 75秒後→ $3\times\frac{75}{15}+0.5\times(75-45)$
=15+15=30(ℓ)
90秒後→ $3\times\frac{90}{15}+0.5\times(90-45)$
=18+22.5=40.5(ℓ)
(45−40.5)÷0.5=9(秒) より,
90+9=99(秒後)

3 (1) 20:(100−20)=1:4

(1) A,Bから出る水の量を毎分1とすると,小さい水そう,大きい水そうの容積はそれぞれ,20,80となる。
$80\div(260-20)=\frac{1}{3}$, $1-\frac{1}{3}=\frac{2}{3}$ より,
C,Dから出る水の量は毎分$\frac{2}{3}$
これより,$20\div\left(1-\frac{2}{3}\right)=60$(分)…(ア)
$80-\left(1+\frac{2}{3}-\frac{2}{3}\right)\times60=20$
$20\div\left(2-\frac{2}{3}\right)=15$
60+15=75分 より,1(時間)15(分)
イ 1 ウ 15

(56) 特殊算11 ニュートン算

1 10 **2** ア 2 イ 8 ウ 11

3 160台分

4 (1) 9時30分 (2) 9時36分 (3) 9時8分

考え方と解き方

1 (10×30−17×15)÷(30−15)=3 より,
わき出る水の量は,毎分3ℓ
これより,井戸の水の量は,
(10−3)×30=210(ℓ)
210÷(24−3)=10(分)

2 1台のポンプがくみ出す水の量を毎分①ℓ,じゃ口から入る水の量を毎分⚠ℓとする。

$$\begin{cases} ① - \boxed{\!\!/\!\!} = 300 \div 15 = 20 \\ ② - \boxed{\!\!/\!\!} = 300 \div 6 = 50 \end{cases} \text{より,}$$

$① = 50 - 20 = 30, \quad \boxed{\!\!/\!\!} = 10$

$300 \div (30 \times 4 - 10) = 2\dfrac{8}{11}$ より,

<u>ア 2　イ 8　ウ 11</u>

3 毎日$(100 + ①)$台分のごみが出るとすると,

$(20 + ①) \times 1000 = \left(20 + ① \times \dfrac{1}{5}\right) \times 2500$

$(20 + ①) \times 2 = \left(20 + \dfrac{1}{5}\right) \times 5$

$40 + ② = 100 + ①$

$① = 60$ より, $100 + 60 = \underline{160(台分)}$

4 (1) 1つの窓口が毎分①人分の券を売るとする

と, $(③ \times 90 - ⑤ \times 18) \div (90 - 18) = \dfrac{5}{2}$ より,

入場券を買いにくる客は, 毎分$\dfrac{5}{2}$人

はじめの行列は, $\left(③ - \dfrac{5}{2}\right) \times 90 = ㊺$人

これより, $45 \div \left(4 - \dfrac{5}{2}\right) = 30(分)$

$9(時) + 30(分) = \underline{9(時)30(分)}$

(2) $45 \times 2 \div \left(10 - \dfrac{5}{2} \times 3\right) = 36(分)$

$9(時) + 36(分) = \underline{9(時)36(分)}$

(3) $10 \times 15 - 45 \times 2 = 60$

$60 \div \left(\dfrac{5}{2} \times 3\right) = 8(分)$

$9(時) + 8(分) = \underline{9(時)8(分)}$

㊼ 特殊算12　いろいろな文章題

1 (1) 22 本分　(2) 34 本

2 (1) 25 本　(2) 6800 円

3 19　　**4** (1) 3　(2) 7

考え方と解き方

1 (1) $15 \div 3 = 5, \ 5 \div 3 = 1 \ \text{あまり} \ 2$

$(1 + 2) \div 3 = 1$ より,

$15 + 5 + 1 + 1 = \underline{22(本分)}$

(2) $50 \div 3 = 16 \ \text{あまり} \ 2$

$\left(\text{●印は無料でもらった} \atop \text{フィルム}\right)$

これより, $50 - 16 = \underline{34(本)}$

2 (1) $1900 \div 100 = 19$

$19 \div 4 = 4 \ \text{あまり} \ 3$

$(4 + 3) \div 4 = 1 \ \text{あまり} \ 3$

$(1 + 3) \div 4 = 1$ より,

$19 + 4 + 1 + 1 = \underline{25(本)}$

---

(2) $90 \div 4 = 22 \ \text{あまり} \ 2$

$\left(\text{●印は無料でもらった} \atop \text{ジュース}\right)$

$90 - 22 = 68$

$100 \times 68 = \underline{6800(円)}$

3 $100 - (20 + 15 + 10 + 13) = 42$

$42 - (20 - 15) = 37$

上位2名（AとB）の争いになったとする。

$37 \div 2 = 18 \ \text{あまり} \ 1$ より,

$18 + 1 = \underline{19(枚)}$

4 (1) $240 - 220 = 20 \cdots 残りの票$

候補者	A	B	C	D	E	F	計
得票数	58	48	43	38	20	13	220

上の表より, 当選確実 → A

落選確実 → E, F

未定… B, C, D の <u>3人</u>

(2) B, C, D の中で上位2名に入ればよい。

$(48 + 43 + 38 + 20) \div 3 = 49.6\cdots$

$49 + 1 - 43 = \underline{7(票)}$

㊽ 速さ1　単位・差集め

1 (1) 45　(2) 毎時 3.24 km

(3) ア 5　イ 40　(4) ア 12　イ 5

2 (1) 960　(2) 4

3 (1) 20　(2) ア 7　イ 12

4 (1) 216 km　(2) 487.2 km

考え方と解き方

1 (1) $12750 \div 17 = 750$

$750 \times 60 \div 1000 = \underline{45(km/時)}$

(2) $2.5 \times 60 \times 18 \div 3000 = 0.9$

$0.9 \times 60 \times 60 \div 1000 = \underline{3.24(km/時)}$

(3) $12(時) - 8(時)40(分) = 3(時間)20(分)$

$3\dfrac{1}{3} \times \dfrac{36}{15} = \dfrac{10}{3} \times \dfrac{36}{15} = 8 \quad 8 + 1 = 9$

$8(時)40(分) + 9(時間) = 17(時)40(分)$ より,

<u>ア 5　イ 40</u>

(4) $8.4 : 9.6 = 7 : 8 \quad \dfrac{1}{7} : \dfrac{1}{8} = 8 : 7$

$100 \times \dfrac{8 - 7}{8} = 12.5(m)$ より, <u>ア 12　イ 5</u>

2 (1) $60 \times 4 \div (80 - 60) = 12$

$80 \times 12 = \underline{960(m)}$

(2)　1(時間)30(分)−18(分)=1(時間)12(分)

$90：72=5：4 → 4：5$(速さの比) より，

$\underset{1→毎時1km}{}$

$\underline{4(km/時)}$

❸ (1)　追い越しと出会いの図を書いて考える。追い越しと出会いを重ねて考えると，電車が3分で行く距離は人の9+6=15分で行く距離と等しい。したがって，電車の速さは，

$4×\dfrac{15}{60}÷\dfrac{3}{60}=\underline{20(km/時)}$

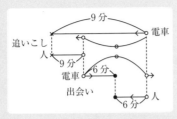

(2)　速さは，人：電車=4：20=1：5から，人が6分かかる距離を電車は6÷5=1.2(分)=1(分)12(秒)で進む。したがって，電車は6分+1分12秒=7分12秒間隔で運転している。

❹ (1)　100×1.2=120

120×0.8=96

$120×1+96×1=\underline{216(km)}$

(2)　100+20=120　　120×1=120

120×1.2=144　　144×1=144

144−20=124　　124×1=124

124×0.8=99.2　　99.2×1=99.2

$120+144+124+99.2=\underline{487.2(km)}$

---

❺❾　速さ2　　速さと比

❶ 576　　　　❷ ア 77　イ 50

❸ A君，2.8 m手前

❹ (1)　$3\dfrac{1}{3}$分後　　(2)　42分

考え方と解き方

❶ Bがトンネルに入ってから①秒後に出会ったとすると，

4×24+④=⑥，②=96，①=48

これより，$6×48×2=\underline{576(m)}$

❷ 兄と弟の歩はばの比は，$\dfrac{1}{10}：\dfrac{1}{11}=11：10$

これより，11×7：10×5=77：50より，　ア 77　イ 50

❸ 100：(100−10)=10：9 より

A→120 m

C→81×1.2=97.2 m

100−97.2=2.8 m より，

$\underline{A(君)\ 2.8\,m(手前)}$

A	B	C
10	：9	
	10	：9
100	：90	：81

---

❹ (1)

	太郎	次郎	
速比	7	：5	
時比	5	：7	2→18分
時間	45分	63分	1→9分

右の図より，

$45×\dfrac{2}{27}=\dfrac{10}{3}$

$=3\dfrac{1}{3}$(分後)

(2)　$63×\dfrac{1}{3}×2=\underline{42(分)}$

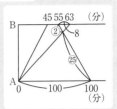

⑥⓪　速さ3　　旅人算(1)

❶ 時速4 km　　　　❷ ア 5　イ 5　ウ 7

❸ ア 11　イ 2

❹ (1)　2 km　　(2)　$2\dfrac{1}{3}$km

考え方と解き方

❶ (5−3)÷2=1(km/時)…A−B

(3−1.5)÷0.5=3(km/時)…6−B

6−B=3 より B=3，A−B=1 より，

$A=3+1=\underline{4(km/時)}$

❷ 3÷0.5=6，7−3=4

$\left(\dfrac{4}{6}−\dfrac{4}{7}\right)×60=\dfrac{2}{21}×60=\dfrac{40}{7}=5\dfrac{5}{7}$ より，

$\underline{ア\ 5\ \ イ\ 5\ \ ウ\ 7}$

❸ 毎分65 m→65×60÷1000=3.9(km/時)

$2.4÷3.9=\dfrac{8}{13}$　　24分→$\dfrac{2}{5}$時間 より，

$2.4÷\left(\dfrac{8}{13}−\dfrac{2}{5}\right)=\dfrac{12}{5}÷\dfrac{14}{65}=\dfrac{12}{5}×\dfrac{65}{14}=\dfrac{78}{7}$

=11.14…小数第2位を切り上げると，

11.14…⇒11.2(km/時) より，

$\underline{ア\ 11\ \ イ\ 2}$

❹ (1)　図でED間を太郎君は上ったのに次郎君は下ったので，10分の差が生じた。上り：下りの速さの比は4：6から，同じ距離を行く時間の比は上り：下り=3：2となる。3−2=1が10分から，3は0.5時間。ゆえにED間は4×0.5=$\underline{2(km)}$

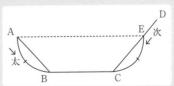

(2)　次郎君がCに着くまでに，太郎君はAB+2 km移動している。次郎君が2 km下るのにかかる時間は2÷6=$\dfrac{1}{3}$時間。太郎君はBから$\dfrac{1}{3}$

155

時間歩いたということなので，ここからの出会いになるので，出会った地点は $\frac{5}{3}+\left(3-\frac{5}{3}\right)$

$\div 2=2\frac{1}{3}$（km）

⑥ 速さ4　

1 (1) 7.5 km　(2) 12 km　(3) 1.56 時間後

2 (1) 180 分　(2) 54 分

3 (1) 6 分　(2) 12 周

考え方と解き方

1 (1) $(5+4)\times\frac{100}{60}=9\times\frac{5}{3}=15$

$15\div2=\underline{7.5\text{（km）}}$

(2) $20\times\frac{2}{4}=10$　$10-2=8$

$8\div2=4$　$4\div4=1$

$(20+4)\times1\div2=\underline{12\text{（km）}}$

(3) 右の図より，

$20\times\frac{3}{2}-12\times2$

$=6$

$7.5-6$

$=1.5$

$1.5\div(20+5)$

$=0.06$

$1.5+0.06$

$=\underline{1.56\text{（時間後）}}$

2 (1) $\frac{1}{4+2}:\frac{1}{3+2}=5:6$　$1\to12$ 分 より，

$12\times5=60$（分）

…太郎君と三郎君が出会うまでの時間

$24\div1=24$（km/時）…太郎君と三郎君の速さの和

$24\times\frac{2}{4+2}=8$（km/時）…三郎君の速さ

$24\div8=3$ 時間 $=\underline{180\text{（分）}}$

(2) (1)より，太郎君，次郎君の速さはそれぞれ，

16 km/時，12 km/時

次郎君と三郎君が2回目に出会うのは

$24\div(12+8)\times3=\frac{18}{5}$（時間後）

その場所まで太郎君がかかる時間は

$\frac{18}{5}\times\frac{3}{4}=\frac{27}{10}$（時間）

$\frac{18}{5}-\frac{27}{10}=\frac{9}{10}$（時間）$=\underline{54\text{（分）}}$

3 (1) $B\times\left(4-2\frac{2}{5}\right)=C\times2\frac{2}{5}$ より，

Bが $1\frac{3}{5}$ 分かかる道のりをCは $2\frac{2}{5}$ 分で進む

ことがわかる。$\frac{8}{5}:\frac{12}{5}=2:3$

$4\times\frac{3}{2}=\underline{6\text{（分）}}$

(2) A, B, Cの3人がスタート地点を通過する時間は右のようになる。

| A 7, 14, ㉑, 28, …………… |
| B 5, 9, 13, 17, ㉑, … |
| C 11, 17, 23, …………… |
| （分） |

AとBが同時にスタート地点を通過するのは，$\underset{28}{21},\ \underset{28}{49},\ 77$……（分）

$77=11+6\times11,\ 11+1=12$

これより，$\underline{12\text{周}}$

⑥ 速さ5　

1 13　　**2** 時速216 km

3 時速90 km

4 (1) 1600 m　(2) 15300 m

5 (1) （2時）$46\frac{2}{13}$分　(2) （2時）40分

考え方と解き方

1 $64.8\times1000\div60\div60=18$（m/秒）

$240\div60=4$（m/秒）

$182\div(18-4)=\underline{13\text{（秒）}}$

2 $(400+240)\div8=80$（m/秒）…A＋B

$(400+240)\div16=40$（m/秒）…A－B より，

列車Aの速さは，$(80+40)\div2=60$（m/秒）

これより，$60\times60\times60\div1000=\underline{216\text{（km/時）}}$

3 下り列車，上り列車がA君の前を通過する時間の比は $200:300=2:3$

$4\div(3-2)\times2=8$（秒）より，

$200\div8=25$（m/秒）　これより，$\underline{90\text{（km/時）}}$

4 (1) $(840+560)\times1\frac{12}{60}=1680$（m）

$1680+60-140=\underline{1600\text{（m）}}$

(2) $1600\div(720-560)=10$

$840\times10+720\times10-(60+240)$

$=8400+7200-300=\underline{15300\text{（m）}}$

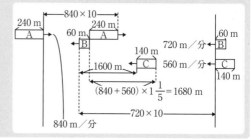

⑤ (1) 2時①分に長針と短針が6時の目盛をはさんで左右対称になるとすると,

⑥－180＝120－⓪.5

⑥.5＝300 より,

$① = \dfrac{300}{6.5} = \dfrac{600}{13}$

$= 46\dfrac{2}{13}$ より,

$2時46\dfrac{2}{13}分$

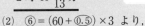

(2) ⑥＝(60＋⓪.5)×3 より,

⑥＝180＋①.5, ④.5＝180, ①＝40 より,

2(時)40(分)

---

⑥③ 速さ6　　　流水算(1)

❶ 毎時 6 km

❷ (1) 13.5 km　　(2) 11時5分24秒

　　(3) 40 m

考え方と解き方

❶ 32÷(20＋12)＝1

18÷1＝18(km/時)…Aの下りの速さ

これより, 18－12＝6(km/時)

❷ (1) $32.4 \div \{(7.2＋1.2)＋(7.2－1.2)\} = \dfrac{9}{4}$

$(7.2－1.2) \times \dfrac{9}{4} = 13.5(km)$

(2) 8.4×1000÷60＝140(m/分)…A下

6×1000÷60＝100(m/分)…B上

(48＋48)÷(140＋100)＝0.4(分)＝24(秒)

(1)より, $\dfrac{9}{4}$時間＝2時間15分

8(時)50(分)＋2(時間)15(分)24(秒)

＝11(時)5(分)24(秒)

(3) $\dfrac{9}{4}$時間＝135分

135÷8＝16 あまり 7

7－4＝3

48×2÷8＝12(m/分)

…ロボットの速さ

12×3＝36

$72 \div (140＋100－12 \times 2) = \dfrac{1}{3}(分)$

$36＋12 \times \dfrac{1}{3} = 40(m)$

---

⑥④ 速さ7　　　流水算(2)

❶ (1) 毎秒9 m　　(2) 5往復

❷ (1) 3倍　　(2) $1\dfrac{1}{3}$倍

　　(3) 午前8時52分

考え方と解き方

❶ (1) A下：B下＝(1200－360)：(1200＋60)

＝840：1260＝2：3

$1200 \times \dfrac{2}{3} = 800$

1200－(800＋240)＝160(m)

160÷20＝8(m/秒)…Aの下りの速さ

$8 \times \dfrac{3}{2} = 12(m/秒)$…Bの下りの速さ

これより, Bの静水での速さは,

12－3＝9(m/秒)

(2) (1)より, Aの上りの速さは,

8－3×2＝2(m/秒), Bの上りの速さは,

9－3＝6(m/秒)

1200÷8＋1200÷2＝750(秒)…Aが一往復する時間

1200÷12＋1200÷6＝300(秒)…Bが一往復する時間

750と300の最小公倍数は1500より, 1500÷300＝5(往復)

❷ (1) Aの下り1.5時間, Aの上り3時間かかるので, 下り：上りの速さの比＝2：1。

したがって, 下り：上り：静水時の速さ：流速＝2：1：(2＋1)÷2：(2－1)÷2＝2：1：1.5：0.5＝4：2：3：1　3÷1＝3(倍)となる。

(2) Bの下りは1時間12分＝$1\dfrac{1}{5}$時間

Aの上り：Bの下りの速さの比＝$1 \div 3 : 1 \div 1\dfrac{1}{5} = 2 : 5$

これらを表にすると次のようになる。

Bの静水時の速さ＝5－1＝4

	下り	上り	静水	流速
A	4	2	3	1
B	5	3	4	1

表より, 船Bの静水時の速さは船Aの$\dfrac{4}{3} = 1\dfrac{1}{3}$(倍)

(3) 上の表をもとにAの下りの速さを毎分4とすると, PQ間は4×90＝360

Bが地点Pに着いたのは360÷3＝120分より

7：12＋120分＝9：12

$10:06-9:12=54$ 分

$5 \times 54 = 270$ $360 - 270 = 90 \cdots Q$ から 90 の場所で出会った。

$90 \div 2 = 45$ 分 $7:30 + 45$ 分 $= 8:15$ $10:06 - 8:15 = 111$ 分 $\cdots A$ の同じ距離を上り下りした時間　A の上り：流速 $=2:1$ なので，かかる時間は $1:2$

したがって，$8:15$ から $111 \times \dfrac{1}{3} = 37$ 分上ったところで動かなくなった。

$8:15 + 37$ 分 $= $ <u>午前 8 時 52 分</u>

65 速さ8　いろいろな問題(1)

1 (1)　8 分　　(2)　52 km

2 (1)　55 秒後　　(2)　1 分 30 秒後

　　(3)　1 分 47 秒後

考え方と解き方

1 (1)　C 駅から D 駅までにかかる時間を□分とすると，$\square + 5 + 20 + 1 + 1 = 35$ より，
$\square = 35 - 27 = $ <u>8(分)</u>

(2)　A 駅から B 駅までにかかる時間は，$20 - 5 - 1 = 14$(分)　A 駅から D 駅まで走っている時間は，$14 + 5 + 8 = 27$(分間)　これより，A 駅から E 駅までの距離は，
$80 \times \dfrac{27}{60} + 48 \times \dfrac{20}{60} = 36 + 16 = $ <u>52(km)</u>

2 (1)　右のグラフより，三角形 BCG と三角形 EAG は相似

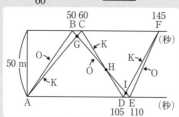

AG : GC = AE : BC = 110 : 10 = 11 : 1
これより，$60 \times \dfrac{11}{11+1} = $ <u>55(秒後)</u>

(2)　三角形 BCH と三角形 EDH の相似より，
BH : HE = BC : DE = 10 : 5 = 2 : 1
これより，$50 + (110 - 50) \times \dfrac{2}{2+1} = 90$(秒)
より，<u>1 分 30 秒後</u>

(3)　三角形 DEI と三角形 FBI の相似より，
DI : IF = DE : BF = 5 : 95 = 1 : 19　これより，
$105 + (145 - 105) \times \dfrac{1}{19+1} = 107$(秒)
より，<u>1 分 47 秒後</u>

66 速さ9　いろいろな問題(2)

1 (1)　24 分後　　(2)　8 分 20 秒後

　　(3)　$366\dfrac{2}{3}$ m

2 (1)　ア　D　　イ　E

　　(2)　ウ　C　　エ　D　　オ　7　　カ　15

　　　　キ　8　　ク　35

　　(3)　ケ　14　　コ　37

考え方と解き方

1 (1)　信号 1, 3 …はじまりの時間が偶数分のとき赤

信号 2, 4 …はじまりの時間が奇数分のとき赤

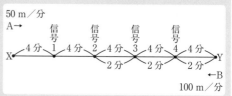

A 君が信号 1 〜 4 に着くまでにかかった時間を調べると，信号 1 …4 (分)〈1 分停止〉

信号 2 …$4 + 1 + 4 = 9$ (分)〈1 分停止〉

信号 3 …$9 + 1 + 4 = 14$ (分)〈1 分停止〉

信号 4 …$14 + 1 + 4 = 19$ (分)〈1 分停止〉

Y …$19 + 1 + 4 = $ <u>24 (分後)</u>

(2)　B 君が信号 4 〜 1 に着くまでにかかった時間を調べると，信号 4 …2 分(通過)　信号 3 …$2 + 2 = 4$ (分)〈1 分停止〉　信号 2 …$4 + 1 + 2 = 7$ (分)〈1 分停止〉

これより，$7 + 1 = 8$(分後) の A 君，B 君の位置を調べると，A 君…信号 1 から 3 分間進んだ位置　B 君…信号 2 の位置
$(200 - 50 \times 3) \div (50 + 100)$
$= \dfrac{1}{3}$(分) $= 20$(秒) より，<u>8 分 20 秒後</u>

(3)　$200 + 150 + 50 \times \dfrac{1}{3} = 366\dfrac{2}{3}$(m)

2 (1)　右の表より，
<u>ア D　イ E</u>

駅	列車 X	駅	列車 Y
D	10:50	E	10:35
E	11:30	D	11:15

(2)　列車 X が 50 分遅れたとすると，右の表より，
<u>ウ C　エ D</u>

駅	列車 X	駅	列車 Y
C	10:18	D	11:15
D	11:40	C	12:36
E	12:20		

右のグラフより，列車 X が 50 分遅れて出発した場合，列車 Y は，11:00

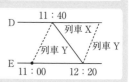

から 12：20 までに E 駅を出発すればよいことがわかる。　11：00－10：35＝0：25

12：20－10：35＝1：45 より，

25 分遅れから，1 時間 45 分遅れの間で I 駅を出発すればよい。

6：50＋0：25＝7：15，6：50＋1：45＝8：35

これより，　<u>オ 7</u>　<u>カ 15</u>　<u>キ 8</u>　<u>ク 35</u>

(3)

	列車 X	列車 Z
速比	5 ： 7	
時比	7 ： 5	

右のグラフより，

$60 \times \dfrac{5}{5+7}$

$=25$（分）

14（時）12（分）

＋25（分）

＝14（時）

37（分）より，<u>ケ 14</u>　<u>コ 37</u>

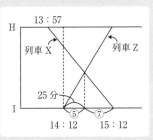

13：57
H
列車 X
列車 Z
25 分
I
⑤　⑦
14：12　15：12

67　速さ10　　いろいろな問題(3)

❶ (1)　640 秒　　(2)　18 秒　　(3)　70 秒後

❷ (1)　80 m　　(2)　20 m　　(3)　193 番

　(4)　毎秒 2.5 m

考え方と解き方

❶ (1)　$60 \div 0.5 = 120$，$10 \div 1 = 10$

　　　$120 \times 5 + 10 \times 4 = \underline{640}$（秒）

　(2)　10 分 4 秒＝604 秒

　　　$604 - 10 \times 4 \div 1 = 564$（秒）…動く歩道にかかった時間

　　　$(60 \times 5 - 0.5 \times 564) \div (1.5 - 0.5) = \underline{18}$（秒）

　(3)　右の図より，C の位置にくるまでの時間は，

　　　$60 \times 2 + 10 - 95 = 35$（m）

　　　$35 \div 0.5 = 70$（秒）…X さん

　　　$130 \div 2 = 65$（秒）…Y さん

　　　より，65 秒後に C の位置に着いた Y さんが待っていれば，70 秒後に X さんと会うことができる。これより，

　　　<u>70 秒後</u>

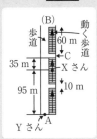

(B)
動く歩道
歩道
60 m
35 m
C
X さん
95 m
10 m
Y さん
A

❷ (1)　$2000 \div (24 + 1) = \underline{80}$（m）

　(2)　$80 \times (13 - 1) = 960$（m）

　　　$960 \times 2 \div (97 - 1) = \underline{20}$（m）

P
⑲⑥ ⑲⑤ ⑲④ ⑲③
① ⑲⑦ ⑲⑧ ⑲⑨ ⑳⑩

---

(3)　$2000 \times 2 \div 20 = 200$（個）…いすの数

　　右の図より　<u>193</u>（番）

(4)

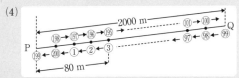

2000 m
⑲⑧ ⑲⑦ ⑲⑥ ⑲⑤　　⑩ ⑩⑩
P　⑲⑨ ⑳⑩ ① ② ③　　⑨⑦ ⑨⑧ ⑨⑨　Q
80 m

上の図より，$2080 \div 416 \times \dfrac{1}{2} = \underline{2.5}$（m／秒）

❻❽　速さとグラフ1　　旅人算とグラフ(1)

❶ (1)　解説図参照　　(2)　1 時間 17 分後

❷ (1)

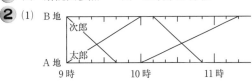

B 地
次郎
A 地　太郎
9 時　　10 時　　11 時

　(2)　3 km

考え方と解き方

❶ (1)　PQ 間は，$4 \times 1 = 4$ km　$4 \div 1 = 4$ 回で P から Q に到着するので，休憩は 3 回だった。1 時間 25 分－15 分×3＝40 分…C 君の 4 km 進むのにかかる時間。1 km 進むのに $40 \div 4 = 10$ 分かかる。これらから，図 1 ができる。

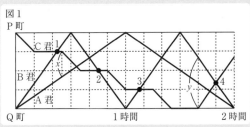

図 1
P 町
C 君　1
B 君　2　3　y　4
A 君
Q 町　　1 時間　　2 時間

　(2)　B 君と C 君が出会うのは，●1～4 まで。A 君と C 君の最初の出会いは，C 君の出発 25 分後からの出会いで計算する。図 1 の x は，出発 25 分後の A 君を考えると，$4 \times \dfrac{25}{60} = \dfrac{5}{3}$ km 進んでいるので $x = 3 - \dfrac{5}{3} = \dfrac{4}{3}$ km。したがって，$\dfrac{4}{3} \div \left(4 \div \dfrac{40}{60} + 4\right) = \dfrac{2}{15}$ 時間＝8 分　つまり，出発 $25 + 8 = 33$ 分後。

次に B 君と C 君の 4 回目を考える。●4 の手前の y を求める。ここは 1 時間 40 分後なので B が P 町を出てから 10 分後で，$8 \times \dfrac{10}{60}$

$= \dfrac{4}{3}$ km 進んでいる。したがって，$y = 4 - \dfrac{4}{3}$

$= \dfrac{8}{3}$ km となり，$\dfrac{8}{3} \div (8 + 8) = \dfrac{1}{6} = 10$ 分を

1時間40分にたして1時間50分後。したがって，1時間50分－33分＝<u>1(時間)17(分後)</u>

2 (1) 11：20－9：00＝2：20＝140(分)

140分－20分＝120(分)

$120 \times \frac{1}{3} = 40$(分)

より，<u>下のグラフ</u>

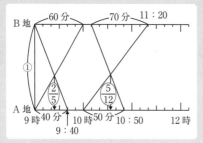

(2) AB間の距離を①mとすると，上のグラフより，1回目，2回目に出会った距離の差は

$$\frac{⑤}{12} - \frac{②}{5} = \frac{㉕}{60} - \frac{㉔}{60} = \frac{①}{60}$$

$$\frac{①}{60} = 50(m) \quad より，① = 50 \times 60 = 3000(m)$$
$$= \underline{3(km)}$$

69 速さとグラフ2 旅人算とグラフ(2)

1 (1) 9 (2) 40 **2** 21

考え方と解き方

1

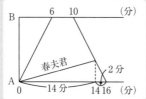

(1) $15 \div \frac{25}{60} = 36$(km/時)…バスの速さ

$36 \times \frac{5}{60} = 3$(km)

$3 \div \frac{20}{60} = \underline{9(km/時)}$

(2) $9 \times \frac{30}{60} = 4.5$(km)

$4.5 \div (36-9) \times 60 = 10$(分)

$30+10 = \underline{40(分後)}$

2 右の図より，

$3 \times \frac{14}{60} \div \frac{2}{60}$

$= 3 \times 7 = \underline{21(km/時)}$

70 速さとグラフ3 旅人算とグラフ(3)

1 (1) ア 103 イ 5 ウ 6 エ 2492

(2) ア 53 イ 5 ウ 12 エ 2032

オ 25

2 (1) 60 (2) 40 (3) 216

考え方と解き方

1 (1) 最初の5分は一定の割合で距離が縮まっているのでこの間は太郎君だけが歩いている。(565－150)÷5＝83m/分が太郎君の速さ。太郎君が次郎君の家から150mのところで次郎君が出発した。29－5＝24分間で500m差が広がったから，$83 + 500 \div 24 = \frac{623}{6}$m/分＝$103\frac{5}{6}$m/分が次郎君の速さ。24分間で学校に着いているので，$\frac{623}{6} \times 24 = 2492$mが次郎君の家から学校までの距離。

<u>ア 103 イ 5 ウ 6 エ 2492</u>

(2) 次郎君が出発するとき太郎君と次郎君の距離は150m。速さの差は$\frac{500}{24} = \frac{125}{6}$m/分から，12分後の二人の距離は$150 + \frac{125}{6} \times (12-5) = \frac{1775}{6}$m。したがって，太郎君と花子さんの速さの差は，$\frac{1775}{6} \div (22-12) = \frac{355}{12}$m/分となり，花子さんの速さは，$83 - \frac{355}{12} = 53\frac{5}{12}$m/分となる。太郎君が22分で歩く距離は，$83 \times 22 = 1826$m。花子さんが15分で歩く距離は$53\frac{5}{12} \times 15 = 801.25$mとなり，太郎君と花子さんの家の距離は$1826 - 801.25 = 1024.75$m。太郎君の家と学校の距離は$83 \times 29 + 650 = 3057$(m)。したがって，花子さんの家から学校までは$3057 - 1024.75 = 2032.25$mとなる。

<u>ア 53 イ 5 ウ 12 エ 2032 オ 25</u>

2 (1) 次のグラフより，

$30 \times \frac{120}{60} = \underline{60(km)}$

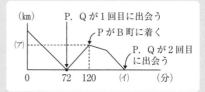

(2) $60 \div \frac{72}{60} = 50$(km/時)…PとQの速さの和

$50 \times \frac{120-72}{60} = 50 \times \frac{4}{5} = \underline{40(km)}$

(3) $72 \times 3 = \underline{216(分)}$

71 速さとグラフ4 （旅人算とグラフ(4)）

1 (1) 分速 250 m

(2)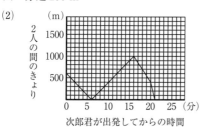

2 (1) 7分から9分　　(2) 分速60 m

(3) 15分後

考え方と解き方

1 (1) $600 \div 6 = 100$

$150 + 100 = \underline{250\,(\text{m}/\text{分})}$

(2) $1000 - 150 \times 4 = 400$

$400 \div (250 + 150) = 1$ より，

下のグラフのようになる。

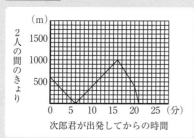

2 (1) 下のグラフより，__7分～9分__

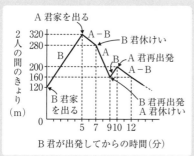

(2) $(320 - 120) \div 5 = 40\,(\text{m}/\text{分}) \cdots \text{B}$

$(320 - 280) \div (7 - 5) = 20\,(\text{m}/\text{分}) \cdots \text{A} - \text{B}$

$40 + 20 = \underline{60\,(\text{m}/\text{分})} \cdots \text{A}$

(3) $160 \div 20 = 8$，　$12 + 8 = 20$，　$20 - 5 = \underline{15\,(\text{分後})}$

72 速さとグラフ5 （流水算とグラフ(1)）

1 (1) 7　　　(2) ア 5　イ 7　ウ 5

2 (1) 1.5（1時間30分）　　(2) 毎時 1 km

(3) 4 km　　(4) 1.2 km

考え方と解き方

1 (1) $42 \div 2 = 21$，　$42 \div (3.7 - 2.5) = 35$

$(35 - 21) \div 2 = \underline{7\,(\text{km}/\text{時})}$

(2) $42 \div (11.2 - 7) = 10$，　$1.7 + 10 = 11.7$

下のグラフより5回　これより，__ア 5__

$(3.7 - 1.7) : (11.7 - 2.5) = 2 : 9.2 = 5 : 23$

下のグラフの色のついた三角形の相似より

$42 \times \dfrac{5}{5 + 23} = 7.5\,(\text{km})$

これより，__イ 7　ウ 5__

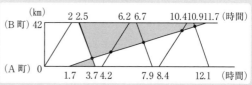

2 (1) $13.5 \div (3 + 6) = \underline{1.5\,(\text{時間})}$

(2) $6 \div 1.5 = 4$　　$4 - 3 = \underline{1\,(\text{km}/\text{時})}$

(3) $6 \div (3 - 1) = 3$，　$1.5 + 3 = 4.5$

$13.5 \div (6 - 1) = 2.7$，　$4.5 + 2.7 = 6.3$

$6.3 - 4.5 = 1.8$

$(4.5 + 1.5) - (3.6 + 1.5) = 0.9$

$1.8 : 0.9 = 2 : 1$

下のグラフの色のついた三角形の相似より，

$6 \times \dfrac{2}{2 + 1} = \underline{4\,(\text{km})}$

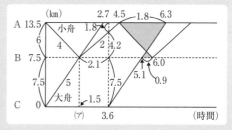

(4) $2 \times (3.6 - 1.5) = 4.2$

$7.5 + 4.2 = 11.7$

$(11.7 - 10.8) \div (5 - 2) = 0.3$

$1.8 - 2 \times 0.3 = \underline{1.2\,(\text{km})}$

73 速さとグラフ6 （流水算とグラフ(2)）

1 (1)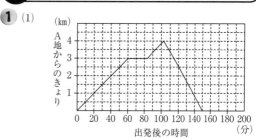

(2) 24分間以上

2 (1) 船…毎時 20 km　　川…毎時 2 km

(2) 7.7 km　(3) 100 分後

考え方と解き方

1 (1) $4 \div (4-1) = \dfrac{4}{3}$(時間)$= 80$(分)

80(分)$+ 22$(分)$= 102$(分)

$4 \div (4+1) = \dfrac{4}{5}$(時間)$= 48$(分)

$102 + 48 = 150$ より，下のグラフ

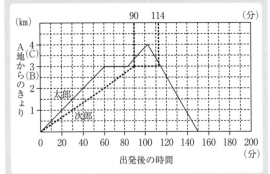

(2) $3 \div (3-1) = \dfrac{3}{2}$(時間)$= 90$(分)

$(4-3) \div 5 = \dfrac{1}{5}$(時間)$= 12$(分)

102(分)$+ 12$(分)$= 114$ 分

$114 - 90 = \underline{24}$(分間以上)

2 (1) 出発時における静水での船の速さを①km/時，川の流れの速さを△km/時 とする

$\begin{cases} ⓪.9 + \triangle = 16 \div \dfrac{48}{60} = (20 \text{ km/時}) \\ ① - \triangle = 33 \div \dfrac{110}{60} = (18 \text{ km/時}) \end{cases}$ より，

$①.9 = 38$，$① = 20$，$\triangle = 20 - 18 = 2$

これより，船…毎時 20 km　　川…毎時 2 km

(2) $20 + 2 = 22$(km/時)…KE 間の速さ

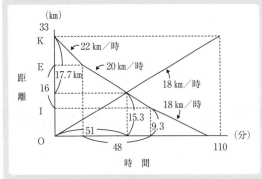

$33 - 18 \times \dfrac{51}{60} = 17.7$(km)

$\left(17.7 - 20 \times \dfrac{51}{60}\right) \div (22 - 20) = \dfrac{7}{20}$

$22 \times \dfrac{7}{20} = \underline{7.7}$(km)

(3) $33 - (7.7 + 16) = 9.3$(km)（IO）

$9.3 \div 18 \times 60 = 31$(分)

$\dfrac{7}{20} \times 60 + 48 + 31 = \underline{100}$(分後)

74 表とグラフ1　ヒストグラム・運賃

1 46.7%

2 (1) ア 420　イ 2　(2) 710

考え方と解き方

1

さいころの目	1	2	3	4	5	6	計
出た回数	5	3	6	6	4	6	30

$5 + 3 + 6 = 14$…4 未満の目が出た回数

$\dfrac{14}{30} \times 100 = 46.66\cdots$ より，$\underline{46.7\%}$

2 (1) $180.2 + 240 = 420.2$ より，

ア 420　イ 2

(2) $3810 + 4430 = 8240$(円)…太郎君

$(420.2 - 180) \div 20 = 12.\cdots$

$12 + 1 = 13$ より，

$3500 + (3810 - 3500) \times 13$

$= 3500 + 4030 = 7530$(円)…次郎君

$8240 - 7530 = \underline{710}$(円)

75 表とグラフ2　ろうそく・水深

1 (1) 10　(2) 35

2 (1) 毎秒 0.5 cm　(2) 110 秒後，30 cm

考え方と解き方

1 (1) $(16-7) \div \{(27-4)-5\} = 9 \div 18$

$= 0.5$(cm/分)…ロウソクの燃える速さ

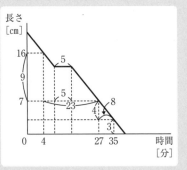

$21 - (4+5) = 12$

$0.5 \times 12 = 6$

$16 - 6 = \underline{10}$(cm)

(2) $7 - 3 = 4$

$4 \div 0.5 = 8$

$27 + 8 = \underline{35}$(分後)

❷ (1)　下のグラフより，

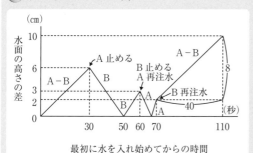

（縦軸）水面の高さの差（cm）
（横軸）最初に水を入れ始めてからの時間（秒）

グラフ中の表示：A－B，A 止める，B，B 止める A 再注水，A，B 再注水，A－B，B，A

$(3+2) \div (70-60) = \underline{0.5(\text{cm}/秒)}$

(2)　$30 \times \dfrac{8}{6} = 40$

$70 + 40 = \underline{110(秒後)}$

B → $(6+3) \div (60-30) = 0.3(\text{cm}/秒)$

110 秒間のうち，B が止まっていたのは 60 秒後から 70 秒後までの 10 秒間　これより，B の水面の高さは

$0.3 \times (110-10) = \underline{30(\text{cm})}$

76　表とグラフ3　[料金とグラフ]

❶ (1)　水の使用量と水道料金のグラフ

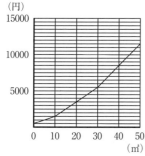

（縦軸）（円）　0, 5000, 10000, 15000
（横軸）0　10　20　30　40　50　（㎥）

(2)　37 ㎥

❷ (1)

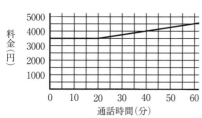

（縦軸）料金（円）　1000, 2000, 3000, 4000, 5000
（横軸）0　10　20　30　40　50　60　通話時間（分）

(2)　300 分

考え方と解き方

❶ (1)　$500 + 100 \times 10 = 1500$

$1500 + 200 \times (30-10) = 5500$

$5500 + 300 \times (50-30) = 11500$

より，右のグラフのようになる。

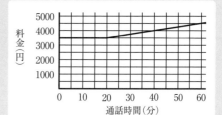

水の使用量と水道料金のグラフ
（円）　5000, 10000, 15000
0　10　20　30　40　50　（㎥）

(2)　$(7600 - 5500) \div 300 = 7$

$30 + 7 = \underline{37(㎥)}$

❷ (1)　$500 \div 25 = 20$　より，0〜20 分 →3500 円

40 分→$3500 + 25 \times (40-20) = 4000(円)$　より，下のグラフのようになる。

（縦軸）料金（円）　1000, 2000, 3000, 4000, 5000
（横軸）0　10　20　30　40　50　60　通話時間（分）

(2)　B 社→$2500 \div 20 = 125(分)$　まで 5000 円

A 社→通話時間が 125 分のとき，

$3500 + 25 \times (125-20) = 6125(円)$

$6125 - 5000 = 1125$

$(2000 - 1125) \div (25-20) = 175(分)$　より，

$125 + 175 = \underline{300(分)}$

77　点の移動1　[点の移動と速さ]

❶ (1)　200　　(2)　240

❷ (1)　30 秒後　　(2)　22.5 秒後

❸ (1)　8　　(2)　ア　36　　イ　60

考え方と解き方

❶ (1)　さるとねずみが同時に同じ場所を通るのは，

$400 \div (80-30) = 8$

$(400 + 800) \times 2 \div (80-30) = 48$　より，

8, 56, 104, 152, ㉙, …

さるとねこの場合は，$1200 \div (80-50) = 40$

$2400 \div (80-50) = 80$　より，

40, 120, ㉇200, 280, …

さると犬の場合は，1600÷(80-60)=80

2400÷(80-60)=120 より，

80, ㉇200, 320, …

以上より，4匹が同時に同じ場所を通るのは，

200(秒後)

(2) 2400÷80=30, 2400÷60=40

2400÷50=48, 2400÷30=80 より，

30, 40, 48, 80 の最小公倍数は240 より，

240(秒後)

❷ (1) 速さ比 P：Q=3：4 なので，PがAにもどったとき，QはDにいる。このとき，PとQはAD上にいることになる。

これより，30÷3×3=30(秒後)

(2) 点Pと点Rが出合うのは辺AB(BA)上である。点Pが辺BA上を動くのは，20～30，50～60，…(秒) 点Rが辺AB上を動くのは，30÷5=6，30×3÷5=18 より，

0～6，18～24，…(秒)

これより，20秒後に，点Pは辺BA上のB点に，点Rは，5×(20-18)=10 より，辺AB上の点Aから10cmの所にいる。

これより，(30-10)÷(3+5)=2.5

20+2.5=22.5(秒後)

❸ (1) PとRを直線で結び，PRとEFの交わった点をSとすると，点Sは，(2+4)÷2=3 より，図1の矢印の方向に毎秒3cmの速さで動く点である。

これより，48÷(3+3)=8(秒後)

(2) 3点P，Q，Rが一直線上に並びながら動くのは，3点が一直線上に並び，動く方向が同じ時である。36秒後に，図2の状態になり，48秒後の図3の状態になるまで，3点は一直線上に並びながら動く。さらに，48秒後から60秒後(図4)までも，3点は一直線上に並びながら動く。これより，ア36 イ60

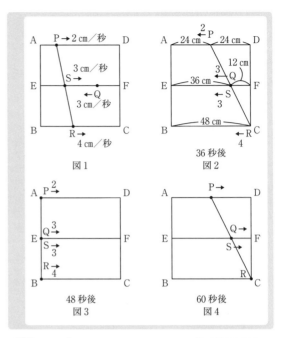

図1　図2　図3　図4

78 点の移動2　点の移動と面積

❶ (1) 42 cm²　(2) 3.4秒後

❷ (1) ア 14　イ 4　(2) ア 28　イ 8

❸ (1) 152 cm²

(2)
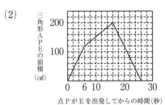

考え方と解き方

❶ (1) (3-1)×6

-10=2

(3+1)×6

-12=12

(2+12)×6

×$\frac{1}{2}$=42(cm²)

(2) 12÷(3+1)=3, 10-(3-1)×3=4 より，3秒後には次の図1の状態になる。この①秒後には図2の状態になる。直線AC, BDの交点をEとすると，三角形ABEと三角形CDEは相似となる。4:1=2×2:1×1 より，AB:CD=2:1

4-②=④×2=⑧ より，⑩=4, ①=0.4

3+0.4=3.4(秒後)

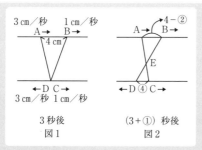

3 cm/秒　1 cm/秒
A→　B→
　　4 cm
←D C
3 cm/秒 1 cm/秒
3秒後
図1

A→　4-②
　　B→
　　　E
←D④ C
(3+①) 秒後
図2

2 (1) 8秒後はQがCに着いたときで，12秒後はPがDに着いたとき。したがって，Qの速さは48÷8＝6 cm 毎秒。Pの速さは48÷12＝4 cm 毎秒。ABQPが長方形の半分になるのは，0秒と8秒の間で1回。ABQPは台形で長方形の半分になったときには上底＋下底が96 cmの半分の48 cmになったとき。8秒後と12秒後の間を求めると，12秒後から上底＋下底が6×12－48＝24(cm)小さくなるときを求める。24÷(6＋4)＝2.4(秒後)。12＋2.4＝14.4(秒後)より，<u>ア 14　イ 4</u>

(2) 8秒後はAP＝4×8＝32 cmでこのときBQ＝48 cmだから，台形 ABQP の高さ（ABの長さ）は，768×2÷(32＋48)＝19.2(cm)。次にABQPが長方形になるときを考える。図3のようにPQの動いた距離の和が96 cmになったときが1回目。96÷(4＋6)＝9.6(秒後)で，このとき，AP＝4×9.6＝38.4(cm)なので正方形にはならない。2回目以降は，同様にPQの動いた距離の和が96 cmになるたびに長方形になる。すると，2回目はPが1回目からやはり38.4 cm動いている。このときのAP＝38.4×2－48＝28.8(cm)，3回目は38.4×3－96＝19.2 cmでABの長さと一致するので正方形になる。

図3
A→　P
38.4 cm
19.2 cm
B　　Q　C
←

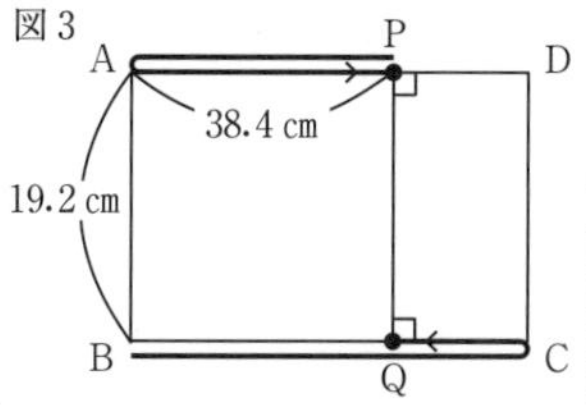

9.6×3＝28.8(秒後)より，<u>ア 28　イ 8</u>

3 (1) 20－8＝12(EC)，2×10－12＝8(CP) より，図1の斜線部分の面積になる。
(8＋20)×20×$\frac{1}{2}$－(8×20×$\frac{1}{2}$＋12×8×$\frac{1}{2}$)
＝280－(80＋48)＝<u>152(cm²)</u>

(2) 6秒後の面積は，図2より，

12×20×$\frac{1}{2}$＝120(cm²)，16秒後の面積は，

図3より，20×20×$\frac{1}{2}$＝200(cm²)

これより，図4のグラフのようになる。

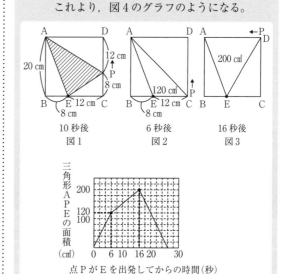

A　　D　A　　D　A　←P
20 cm　　　　12 cm　　　　D
　　　　P　　　　200 cm²
　8 cm　120 cm²
　　　P
B E 12 cm C　B E 12 cm C　B　E　C
8 cm　　8 cm
10秒後　　6秒後　　16秒後
図1　　図2　　図3

三角形APEの面積(cm²)
200
120
100
0　6　16 20　30
点PがEを出発してからの時間(秒)
図4

⑦⑨ 点の移動3　点の移動とグラフ

1 (1) ア 12　イ 8
(2) ア 11　イ 7　ウ 11

2 (1) 5秒後
(2)

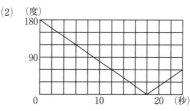

(度)
180
90
0　10　20(秒)

考え方と解き方

1 (1) 8÷2＝4(cm/秒)…P　8÷8＝1(cm/秒)…Q より，8×4÷(1＋4)×2＝12.8(秒後)より，
<u>ア 12　イ 8</u>

(2) 図1のグラフより，三角形PCDとQCDの面積の比が2度目に3：2になるのは，18秒後から20秒後の間
18＋①(秒後)の三角形PCD，QCDの面積は，それぞれ 32－⑯，8＋④，
これより，(32－⑯)：(8＋④)＝3：2
64－㉜＝24＋⑫，㊶＝40，①＝$\frac{40}{44}$＝$\frac{10}{11}$
図3より，三角形PCD，QCDの重なっている部分の面積は，三角形QCDの面積に等し

い。 これより、$8+4\times\dfrac{10}{11}=11\dfrac{7}{11}$(cm²) より、

<u>ア 11　イ 7　ウ 11</u>

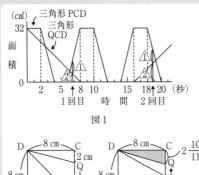

図1

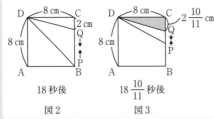

18秒後　　　18$\dfrac{10}{11}$秒後
図2　　　　　図3

2 (1)　A→$360\times\dfrac{3.14}{12\times3.14}=30$(度/秒)

B→$360\times\dfrac{3.14}{18\times3.14}=20$(度/秒)

C→$20\times2=40$(度/秒)

$(360-20\times3)\div(20+40)=\underline{5}$(秒後)

(2)　A が 2 周する時間→$360\div30\times2=24$(秒)

$180\div(30-20)=18$

$(30-20)\times(24-18)=60$(度)

より，下のグラフのようになる。

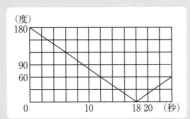

80 平面図形1 　角度・面積

1 ア 32　イ 5　　**2** 51　　**3** 105 度

4 16.5 cm²　　**5** 25　　**6** 47

考え方と解き方

1 図1で三角形 ABC で $65°+$●●$=$▲▲

また，三角形 DBC で $x+$●$=$▲

この 2 つの式を比べると，下の式は上の式を半分

にしたもので，したがって，$x=65\div2=32.5°$ よ

り，<u>ア 32　イ 5</u>

2 図2より，$\{180-(51+27)\}\div2=\underline{51}$(度)

3 図3より，$(180-30)\div2=75$

$180-75=\underline{105}$(度)

4 図4より，$7-3=4$，$(4+7)\times3\times\dfrac{1}{2}=\underline{16.5}$(cm²)

5 図5より，

$10\times10\times\dfrac{1}{2}-10\times10\times\dfrac{1}{2}\times\dfrac{1}{2}=\underline{25}$(cm²)

6 図6より，$3+4+5=12$

$12\times12\times\dfrac{1}{2}-\left(3\times3\times\dfrac{1}{2}+4\times4\times\dfrac{1}{2}+5\times5\times\dfrac{1}{2}\right)$

$=72-25=\underline{47}$(cm²)

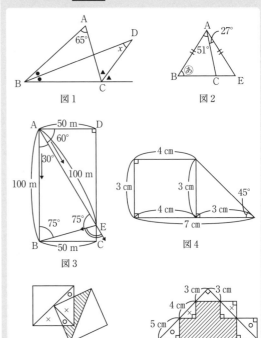

図1　　　　　図2

図3　　　　　図4

図5　　　　　図6

81 平面図形2 　円と扇形(1)

1 ア 71　イ 5　　**2** 215 cm²

3 36 cm²　　**4** ア 13　イ 76

考え方と解き方

1 図1の斜線部分の面積になる。

$10\times10-10\times10\times3.14\times\dfrac{1}{4}+10\times10\times\dfrac{1}{2}$

$=100-78.5+50=71.5$(cm²) より，

<u>ア 71　イ 5</u>

2 図2の斜線部分の面積になる。

$\left(20\times20-20\times20\times3.14\times\dfrac{1}{4}\right)\times2$

$+\left(10\times10-10\times10\times3.14\times\dfrac{1}{4}\right)\times2$

$=86\times2+21.5\times2=\underline{215}$(cm²)

3 図3より，$6\times6=\underline{36}$(cm²)

4 $\left(8\times8\times\dfrac{1}{2}-4\times4\times3.14\times\dfrac{1}{4}\times2\right)\times2$

$=(32-25.12)\times2=13.76$(cm²) より，

<u>ア 13　イ 76</u>

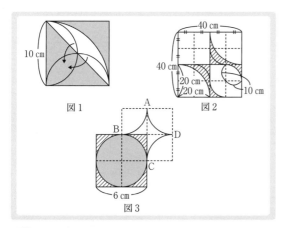

図1

図2

図3

(2) 右の図で，

$$6 \times 2 \times 3.14 \times \frac{x}{360}$$
$$= 9.42 \ \text{より,}$$
$$\frac{x}{360} = \frac{9.42}{12 \times 3.14}$$
$$= \frac{3}{12} = \frac{1}{4}$$
$$x = 360 \times \frac{1}{4} = 90 (度)$$

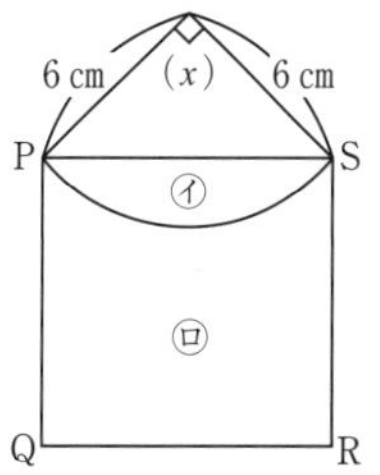

これより，㋑の面積は，

$$6 \times 6 \times 3.14 \times \frac{1}{4} - 6 \times 6 \times \frac{1}{2} = \underline{10.26} (\text{cm}^2)$$
㋺ $= 6 \times 6 \times 2 - 10.26 = \underline{61.74} (\text{cm}^2)$

---

82 平面図形3 　円と扇形(2)

1 ア 8　イ 55　**2** ア 2　イ 13

3 ア 12　イ 56

4 (1) 128 cm²　(2) ㋑ 10.26 cm²　㋺ 61.74 cm²

考え方と解き方

1 右の図より，

㋐＝㋑ のとき，

㋐＋㋒＝㋑＋㋒

$$(AE + 15) \times 15 \times \frac{1}{2}$$
$$= 15 \times 15 \times 3.14 \times \frac{1}{4}$$

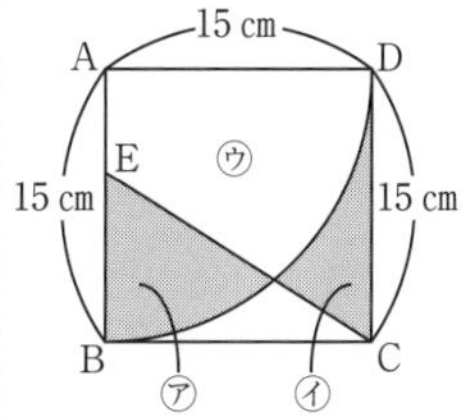

$AE + 15 = 15 \times 3.14 \times \frac{1}{2} = 23.55$

$AE = 23.55 - 15 = 8.55 (\text{cm})$ より，

<u>ア 8　イ 55</u>

2 右の図より，

A＝B のとき，

A＋C＝B＋C

$$12 \times 12 \times 3.14 \times \frac{1}{4}$$
$$= (12 + x) \times 8$$

$12 + x = 36 \times 3.14 \times \frac{1}{8}$

$= 14.13$

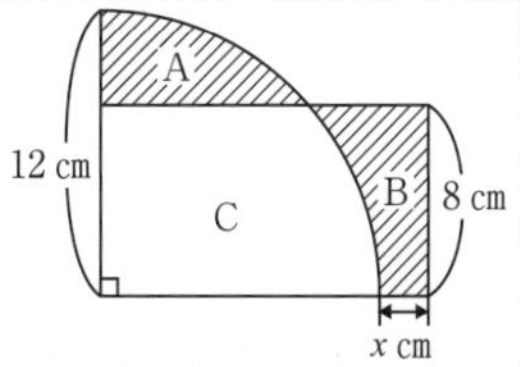

$x = 14.13 - 12 = 2.13 (\text{cm})$ より，

<u>ア 2　イ 13</u>

3 $8 \times 8 \times 3.14 \times \frac{1}{2} \times 2 = 16 \times AD$

$AD = 4 \times 3.14 = 12.56 (\text{cm})$ より，<u>ア 12　イ 56</u>

4 (1) $8 \times 8 \times 2 = \underline{128 (\text{cm}^2)}$

---

83 平面図形4 　円と扇形(3)

1 ア 18　イ 84

2 ア 26　イ 1　ウ 6

3 ア 18　イ 42

4 ア 3　イ 95　ウ 22

考え方と解き方

1 図1の斜線部分の面積になる。

$6 \times 6 \times 3.14 \times \frac{1}{6} = 18.84 (\text{cm}^2)$ より，

<u>ア 18　イ 84</u>

2 図2の斜線部分の面積になる。

$10 \times 10 \times 3.14 \times \frac{30}{360} = \frac{157}{6} = 26\frac{1}{6} (\text{cm}^2)$ より，

<u>ア 26　イ 1　ウ 6</u>

3 図3で，三角形 OAC とおうぎ形 OBC の面積
の和を求める。

$6 \times 3 \times \frac{1}{2} + 6 \times 6 \times 3.14 \times \frac{1}{12} = 9 + 9.42 = 18.42 (\text{cm}^2)$
より，<u>ア 18　イ 42</u>

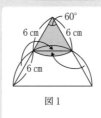

図1

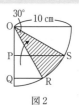

図2

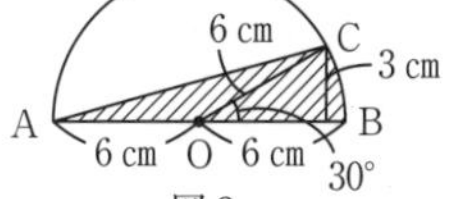

図3

❹ 右の図1の
三角形 ABE
の面積は，
$12 \times 9 \times \dfrac{1}{2}$
$= 54$（cm²）

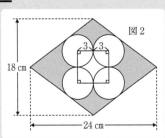
図1

円の半径を①
cm とすると，
$15 \times ① \times \dfrac{1}{2} + 12 \times ① \times \dfrac{1}{2} + 9 \times ① \times \dfrac{1}{2} = ⑱ = 54$
$① = 3$ より， <u>ア 3</u>
右の図2より，
$24 \times 18 \times \dfrac{1}{2} - 6$
$\times 6 - 3 \times 3$
$\times 3.14 \times \dfrac{3}{4} \times 4$
$= 216 - 36$
$- 84.78$
$= 95.22$（cm²）
より， <u>イ 95 ウ 22</u>

図2

⑧④ 平面図形5　円と扇形(4)

❶ (1) 解説図1　5 cm²　　(2) 31.4 cm²
❷ (1) 78.5 cm　　(2) 450 cm²
❸ (1) 2.2 cm　　(2) 64.08 cm²

考え方と解き方

❶ (1) 図1のように外側に正方形を作って一辺が
ABの直角三角形を4つかくようにすると，
この直角三角形は合同なので内側の四角形が
正方形になる。この面積は外側の正方形から
直角三角形4つを引いて，$3 \times 3 - 2 \times 1 \div 2 \times 4$
$= \underline{5（cm²）}$

(2) 円の弦の垂直二等分線は円の中心を通るの
でACとCDの垂直二等分線を引いてその交
点が中心Oになる。この円の半径はAOで
あるところ，円の面積はAO×AO×3.14で
求められる。AO×AOはAOを一辺とする
正方形の面積と同じになるので，これを一辺
とする正方形を(1)と同様な方法で作図する
（図2）。この正方形の面積は，$4 \times 4 - 1 \times 3 \div$
$2 \times 4 = 10$ cm²。よって，円の面積は 10×3.14
$= \underline{31.4（cm²）}$

図1　　　図2

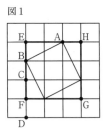
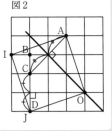

❷ (1) 右の図より，半径15 cm
の半円の弧の長さと，半
径30 cm 中心角60度のお
うぎ形の弧の長さになる。
$15 \times 2 \times 3.14 \times \dfrac{1}{2} + 30 \times 2$
$\times 3.14 \times \dfrac{1}{6} = 3.14 \times (15$
$+ 10) = 3.14 \times 25$
$= \underline{78.5（cm）}$

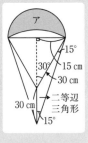

(2) 右の図より，$30 \times 15 \times \dfrac{1}{2} \times 2 = \underline{450（cm²）}$

❸ (1) 右の図より，三
角形OADは1辺
の長さが6 cmの正
三角形なのでOE
$= 5.2$ cm
$AB = EF$
$= OE - OF$
$= 5.2 - 3 = \underline{2.2（cm）}$

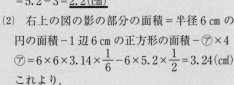

(2) 右上の図の影の部分の面積 = 半径6 cmの
円の面積 − 1辺6 cmの正方形の面積 − ⑦ × 4
$⑦ = 6 \times 6 \times 3.14 \times \dfrac{1}{6} - 6 \times 5.2 \times \dfrac{1}{2} = 3.24$（cm²）
これより，
$6 \times 6 \times 3.14 - 36 - 3.24 \times 4 = \underline{64.08（cm²）}$

⑧⑤ 平面図形6　相似と応用(1)

❶ 2 cm²　　　**❷** 96　　　**❸** 6 cm²
❹ (1) $\dfrac{3}{16}$ 倍　　(2) 12:11
❺ (1) 18 cm²　　(2) 28 cm²
❻ ア　6　イ　6　ウ　7

考え方と解き方

❶ 右の図より，
EF : FD
$=$ EC : DA
$= 3 : 6 = 1 : 2$

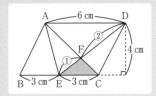

これより,
$$3 \times 4 \times \frac{1}{2} \times \frac{1}{3} = \underline{2}(\text{cm}^2)$$

2 右の図より,
$$12 \times 16 \times \frac{1}{2}$$
$$= \underline{96}(\text{cm}^2)$$

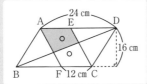

3 右の図より,AC
の真ん中の点をGと
すると,三角形AEG
と三角形GFCは合
同で,

AI : IG = AD : GE = 2 : 1 = GH : HC

これより,三角形FGHの面積は,$3 \times 2 = 6(\text{cm}^2)$
三角形AEIと三角形GFHも合同なのでイの部分
の面積は $\underline{6}(\text{cm}^2)$

4 (1) 右の図より,
$$\frac{1}{2} \times \frac{3}{8} = \frac{3}{16}(\text{倍})$$

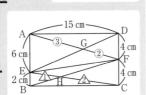

(2) $3 \times \frac{8}{11} : 2$
$= 24 : 22 = \underline{12 : 11}$

5 (1) 右の図より,
$$4 \times 15 \times \frac{1}{2}$$
$$\times \frac{3}{3+2} = \underline{18}(\text{cm}^2)$$

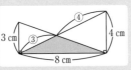

(2) $6 \times 15 \times \frac{1}{2} \times \frac{2}{5} + 4 \times 15 \times \frac{1}{2} \times \frac{1}{3}$
$= 18 + 10 = \underline{28}(\text{cm}^2)$

6 右の図より,
$$4 \times 8 \times \frac{1}{2} \times \frac{3}{3+4}$$

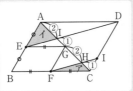

$$= 16 \times \frac{3}{7} = \frac{48}{7} = 6\frac{6}{7}\text{cm}^2$$
より,$\underline{ア 6 \quad イ 6 \quad ウ 7}$

86 平面図形7 　相似と応用(2)

1 ア 3　イ 3　　ウ 13
2 144 : 64 : 9　　**3** ア 3　イ 6
4 (1) 1.5 cm　(2) $24\frac{11}{12}\text{cm}^2$
5 (1) 224 cm²　(2) $96\frac{1}{6}\text{cm}^2$

---

1 右の図より,三
角形ABDと三角
形EBAの相似に
より,9.1 : 8.4
= 3.5 : AE

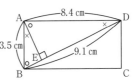

これより,$AE = \frac{7}{2} \times \frac{12}{13} = \frac{42}{13} = 3\frac{3}{13}(\text{cm})$ より,
$\underline{ア 3 \quad イ 3 \quad ウ 13}$

2 右の図より,三角
形ABF,EGF,
DGHは相似で,AB
: EG : DG = 4 : 2 ×
$\frac{4}{3}$: 1 = 12 : 8 : 3

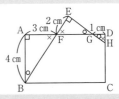

これより,三角形ABF,EFG,DGHの面積の比
は,$12 \times 12 : 8 \times 8 : 3 \times 3 = \underline{144 : 64 : 9}$

3 右の図で,AEとQF
は平行だから,
QF : AE = 1 : (1+2)
= 1 : 3
AE = GC,
CG : GF = 1 : 2 から

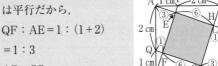

QF : FG : GC = 1 : (3×2) : 3
= 1 : 6 : 3 = SH : HE : EA
AQCS = 正方形 $\times \frac{2}{3} = 9 \times \frac{2}{3} = 6(\text{cm}^2)$
$6 \times \frac{6}{1+6+3} = 3.6(\text{cm}^2)$ より,$\underline{ア 3 \quad イ 6}$

4 (1) 右の図より,
$$DI = 3 \times \frac{3}{2}$$
$$= 4.5(\text{cm})$$
$$CI = 6 - 4.5$$
$$= \underline{1.5(\text{cm})}$$

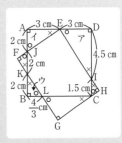

(2) 正方形ABCDの
面積から,三角形
ア,イ,ウの面積を引いて求める。
ウのBLの長さは,$2 \times \frac{2}{3} = \frac{4}{3}(\text{cm})$
これより,
$$6 \times 6 - \left(3 \times \frac{9}{2} \times \frac{1}{2} + 2 \times 3 \times \frac{1}{2} + 2 \times \frac{4}{3} \times \frac{1}{2}\right)$$
$$= 36 - \left(6\frac{3}{4} + 3 + 1\frac{1}{3}\right) = 36 - 11\frac{1}{12}$$
$$= \underline{24\frac{11}{12}}(\text{cm}^2)$$

5 (1) 右の図より，

$10 \times 20 + 6 \times 8 \times \dfrac{1}{2}$

$= \underline{224} (\text{cm}^2)$

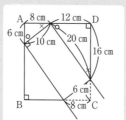

(2) 右の図より，

$8 \times 6 \times \dfrac{1}{2} \times 2 + 10$

$\times \dfrac{15}{4} \times \dfrac{1}{2} \times 2 + 4$

$\times \dfrac{8}{3} \times \dfrac{1}{2} \times 2$

$= 48 + \dfrac{75}{2} + \dfrac{32}{3}$

$= 48 + 37\dfrac{1}{2} + 10\dfrac{2}{3}$

$= \underline{96\dfrac{1}{6}} (\text{cm}^2)$

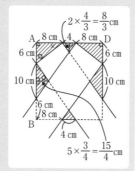

$2 \times \dfrac{4}{3} = \dfrac{8}{3}$ cm

$5 \times \dfrac{3}{4} = \dfrac{15}{4}$ cm

87 平面図形8　　　辺の比と面積

1 ア 10　　イ 8　　**2** 15

3 (1) 5：3　　(2) $\dfrac{1}{9}$ 倍　　**4** 37.5 cm²

考え方と解き方

1 $36 \times \dfrac{6}{10} \times \dfrac{4}{8} = 36 \times \dfrac{3}{5} \times \dfrac{1}{2} = 10.8 (\text{cm}^2)$ より，

　　ア 10　イ 8

2 $12 \times 5 \times \dfrac{1}{2} \times \dfrac{6.5}{13} = \underline{15} (\text{cm}^2)$

3 (1) 三角形 AFC：FBC＝5：1 から AF：FB
　　＝5：1，三角形 AEH：EFH＝3：1 から
　　AE：EF＝3：1。AF を 3：1 に分けている
　　ので AB＝6 とすると

　　$AE = 5 \times \dfrac{3}{3+1} = \dfrac{15}{4}$　$EF = 5 \times \dfrac{1}{3+1} = \dfrac{5}{4}$

　　したがって，AE：EB＝$\dfrac{15}{4}$：$\left(\dfrac{5}{4}+1\right) = \underline{5：3}$

(2) 三角形 AEG：GEH＝2：1 から，AG：GH
　　＝2：1

　　三角形 AFH＝三角形 ABC $\times \dfrac{4}{6}$　AG：GH
　　＝2：1 から，三角形 AFG＝三角形 AFH
　　$\times \dfrac{2}{3}$＝三角形 ABC $\times \dfrac{4}{6} \times \dfrac{2}{3}$＝三角形 ABC
　　$\times \dfrac{4}{9}$　また，AE：EF＝3：1 から，三角形
　　EFG＝三角形 AFG $\times \dfrac{1}{4}$＝三角形 ABC $\times \dfrac{4}{9}$
　　$\times \dfrac{1}{4}$＝三角形 ABC $\times \underline{\dfrac{1}{9}} (\text{倍})$

4 平行四辺形 ABCD の面積
　　を①cm²とすると，

　$① - \left(\left(\dfrac{1}{2}\right) \times \dfrac{4}{5} \times \dfrac{1}{6} + \left(\dfrac{1}{2}\right) \times \dfrac{4}{5} \right.$

　$\left. \times \dfrac{3}{5} \right) = \left(\dfrac{52}{75}\right) = 26$

　$① = 26 \times \dfrac{75}{52} = \underline{37.5} (\text{cm}^2)$

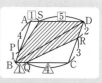

88 平面図形9　　　正六角形に関する問題

1 ア 4　　イ 5　　**2** ア 13　　イ 41

3 (1) $\dfrac{1}{12}$　　(2) 16：17：3

4 (1) 240 cm²　　(2) 360 cm²

考え方と解き方

1 右の図より，

　$1.5 \times 3 = 4.5$ cm² より，

　　ア 4　イ 5

1.5 cm²
3 cm²

2 右の図のように切り
　分ける。三角形 ABC
　の面積を $6 \times 6 = 36$ と
　すると，三角形 ADE
　は，$11 \times 8 = 88$
　よって，

　①＝88－36＝52

　②＝36×6－52＝164

　①：②＝52：164＝13：41 より，

　　ア 13　イ 41

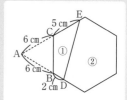

3 (1) $\dfrac{1}{6} \times \dfrac{1}{2} = \dfrac{1}{12}$

(2) 正六角形の 1 辺の長さを 6，全体の面積を
　　36 とすると，アの面積は下の図より，
　　$6 + 24 \times \dfrac{5}{12} = 16$
　　(1)より，ウの面積は $6 \times \dfrac{1}{2} = 3$
　　これより，イの面積は，
　　$36 - (16 + 3) = 17$
　　これより，ア，イ，ウ面積の比は，
　　$\underline{16：17：3}$

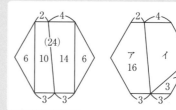

4 (1)　右の図の小さな正三角形1個の面積は，
$180 \div 9 = 20$(cm²)
$20 \times 12 =$ 240(cm²)
(2)　$240 + 20 \times 6 =$ 360(cm²)

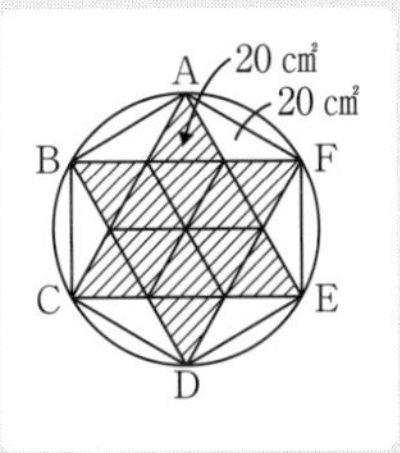

89 平面図形10　折り返し(1)

1 5.2 cm　　**2** (1)　ひし形　(2)　45 cm²
3 (1)　120 度　(2)　1：2　(3)　360 cm²

考え方と解き方

1 右の図で，三角形 CDF と三角形 FAE は相似
これより，
FE の長さは
$2 \times \frac{26}{10} = 5.2$(cm)
FE＝BE より，BE の長さは，5.2cm

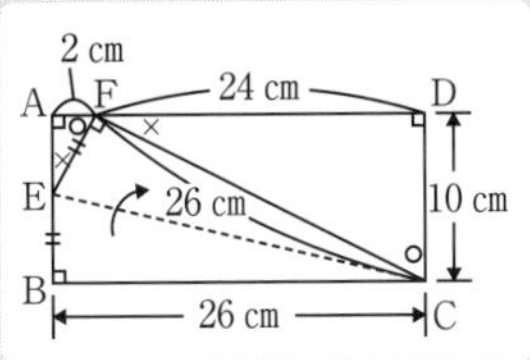

2 (1)　BF＝FD より，
ひし形
(2)　E から BC に垂直な直線 EG を引くと，三角形 BCD と三角形 EGF は相似
BC：CD＝12：6＝2：1 より GF の長さは，
$6 \times \frac{1}{2} = 3$(cm)
三角形 ABE と三角形 CDF は合同なので，
AE の長さは，$(12-3) \div 2 = 4.5$(cm)
これより，ひし形 EBFD の面積は，
$(4.5+3) \times 6 =$ 45(cm²)

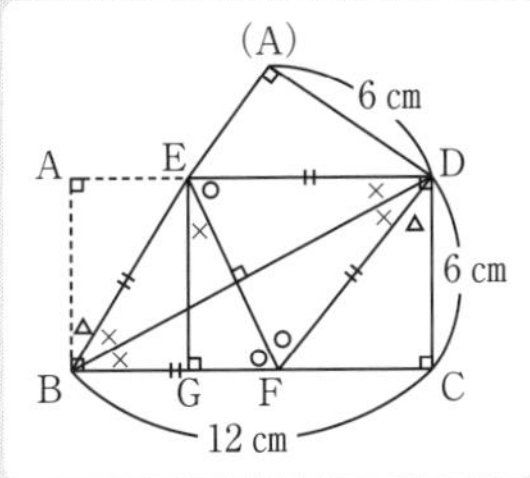

3 (1)　図1で折り返しなので EB′＝EB(D)，また，EB(D)＝EF から三角形 B(D)EF は EB(D)＝EF の二等辺三角形となり∠EB(D)F＝EFB(D)，また，折り返しから∠B′EF＝B(D)EF となり，三角形 B(D) EF は正三角形。したがって，図1の●は 60°となる。また，∠EFC′＝EFC＝㋐　EFC′＝180°−60°＝120°から，㋐＝120°
(2)　図2で，●＝60°から×＝60÷2＝30°　また，○＝90°−30°＝60°　三角形 AGE と三角形 A′GE は合同。また，60° 30° 90°の直角三角形の辺の比から AG：GE＝1：2。
また，∠GBA＝90°−60°＝30°で残りの角も 60° 90°なので三角形 ABG も AGE と合同な三角形。よって，AG：GB(D)＝1：2
(3)　三角形 A′EB も 60° 30° 90°の三角形で A′E：EB＝1：2　また，EB′＝EB(D)から A′E：EB′＝1：2　よって三角形 A′EB は長方形の$\frac{1}{3} \times \frac{1}{2} = \frac{1}{6}$また，三角形 A′EG＝三角形 AEG＝三角形 ABG から，長方形は
$20 \times 3 \times 6 =$ 360(cm²)

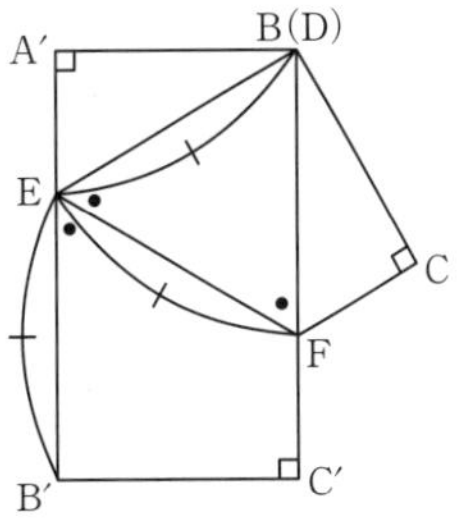

図1

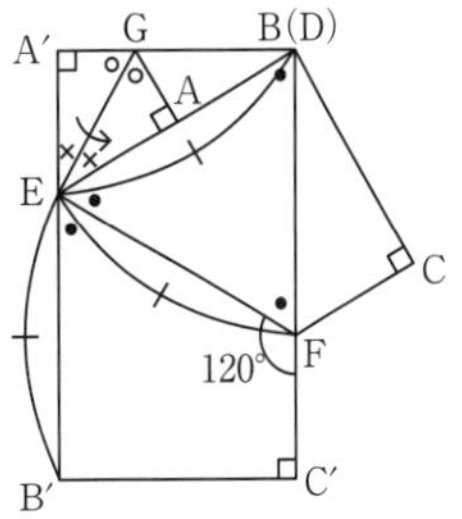

図2

90 平面図形11　折り返し(2)

1 ア　1　　イ　32
2 (1)　169　(2)　ア　15　　イ　5
3 (1)　480 cm²　(2)　10 cm　(3)　$535\frac{1}{6}(\frac{3211}{6})$cm²

考え方と解き方

1 $\frac{1}{2} \times \frac{1}{4} \times \frac{1}{4} = \frac{1}{32}$ より，ア1　イ32
2 (1)　$18 \times 18 = 324$
$324 - 246.5$
$= 77.5$
$246.5 - 77.5$
$=$ 169(cm²)
(2)　$169 = 13 \times 13$
より，
AE の長さを x cm，AH の長さを y cmとすると，$x+y=18$
$x-y=13$ より，
$x = (18+13) \div 2 = 15.5$(cm) より，
ア15　イ5

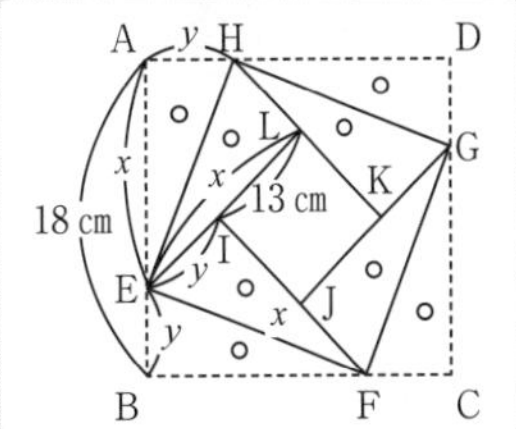

③ (1) $(34×34−196)$
$÷2=\underline{480}$(cm²)

(2) $196=14×14$
より,
図1で,
ⓘ+ⓐ=34
ⓘ−ⓐ=14
ⓐ=$(34−14)÷2=\underline{10}$(cm)

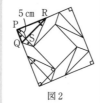
196 cm²
34 cm
14 cm
A D C B
図1

(3) (2)でⓐ=10(cm)
ⓘ=34−10=$\underline{24}$(cm)
図2の太線で囲まれた
三角形は2度目に折っ
た三角形で,一度目に
折った三角形と相似。
これを三角形PQRとすると,
PS=$10×\dfrac{1}{2}=5$(cm)
SR=$24×\dfrac{1}{2}=12$(cm)
SQ=$5×\dfrac{5}{12}=\dfrac{25}{12}$(cm)
これより,三角形PQRの面積は,
$\left(12+\dfrac{25}{12}\right)×5×\dfrac{1}{2}=\dfrac{845}{24}$(cm²)
これより,求める八角形の面積は,
$480+196−\dfrac{845}{24}×4$
$=\dfrac{676×6−845}{6}=\dfrac{3211}{6}$(cm²)$=535\dfrac{1}{6}$(cm²)

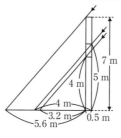
5 cm R
P
Q S
図2

91 平面図形12　影に関する問題

1 192 cm²

2 (1) 0.3 m　(2) 8.4 m　(3) 4.2 m

考え方と解き方

1 図1で三
角形PQGと三角形
CAGの相
似により,
PQ:CA
=QG:AG
=2:1
CA=8
×$\dfrac{1}{2}$=4(cm)

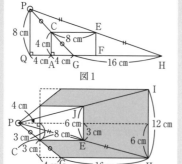
P
8 cm
C E
4 cm 8 cm
Q 4 cm A 4 cm G F 16 cm H
図1

P
4 cm
J
6 cm I
C 8 cm 3 cm 12 cm
3 cm
3 cm E 6 cm
4 cm G 16 cm H
図2

三角形PGHと三角形PCEの相似により,CE=
$16×\dfrac{1}{2}=8$ cm,図2で三角形PHIと三角形PEJ

の相似により,EJ=$12×\dfrac{1}{2}=\underline{6}$(cm)
したがって,箱の体積は,$8×6×4=\underline{192}$(cm³)

2 (1) 下の図1より,7:5.6=5:4
$5×\dfrac{4}{5}=4$, $4×\dfrac{4}{5}=3.2$
$4−(3.2+0.5)=\underline{0.3}$(m)

(2) 図2より,0.35÷0.5=0.7
⑤=0.7+④+0.5, ①=1.2, ④=4.8
4:④=4:4.8=5:6
$7×\dfrac{6}{5}=\underline{8.4}$(m)

(3) 図3より,0.15÷0.5=0.3, 7:7=1:1
$5×\dfrac{1}{1}=5$, $0.3×\dfrac{1}{1}=0.3$
$5−(0.3+0.5)=\underline{4.2}$(m)

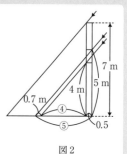
7 m 5 m 4 m
4 m
3.2 m 0.5 m
5.6 m
図1

0.7
④
⑤
7 m 5 m 4 m
0.5
図2

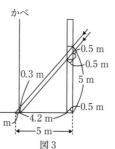
かべ
0.5 m
0.5 m
0.3 m
5 m
0.3 m 4.2 m 0.5 m
5 m
図3

92 平面図形13　図形の移動(1)

1 6.56

2 ア 37　イ 68

3 ア 12　イ 56

4 (1) 125.6 cm　(2) 974.4 cm²

5 (1) 25.875 cm²　(2) 25.12 cm

考え方と解き方

1 $4×4×3.14×\dfrac{1}{4}−3×4×\dfrac{1}{2}=12.56−6=\underline{6.56}$(cm²)

2 右の図の斜線部分の
面積になる。
$12×12×3.14×\dfrac{30}{360}$
$=12×3.14=37.68$(cm²)
より,ア37 イ68

A′
A
C′
B 30° 12 cm C

3 右の図の斜線部分の面積になる。

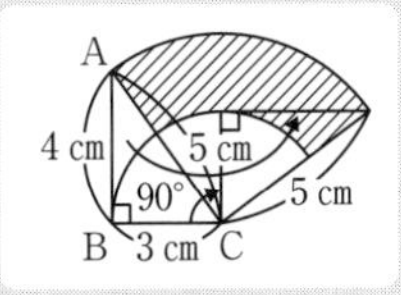

$(5\times5-3\times3)\times3.14\times\frac{1}{4}$

$=3.14\times4=12.56$(cm²)より，

ア 12　イ 56

4 (1)　右の図の太線部分の長さになる。

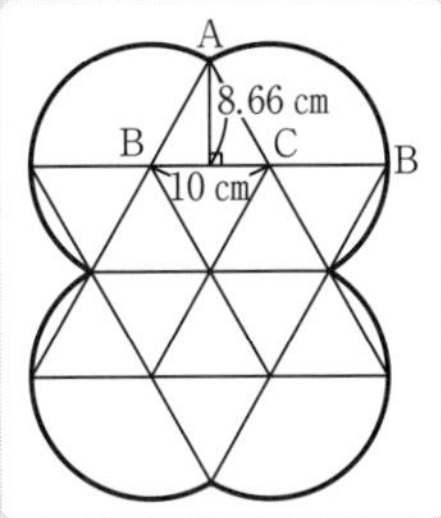

$20\times3.14\times\frac{1}{2}\times4$

$=125.6$(cm)

(2)　$10\times10\times3.14\times\frac{1}{2}$

$\times4+10\times8.66\times\frac{1}{2}$

$\times8=628+346.4$

$=974.4$(cm²)

5 (1)　右の図の斜線部分の面積になる。

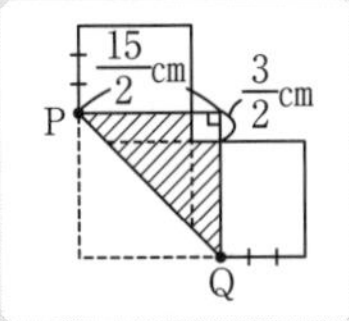

$6\times\frac{1}{4}=\frac{3}{2}$(cm)

$6+\frac{3}{2}=\frac{15}{2}$(cm)　より，

$\frac{15}{2}\times\frac{15}{2}\times\frac{1}{2}-\frac{3}{2}\times\frac{3}{2}=\frac{225}{8}-\frac{18}{8}=\frac{207}{8}$

$=25.875$(cm²)　$\left(25\frac{7}{8}\text{cm}^2\right)$

(2)　右の図の太線部分の長さになる。

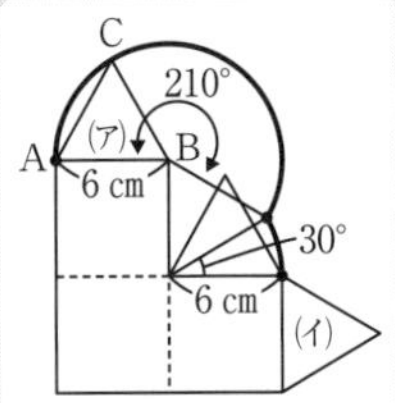

$210+30=240$(度)

$6\times2\times3.14\times\frac{240}{360}$

$=8\times3.14=25.12$(cm)

93 平面図形14　図形の移動(2)

1 (1)

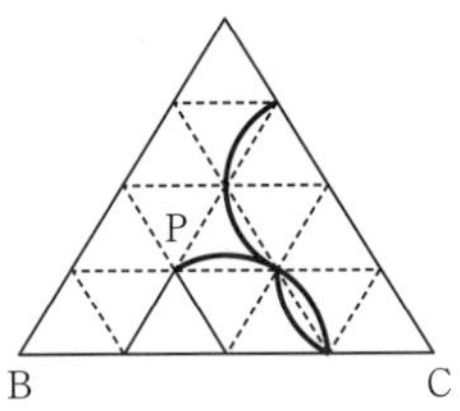

(2)　10 cm

2 (1)　ア　12　　イ　56　　(2)　36

3 34.54 cm　　**4** ア　23　　イ　55

考え方と解き方

1 (1)　右の図の太線部分の長さになる。

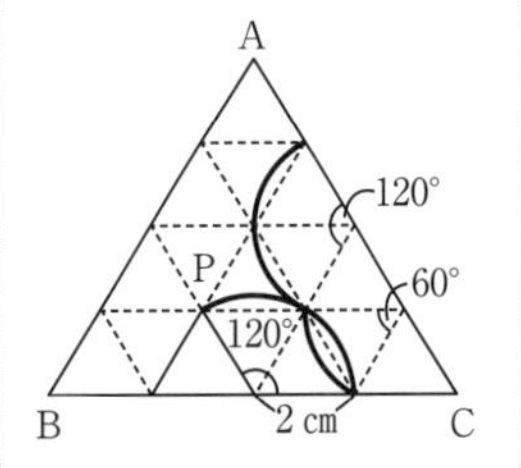

(2)　$120+60+120$

$=300$(度)

$2\times2\times3\times\frac{300}{360}$

$=10$(cm)

2 (1)　右の図の斜線部分のまわりの長さ(太線部分)になる。

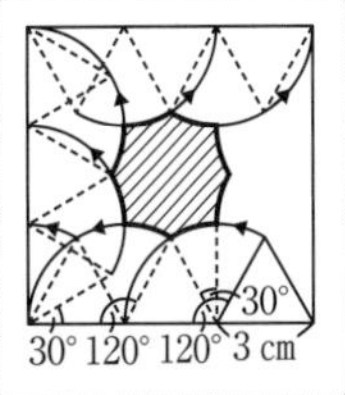

$3\times2\times3.14\times\frac{30\times8}{360}$

$=4\times3.14$

$=12.56$(cm)　より，

ア 12　イ 56

(2)　正三角形は，120 度の回転を 2 回と，30 度の回転を 1 回転してとなりの辺にうつる。これより，$(120\times2+30)\times4\div30=36$(秒後)

3 下の図の太線部分の長さになる。

半径 5 cm→45(度)＋90(度)＝135(度)

半径 4 cm→90(度)＋135(度)＝225(度)

半径 3 cm→90(度)＋45(度)＝135(度)

$10\times3.14\times\frac{3}{8}+8\times3.14\times\frac{5}{8}+6\times3.14\times\frac{3}{8}$

$=3.14\times11$

$=34.54$(cm)

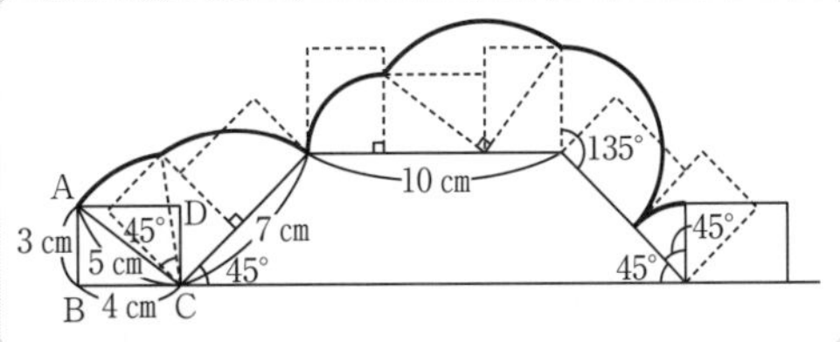

4 右の図の太線部分の長さになる。

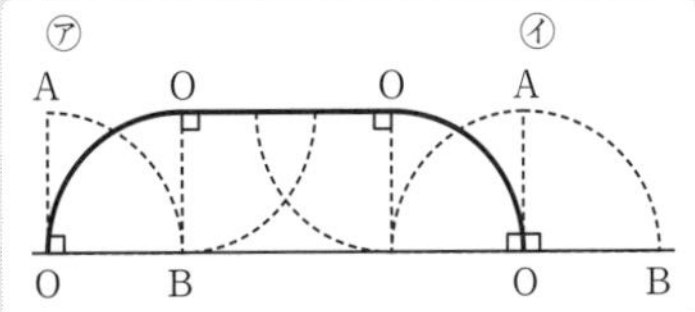

$5\times2\times3.14$

$\times\frac{1}{4}\times2+5$

$\times2\times3.14\times\frac{1}{4}=3.14\times7.5=23.55$(cm)　より，

ア 23　イ 55

94 平面図形15　図形の移動(3)

1 (1)　80

(2)　ア　5　　イ　5　　ウ　8　　エ　5

2 (1)　$1\frac{11}{12}$cm²　　(2)　$4\frac{1}{3}$秒後

3 (1) $78\dfrac{1}{8}$ cm²(78.125 cm²)   (2) 49 cm²

考え方と解き方

1 (1) 下の図1の斜線部分の面積になる。

$12:24=1:2$, $3\times7-(10+7)=4$, $4\times2=8$

$12-8=4$, $4\times\dfrac{1}{2}=2$ より,

$7\times12-4\times2\times\dfrac{1}{2}=\underline{80(\text{cm}^2)}$

(2) 重なりの部分の面積は, $7\times12\times\dfrac{1}{2}=42(\text{cm}^2)$

図2より, $42-6\times12\times\dfrac{1}{2}=6$

$6\div12=0.5$

$(10+0.5+6)\div3=5.5(秒後)\cdots(1回目)$

図3より,

$42\div12=3.5$, $12-3.5=8.5$

$(10+7+8.5)\div3=8.5(秒後)\cdots(2回目)$より,

<u>ア5 イ5 ウ8 エ5</u>

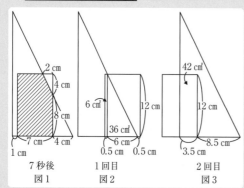

7秒後　　　1回目　　　2回目
図1　　　　図2　　　　図3

2 (1) 下の図1の斜線部分になる。

$1\times\dfrac{3}{2}=\dfrac{3}{2}$, $2-\dfrac{3}{2}=\dfrac{1}{2}$, $\dfrac{1}{2}\times\dfrac{2}{3}=\dfrac{1}{3}$ より,

$1\times2-\dfrac{1}{2}\times\dfrac{1}{3}\times\dfrac{1}{2}=1\dfrac{11}{12}(\text{cm}^2)$

(2) 図2より, 3秒後の重なりの部分の面積は,

$\dfrac{2}{3}\times2+\dfrac{4}{3}\times2\times\dfrac{1}{2}=\dfrac{8}{3}(\text{cm}^2)$

図3より, $2-\dfrac{4}{3}=\dfrac{2}{3}(\text{cm}^2)$, $\dfrac{2}{3}\div2=\dfrac{1}{3}(\text{cm})$

$3-\left(\dfrac{4}{3}+\dfrac{1}{3}\right)=\dfrac{4}{3}(\text{cm})$

$(1+2+\dfrac{4}{3})\div1=4\dfrac{1}{3}(秒後)$

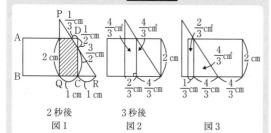

2秒後　　　3秒後
図1　　　　図2　　　　　図3

---

3 (1) 右の図のかげのつい
た部分の面積になる。

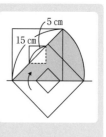

$15\times15\times3\times\dfrac{1}{8}-5\times5$

$\times\dfrac{1}{2}\times\dfrac{1}{2}=\dfrac{675}{8}-\dfrac{25}{4}$

$=\dfrac{625}{8}$

$=78\dfrac{1}{8}(\text{cm}^2)\langle78.125(\text{cm}^2)\rangle$

(2) 右の図のかげの
ついた部分の面積
になる。

$(1+1)\times6=12$

$15-12=3$

$5-3=2$ より,

$12\times12\times\dfrac{1}{2}-5\times5$

$\times\dfrac{1}{2}\times2+2\times2\times\dfrac{1}{2}=72-25+2=\underline{49(\text{cm}^2)}$

95 平面図形16 図形の移動(4)

1 (1) a 18 b 12 c 13 d 24 e 5
    (2) 27 秒後
2 (1) 16 秒   (2) 26 cm
3 (1) ア 7   イ 85   (2) 157

考え方と解き方

1 (1) 下の図1より, $c=17-4=13(\text{cm})$, $b=156$

$\div13=12(\text{cm})$

図2より, $a=22-4=18(\text{cm})$

図1と図3より, $d=41-17=24(\text{cm})$

図3より, $e=90\div18=5(\text{cm})$

以上より,

<u>a 18 b 12 c 13 d 24 e 5</u>

(2) 重なりの部分が2回目に 146 cm² になるの
は, 図4の位置にきたときで, ⑦の部分の面
積は, $18\times12-146=70(\text{cm}^2)$

$70\div(12-5)=10(\text{cm})$, $24-10=14$ より

図3 (41 秒後) の14 秒前, これより,

$41-14=\underline{27(秒後)}$

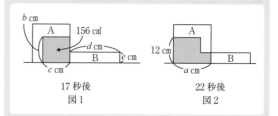

17 秒後　　　　　22 秒後
図1　　　　　　　図2

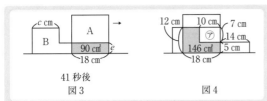

41秒後
図3　　　　　　　　　図4

2 (1)　下の図1〜図5のように動く。

$(90+60+90+80)\div20=\underline{16(秒)}$

(2)　図5の点線部分の長さになる。

$6\times2\times3\times\dfrac{1}{4}\times2+8=\underline{26(cm)}$

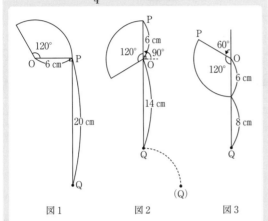

図1　　　　　図2　　　　　図3

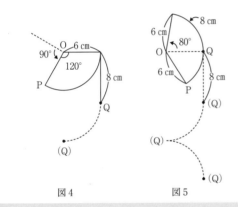

図4　　　　　　　図5

3 (1)　$15\times2\times3.14\div12=7.85(cm/秒)$　より，

　　　ア 7　イ 85

(2)　$7.85\times10\times2=\underline{157(cm)}$

---

96 平面図形17　いろいろな問題(1)

1 (1)　24 cm²　　(2)　4 cm

2 (1)　ア 1　イ 1　(2)　ア 7　イ 5

3 348 個　説明は解説参照　　**4** 630 個

考え方と解き方

1 (1)　FB＝HC なので，全体の $\dfrac{1}{2}$ になる。

$8\times6\times\dfrac{1}{2}=\underline{24(cm²)}$

(2)　四角形 EFGH の面積は H を D の方向に1

---

cm 動かすと，$1\times5\times\dfrac{1}{2}-1\times2\times\dfrac{1}{2}=1.5(cm²)$ 増加する。これより，

$(30-24)\div1.5=\underline{4(cm)}$

2 (1)　$AE:EC=2:3$ より，

三角形 AGE＝②

三角形 CGE＝③

とすると，三角形

AGB の面積は，

$(②+③)\times\dfrac{2}{1}=⑩$

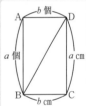

三角形 BGC の面積は $⑩\times\dfrac{3}{2}=⑮$

三角形 BGD の面積は $⑮\times\dfrac{2}{3}=⑩$ となる。

これより，

$AG:GD=⑩:⑩=1:1$ より，　ア 1　イ 1

(2)　$AF:FB=$ 三角形 AGC の面積：三角形 BGC の面積＝5：15＝1：3

これより，三角形 AFC の面積は，

$30\times\dfrac{1}{1+3}=7.5cm²$ より，　ア 7　イ 5

3 右の図のように，1辺1 cm の正方形が縦に a 個ずつ，横に b 個ずつ並んでいる長方形 ABCD を，対角線 BD で切った時，対角線によって切られる正方形の数は，$a+b-(a,$ b の最大公約数)で求められる。これより，縦64 cm，横12 cm の方眼紙の場合，対角線によって切られる正方形の数は，$64+12-4=72(個)$

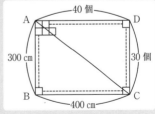

1辺が1 cm の完全な正方形は，図の三角形 ABD の中にも，三角形 BCD の中にも同数ある。これより，三角形 BCD の中にある正方形の数は，

$(64\times12-72)\div2=\underline{348(個)}$

4 $300\div10=30$

$400\div10=40$

より，右の図の長方形の中に，1辺10 cm の正方形のタイルは，

$30\times40=1200(個)$ 入っている。対角線によって切られるタイルの数は，$30+40-10=60(個)$

三角形 ABC の中にある完全なタイルの数は，$(30\times40-60)\div2=570(個)$

これに，対角線上にあるタイル60個を加えて，

$570+60=\underline{630(個)}$

1 80 cm   **2** (1) 27   (2) 64

3 (1) 20 cm   (2) 35 cm

考え方と解き方

1 $8 \times 3 + (7 + 6 + 5 + 4 + 3 + 2 + 1) \times 2 = 24 + 56$

  $= \underline{80}$(cm)

2 (1) 下の図1のように並べる。

    $20 + 4 + 3 = \underline{27}$(cm)

  (2) 図2のように，21 cm の本を両はしに並べ，同じ高さの本が並ばないようにする。

    $20 + 3 + 4 \times 5 + 7 \times 3 = \underline{64}$(cm)

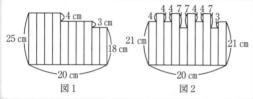

図1   図2

3 (1) $48 \times 60 \times \frac{1}{3} = 960$(cm²)　EF の長さを□cm とすると，台形 BCFE の面積は，960 cm² なので，$(\square + 60) \times 24 \times \frac{1}{2} = 960$

    $\square = 960 \div 12 - 60 = \underline{20}$(cm)

  (2) 右の図の，台形 BIGE の面積は 960 cm² なので，$(EG + BI)$ $\times 24 \times \frac{1}{2} = 960$

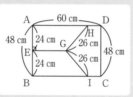

    より，EG + BI = 80(cm)

    台形 BIGE のまわりの長さは，$80 + 24 + 26 = 130$(cm)　これより，五角形 CDHGIC のまわりの長さは，$26 \times 2 + CI \times 2 + 48 = 130$(cm)

    $CI = (130 - 52 - 48) \div 2 = 15$(cm)

    $BI = 60 - 15 = 45$(cm)

    EG + BI = 80(cm) より，EG の長さは，

    $80 - 45 = \underline{35}$(cm)

1

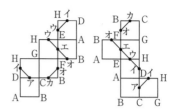

2

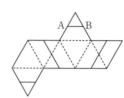

3 ア，ウ

考え方と解き方

1 右の図1，図2のようになる。

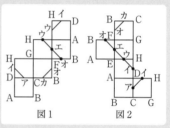

図1   図2

2 下の図1に記号をつけて考えると，図2になる。

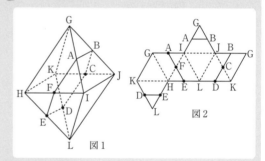

図1   図2

3 右の図のイとエは×印をつけた面が重なるので不可。これより，<u>ア，ウ</u>

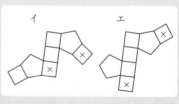

イ   エ

1 (1) A，C   (2) 1.75 cm

2 (1) 9 cm   (2) 38 cm²

3 (1) 表面積…118 cm²   体積…70 cm³

考え方と解き方

1 (1) 展開図を組み立てると右の図のような四角柱になる。Gと重なる点は，図より，<u>AとC</u>

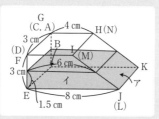

(2) $3×\dfrac{1}{2}=1.5$, $(4+8)×\dfrac{1}{2}=6$ より，

$(6+8)×\dfrac{3}{2}×\dfrac{1}{2}×3÷\left\{(4+8)×3×\dfrac{1}{2}\right\}$

$=\underline{1.75(cm)}$

2 (1) 展開図を組み立てると右の図のような立体ができる。三角形IEFと三角形IABの相似により，$IE:IA=EF:AB=2:3$

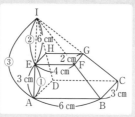

これより，もとの四角すいの高さは，$3×3=\underline{9(cm)}$

(2) $FG=4×\dfrac{3}{6}=2(cm)$

これより，この立体の体積は，

$6×3×9×\dfrac{1}{3}-4×2×6×\dfrac{1}{3}=\underline{38(cm^3)}$

3 展開図を組み立てると右の図のような立体になる。表面積は，

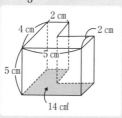

$14×2+5×(4+5)×2$
$=28+90=\underline{118(cm^2)}$
体積は，$14×5=\underline{70(cm^3)}$

---

100 立体図形3 　円すい

1 (1) ア 298　イ 3　　(2) 216

(3) ア 10　イ 8

2 ア 489　イ 84

考え方と解き方

1 (1) $5×(5+14)×3.14=95×3.14$
$=298.3cm^2$ より，<u>ア 298　イ 3</u>

(2) $360×\dfrac{9}{15}=\underline{216(度)}$

---

(3) 図3の円すいの展開図は右の図のようになる。

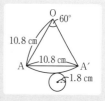

$360×\dfrac{1.8}{10.8}=60(度)$ より，三角形OAA′は正三角形になる。

よって，10.8(cm)より，<u>ア 10　イ 8</u>

2 CAを延長してPQとの交点をB′とすると，三角形ABGと三角形AB′Gは合同。したがって，AB，ACを回転させたときの表面はCB′つまり円錐を回転させたときの側面積と同じ。底面はDBとFEを回転させたものは合計で半径6cmの円。したがって，表面積は以下のようになる。

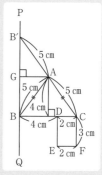

$6×10×3.14(CB′の回転)+6×6×3.14(BD+EF$の回転$)+4×2×3.14×3(DE$の回転$)+6×2×3.14×3(CF$の回転$)=(60+36+24+36)×3.14=156×3.14=489.84(cm^2)$

<u>ア 489　イ 84</u>

---

101 立体図形4 　回転体

1 (1) ア 1067　イ 6

(2) ア 1004　イ 8

(3) ア 351　イ 68　　(4) 1168.08

2 1884 cm²

考え方と解き方

1 (1) 図1の円すいになる。
$10×(10+24)×3.14=340×3.14$
$=1067.6(cm^2)$ より，<u>ア 1067　イ 6</u>

(2) 図2の立体になる。
$8×8×3.14+8×2×3.14×6+8×20×3.14$
$=3.14×(64+96+160)$
$=3.14×320=1004.8(cm^2)$ より，

<u>ア 1004　イ 8</u>

(3) 図3の立体になる。
$4×4×3.14×8-4×4×3.14×3×\dfrac{1}{3}$
$=3.14×(128-16)=3.14×112$
$=351.68(cm^2)$ より，<u>ア 351　イ 68</u>

(4)　図4の立体になる。

$9 \times 9 \times 3.14 \times 12 \times \dfrac{1}{3} - 6 \times 6 \times 3.14 \times 8 \times \dfrac{1}{3}$

$\qquad + 6 \times 6 \times 3.14 \times 4$

$\quad = 3.14 \times (324 - 96 + 144)$

$\quad = 3.14 \times 372 = \underline{1168.08} (\text{cm}^3)$

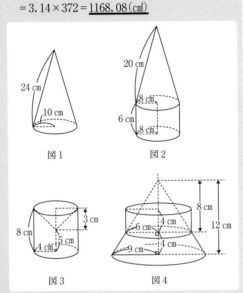

図1　　図2

図3　　図4

2 右の図で，三角形 EBF を直線 ℓ を軸にして折り返すと五角形 AEFCD の中に完全にふくまれるから，五角形 AEFCD を1回転した立体で考える。

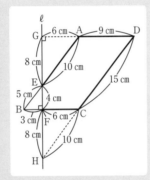

AD が1回転→ $15 \times 15 \times 3.14 - 6 \times 6 \times 3.14$

AE が1回転→ $6 \times 10 \times 3.14$

FC が1回転→ $6 \times 6 \times 3.14$

CD が1回転→ $15 \times 25 \times 3.14 - 6 \times 10 \times 3.14$

これらを合計すると，

$(225 - 36 + 60 + 36 + 375 - 60) \times 3.14$

$\quad = 600 \times 3.14 = \underline{1884} (\text{cm}^3)$

102　立体図形5　積み上げ

1 (1)　6000 cm³　　(2)　9個

2 (1)　286　　(2)　9406

考え方と解き方

1 (1)　$10 \times 10 = 100$

$\qquad \{5 \times 3 + (1 + 3 + 5) + (1 + 2 + 3)\} \times 2 = 60$

$\qquad 100 \times 60 = \underline{6000} (\text{cm}^3)$

(2)　右の図の斜線部分の立体の数になる。

$\qquad 4 + 5 = \underline{9} (\text{個})$

2段目　　3段目

2 (1)　$1 + 3 \times 3 + 5 \times 5 + 7 \times 7 + 9 \times 9 + 11 \times 11$

$\quad = 1 + 9 + 25 + 49 + 81 + 121 = \underline{286} (\text{個})$

(2)　$\{(5 \times 4) \times (13 \times 13) + (3 \times 4) \times (1 + 3 + 5 + 7$

$\quad + 9 + 11 + 13) + (3 \times 5) \times (1 + 3 + 5 + 7 + 9 + 11$

$\quad + 13)\} \times 2 = (20 \times 169 + 12 \times 49 + 15 \times 49) \times 2$

$\quad = (3380 + 27 \times 49) \times 2 = \underline{9406} (\text{cm}^3)$

103　立体図形6　投影図

1 ア　7　　イ　68

2 (1)
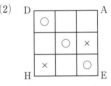

(2)

考え方と解き方

1 $6 \times 2.4 \times \dfrac{1}{2} \times 3.2 \times \dfrac{1}{3} = 7.68 (\text{cm}^3)$ より，

　<u>ア7　イ68</u>

2 (1)　「正面から見た図」より，右の図のア，エ，キ，イ，オ，クは透明な立方体である。「右から見た図」より，エ，オ，カ，キ，ク，ケは透明な立方体である。これより，ウが青い立方体であることがわかる。(図4)

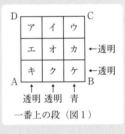

一番上の段（図1）

(2)　(1)と同じように，真ん中の段，下の段を調べる。右の図2より，コ，サ，シ，ソ，ツは透明な立体である。「正面から見た図」「右から見た図」より，セが青い立方体，タが赤い立方体であることがわかる。これより，チは透明な立方体である。スは，青

まん中の段（図2）

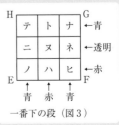

一番下の段（図3）

か透明であるが，下の段（図3）で，「右から見た図」より，ニ，ヌ，ネは透明な立方体なので，スは青い立方体である。図3より，ナは青い立方体で，ヒは透明な立方体，ハは赤い立方体であることも確定する。

後は，ト，テ，ノであるが，「上から見た図」より，テは透明な立方体であることがわかる。これより，ノは青い立方体であることがわかる。図1，図2より，イ，サは透明な立方体であるから，「上から見た図」より，トは赤い立方体である。以上より，一番上の段，真ん中の段，一番下の段は，下の図4，図5，図6のようになり，左から見た図は，図7のようになる。

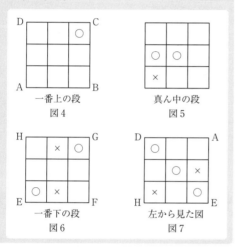

一番上の段　　　　真ん中の段
図4　　　　　　　　図5

一番下の段　　　　左から見た図
図6　　　　　　　　図7

$$BK = 6 \times \frac{3}{9} = 2 \text{ cm} \quad AB = 12 - 2 = \underline{10}\text{(cm)}$$

(2) MK : ML = 3 : 9 = 1 : 3 から，

$$MK : KL = 1 : 2 \quad MK = 12 \times \frac{1}{2} = 6 \text{ cm}$$

よって体積は，$6 \times 9 \div 2 \times (6+12) \times \frac{1}{3}$

$$\div 2 \times 6 \times \frac{1}{3} = 162 - 6 = \underline{156}\text{(cm}^3\text{)}$$

② (1) 下の図1より，

$$(2+3) \times 6 \times \frac{1}{2} \times 6 = \underline{90}\text{(cm}^3\text{)}$$

(2) 図2のようになる。

(3) 図3で，DLの長さを○cmとすると，

$$AI + DL = 3 + ○ = 6 \times 2 \times \frac{7}{7+9} = 5\frac{1}{4}$$

$$○ = 5\frac{1}{4} - 3 = 2\underline{\frac{1}{4}}\text{(cm)}$$

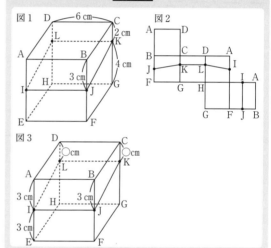

図1　　　　　図2

図3

104 立体図形7　切断

1 (1) 10 cm　(2) 156 cm²

2 (1) 90 cm²　(2)

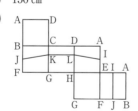

(3) $2\frac{1}{4}$ cm

考え方と解き方

1 (1) 右図で三角形BKIとCLJは相似形なので，

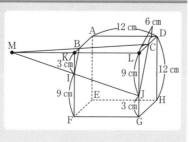

105 立体図形8　サイコロ

1 (1) 1の目　(2) 1の目　(3) 3の目

2 (1) 1　(2) 72

考え方と解き方

1 (1)(2) 次の図1より，(1)<u>1の目</u> (2)<u>1の目</u>

(3) 図2より，<u>3の目</u>

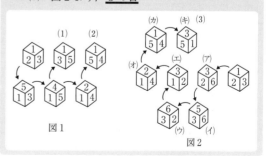

図1　　　　　　　　図2

《別解》

(1)(2)

サイコロが A から B に動くとき，間が何個あっても
上にくる目は同じになる。

(3)

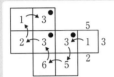

(1)(2)と同様に
●印は同じになる。

2 (1)　図1より 1

(2)　図2（問題文の図2を上から見た図）で，上
の面と下の面，およびたてに3個ならんだ列
のはしとはしの面の和はそれぞれ7　これよ
り，$7 \times 8 + (1 + 5 + 2) \times 2$

$= 56 + 16 = \underline{72}$

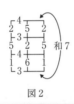

図1

図2

---

106 立体図形9　いろいろな問題

1 (1)　16 cm²　　(2)　820 cm³

2 35　　　**3** 72 m³

考え方と解き方

1 (1)　右の図で，

$12 : 6 = 2 : 1$

$15 \times \dfrac{2}{2+1} = 10$

$10 \times \dfrac{1}{2} = 5$

$12 \times \dfrac{1}{3} = 4 \,(\text{cm})$

より，斜線部分の正方形の1辺の長さは4cm

$4 \times 4 = \underline{16 \,(\text{cm}^2)}$

---

(2)　$6 \times 6 \times 15 \times \dfrac{1}{3} - 4 \times 4 \times 10 \times \dfrac{1}{3}$

$\qquad + 12 \times 12 \times 15 \times \dfrac{1}{3} - 4 \times 4 \times 5 \times \dfrac{1}{3}$

$= 6 \times 6 \times 5 + 12 \times 12 \times 5 - 4 \times 4 \times \dfrac{1}{3} \times (10 + 5)$

$= 5 \times (36 + 144 - 16) = \underline{820 \,(\text{cm}^3)}$

2 それぞれの三角形を長方形の半分と考える。

その3つの長方形では，3 cm が $3 + 4 = 7$（本），

4 cm が $2 + 4 = 6$（本），5 cm が $2 + 3 = 5$（本）できる

ので，$(3 \times 7 + 4 \times 6 + 5 \times 5) \div 2 = \underline{35 \,(\text{cm})}$

3 下の図のように，上から1段ずつ，残っている

立方体の数を調べる。

$20 \times 2 + 8 \times 2 + 16 = \underline{72 \,(\text{m}^3)}$

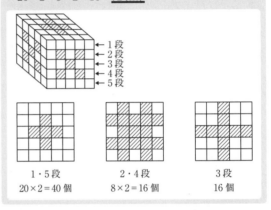

1・5段	2・4段	3段
$20 \times 2 = 40$ 個	$8 \times 2 = 16$ 個	16 個

---

107 体積と容積1　容器に水を入れる

1 28 cm³　　**2** 2.5 ℓ　　**3** 32

4 (1)　12 : 15 : 20　　(2)　$\dfrac{15}{2}$　　(3)　$\dfrac{45}{2}$

考え方と解き方

1 図で空気の部分と全体は相似形で，辺の比は1：
2で体積比は，$1 \times 1 \times 1 : 2 \times 2 \times 2 = 1 : 8$。水の部
分は $8 - 1 = 7$　したがって水の量は $12 \times 8 \times \dfrac{1}{3}$

$\times \dfrac{7}{8} = \underline{28 \,(\text{cm}^3)}$

2 右の図より，

$10 \times 10 \times 30 - 10 \times 10 \times \dfrac{1}{2}$

$\times 10 = 3000 - 500$

$= 2500 \,(\text{cm}^3)$　より，

$\underline{2.5 \,\ell}$

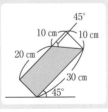

---

❸ 右の図より，

$$3 \times 4 \times \frac{1}{2} \times 6 - 3 \times 4 \times \frac{1}{2} \times 2$$

$$\times \frac{1}{3} = 36 - 4 = \underline{32}\,(\text{cm}^3)$$

❹ (1) $\dfrac{1}{5} : \dfrac{1}{4} : \dfrac{1}{3} = \underline{12 : 15 : 20}$

(2) $5 \times 6 \div 4 = \underline{\dfrac{15}{2}}\,(\text{cm})$

(3) (1)より，A，B，C
を底面としたときの
高さを，図のように
$12 \times \bigcirc\,(\text{cm})$
$15 \times \bigcirc\,(\text{cm})$
$20 \times \bigcirc\,(\text{cm})$ とすると，

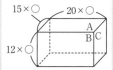

$(12 \times \bigcirc) \times (15 \times \bigcirc) \times (20 \times \bigcirc) = 28800$

$\bigcirc \times \bigcirc \times \bigcirc = 28800 \div 3600 = 8 = 2 \times 2 \times 2$

より，$\bigcirc = 2$

容器の3辺の長さは，$12 \times 2 = 24\,(\text{cm})$，$15 \times 2$
$= 30\,(\text{cm})$，$20 \times 2 = 40\,(\text{cm})$

(2)より，$30 - \dfrac{15}{2} = \underline{\dfrac{45}{2}}\,(\text{cm})$

---

108 **体積と容積2** おもりを沈める⑴

❶ (1) $12\dfrac{2}{3}\,\text{cm}$　　(2) $1.5\,\text{cm}$

❷ (1) $103.5\,\text{cm}^3$　　(2) $78.3\,秒$

考え方と解き方

❶ (1) $3 \times 3 : 2 \times 2 = 9 : 4$ より，

$(9 \times 10 + 4 \times 6) \div 9 = \dfrac{38}{3} = \underline{12\dfrac{2}{3}}\,(\text{cm})$

(2) $12\dfrac{2}{3} - 12 = \dfrac{2}{3}$，$9 \times \dfrac{2}{3} \div 4 = \underline{1.5}\,(\text{cm})$

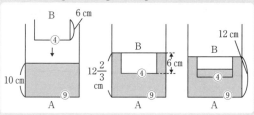

❷ (1) 右の図の斜線
部分の面積の4
倍を，直方体の
水そうの底面積
から引いて求め
る。

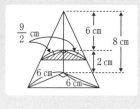

$$6 \times \frac{6}{8} = \frac{9}{2}$$

$$\frac{9}{2} \times \frac{9}{2} \times \frac{1}{2} \times 4 = 40.5$$

$$12 \times 12 - 40.5 = \underline{103.5}\,(\text{cm}^3)$$

(2) $12 \times 12 \times (8 - 2) - \dfrac{9}{2} \times \dfrac{9}{2} \times \dfrac{1}{2} \times 6 \times \dfrac{1}{3} \times 4$

$= 864 - 81 = 783$

$783 \div 10 = \underline{78.3}\,(秒)$

---

109 **体積と容積3** おもりを沈める⑵

❶ (1) 48000　　(2) 40

❷ (1) 7.2 cm　　(2) 300 個

(3) 18 cm　　(4) 160 個

考え方と解き方

❶ (1) 右の図2の立
体は，1辺80 cm
の立方体から図
1の立体をくり
ぬいたもので，
この立体の表面
積を求める。

$80 \times 80 \times 6 - 40$

$\times 40 \times 4 + 20$

$\times 40 \times 4 \times 4 + 40$

$\times 40 \times 2$

$= 38400 - 6400$

$+ 12800 + 3200$

$= \underline{48000}\,(\text{cm}^2)$

(2) 図3で，底面から0 cm〜10 cmの底面積は，

$100 \times 100 = 10000\,(\text{cm}^2)$

10 cm〜30 cmの底面積は，図4の①より，

$10000 - 80 \times 80 = 3600\,(\text{cm}^2)$

30 cm〜70 cmの底面積は，図4の②より，

$10000 - 20 \times 20 \times 4 = 8400\,(\text{cm}^2)$

これより，$100 \times 100 \times 25.6 - (10000 \times 10$

$+ 3600 \times 20) = 84000\,(\text{cm}^2)$

$\bigcirc = 84000 \div 8400 = 10\,(\text{cm})$

$10 + 20 + 10 = \underline{40}\,(\text{cm})$

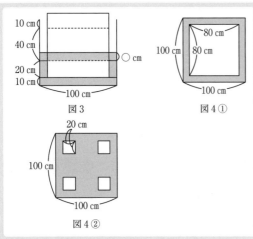

図3 / 図4① / 図4②

❷ (1)　$19200 \div 1600 = 12$

$30 \times \dfrac{16}{25} - 12 = 19.2 - 12 = \underline{7.2\,(cm)}$

(2)　$19200 \div 19.2 = 1000,\ 1600 - 1000 = 600$

$30 \times 30 - 600 = 300$

$300 \div 1 = \underline{300\,(個)}$

(3)　$300 \times \dfrac{11}{15} = 220\,(個)$

$19200 - 1 \times 30 \times 220 = 12600$

$12600 \div (1600 - 900) = \underline{18\,(cm)}$

(4)　$24000 + 30 \times 30 \times 24 = 45600\,(cm^3)$

$45600 - 1600 \times 24 = 7200\,(cm^3)$

$7200 \div (1 \times 30) = 240\,(個)$

$240 + 220 - 300 = \underline{160\,(個)}$

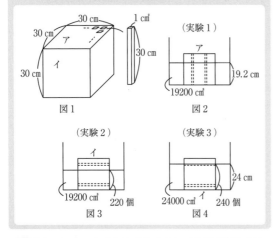

図1 / （実験1）図2 / （実験2）図3 / （実験3）図4

110 体積と容積4　水の深さ

❶ (1)　18　　(2)　21330

❷ (1)　8 cm　　(2)　9 cm　　(3)　3584 cm³

考え方と解き方

❶ (1)　$36900 \div 30 = 1230\,(cm^2)$　より，下の図で，六
角形 LACDFK の面積は 1230 cm²

$BE \times 32 - (50 + 128) = 1230$　より，

$BE = (1230 + 178) \div 32 = 44\,(cm)$

$44 - (10 + 16) = \underline{18\,(cm)} \cdots CD$ の長さ

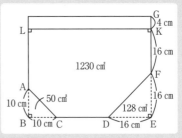

(2)　次の図で，CN の長さは，$20 - 18 = 2\,(cm)$

これより斜線部分の面積は，

$36 \times 36 \times \dfrac{1}{2} - 16 \times 16 \times \dfrac{1}{2} - 2 \times 1 \times \dfrac{1}{2}$

$= 648 - 128 - 1 = 519\,(cm^2)$

容器に残っている水の体積は，

$519 \times 30 = 15570\,(cm^3)$

したがって，こぼれた水の体積は，

$36900 - 15570 = \underline{21330\,(cm^3)}$

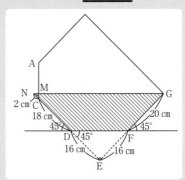

❷ (1)　下の図より，$(11.2 - 7.2) \times 2 = \underline{8\,(cm)}$

(2)　▨ は等しいので，図の x は　$\underline{9\ cm}$

(3)　$9 \times 8 \div 7.2 = 10\ cm \cdots$ 図の y

これより，$(9 \times 2 + 10) \times 16 \times 8 = \underline{3584\,(cm^3)}$

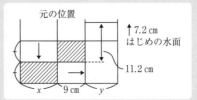

111 水深とグラフ1　注水とグラフ

❶ (1)　ア　2　　イ　5

(2)　ウ　8　　エ　1　　オ　3

❷ (1)　20　　(2)　57分後

考え方と解き方

① (1) 右の図1より、

$17-5=12$

$12-8=4$

$8:4=2:1$

$5 \times \dfrac{1}{2}=2.5(\text{cm})$

…⑦より、

<u>ア2 イ5</u>

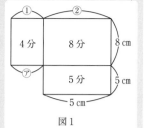

図1

(2) 図2のグラフより、

$\square = 8 \times \dfrac{5}{12} = \dfrac{10}{3}$

$= 3\dfrac{1}{3}(\text{cm})$

$5 + 3\dfrac{1}{3}$

$= 8\dfrac{1}{3}(\text{cm})$ より、

<u>ウ8 エ1 オ3</u>

図2

② (1) 次の図1、図2より、$30-18=12$

$12 \times \dfrac{30}{40}=9$, $18:9=2:1$

$\square = 40 \times \dfrac{1}{2} = \underline{20(\text{cm})}$

(2) 図2、図3より、$18+9=27$

$27 \times \dfrac{30}{30}=27$, $3+27+27=\underline{57(\text{分後})}$

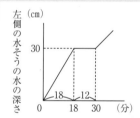

水を入れ始めてからの時間

図1

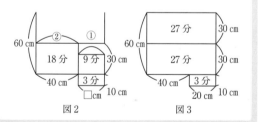

図2　　図3

⑪⑫ 水深とグラフ2 おもりの入った容器

① (1) 3 cm　　(2) 10 cm　　(3) 2 cm

② (1) B　　(2) (ア) 12　　(イ) 8

(ウ) 9.75　　(エ) 4　　(a) 112　　(b) 120

考え方と解き方

① (1) $1 \times (2 \times 60) = \text{PQ} \times 8 \times 5$ より、

$\text{PQ} = 120 \div 40 = \underline{3(\text{cm})}$

---

(2) $5 \times \dfrac{12}{6} = \underline{10(\text{cm})}$

(3) $\text{QR} = 3 \times \dfrac{4}{2} = 6(\text{cm})$

$\text{RS} = 15 - (3+6) = 6(\text{cm})$

$6.2 \times 60 = 372$, $6 \times 8 \times 10 - 372$

$= 108 = \bigcirc \times \bigcirc \times 3 \times 9$, $\bigcirc \times \bigcirc = 108 \div 27$

$= 4 = 2 \times 2$ より、 <u>2 cm</u>

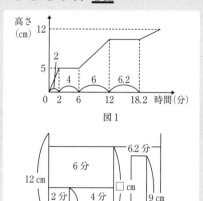

図1

図2

② (1) 次のページの図1より、<u>B</u>

(2) グラフと図1より、(ア)$=\underline{12}$

$8 \times (304-176) \div (16-12) = 256(\text{cm}^2)$ …容器

の底面積

これより、立体Bの体積は、

$256 \times 12 - 8 \times 176 = 1664(\text{cm}^3)$

$12 \times 12 \times 12 - 1664 = 64 = 4 \times 4 \times 4$ より、

立方体Aの1辺の長さは4(cm)

図1, 2より、(エ)$=\underline{4}$, (イ)$=12-4=\underline{8}$

(ウ)$=(8 \times 304 + 64) \div 256 = \underline{9.75}$

(a)$=(256 - 12 \times 12) \times 8 \div 8 = \underline{112}$

(b)$=(256 - 4 \times 4) \times 4 \div 8 = \underline{120}$

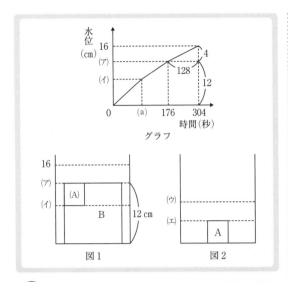

図1

図2

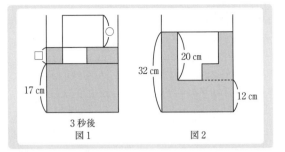

3秒後
図1

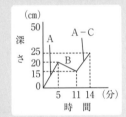

図2

114 水深とグラフ4 〔注排水とグラフ〕

1 (1) 1200 　　　(2) 24

2 ㋐ $6\dfrac{2}{3}$ 　　　㋑ 20 　　　㋒ 52

考え方と解き方

1 (1) $300 \times 20 \div 5$

　　$= \underline{1200}\,(\text{cm}^3/\text{分})$

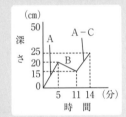

(2) $300 \times (20 - 15)$

　　$\div (11 - 5)$

　　$= 250\,(\text{cm}^3/\text{分}) \cdots$B

　　$300 \times (25 - 15)$

　　$\div (14 - 11) = 1000\,(\text{cm}^3/\text{分}) \cdots$A－C

　　$300 \times (50 - 25) \div (1000 - 250)$

　　$= 300 \times 25 \div 750 = 10$

　　$14 + 10 = \underline{24}\,(\text{分})$

2 直方体を除く底面積は，$4 \times 4 - 4 = 12\,\text{cm}^2$　10秒

後の水位㋐は，

$8 \times 10 \div 12 = 6\dfrac{2}{3}\,(\text{cm})$

水面の高さ $\underline{10\,\text{cm}}$ になったときには，$4 \times 4 \times 10$

$= 160\,\text{cm}^3$ の水が入っているので，このときの時間

㋑は $160 \div 8 = \underline{20}\,(\text{秒})$

次の $68 - 20 = 48$ 秒間で上の段がうまっている。

この水の量は $8 \times 4 \times 10 = 320\,\text{cm}^3$

$8\,\text{cm}^3$ ずつ何秒間かと $8 - 2 = 6\,\text{cm}^3$ 何秒間，合計48

秒で $320\,\text{cm}^3$ になるので，これはつるかめ算で求

める。すべて8ずつだとして，$(8 \times 48 - 320) \div (8$

$-6) = 32$ 秒間がDをあけていた時間。したがっ

て $20 + 32 = \underline{52}\,(\text{秒})$ がDをしめた時刻の㋒。

113 水深とグラフ3 〔いろいろな問題〕

1 (1) 320　　(2) ア 25　　イ 89　　(3) 120

2 (1) 1440 cm³　　(2) 5 cm　　(3) 8秒

考え方と解き方

1 (1) $25 \times 30 \times 32 \div 75 = \underline{320}\,(\text{cm}^3/\text{分})$

(2) 右のグラフ

より，

1回目→

$75 \times \dfrac{4}{12}$

$= 25\,(\text{分後})$

2回目→

$21 \times \dfrac{4}{12} = 7$

$96 - 7 = 89\,(\text{分後})$ より，

　$\underline{ア\ 25\ \ イ\ 89}$

(3) $96 \times \dfrac{40}{32} = \underline{120}\,(\text{分後})$

2 (1) $10 \times 12 \times (32 - 20) = \underline{1440}\,(\text{cm}^3)$

(2) 次の図1より，

$120 \times 3 = (120 - 6 \times 8) \times □$

$□ = 360 \div 72 = \underline{5}\,(\text{cm})$

(3) (1)より，$1440 - 6 \times 8 \times 5 = 1200\,(\text{cm}^3)$

$1200 \div (10 \times 8) = 15\,(\text{cm}) \cdots \bigcirc$（図1）

$5 + 15 = 20 \cdots$（図2）

$32 - 20 = 12$

$(20 - 12) \div 1 = \underline{8}\,(\text{秒})$

あとがき

　本書は、慶應の3中学を受験するみなさんのために作成した問題集です。過去の入試問題をできるだけ多く解きなおし、その傾向をつかんだ上で代表的な問題や重要な問題をピックアップしました。あまりに難しい問題（いわゆる捨て問）や、特殊な問題などはほとんど扱っておりません。そういう点では、本書の問題を解くことで、各分野の内容を最も効率よく学習できると自負しております。このような趣旨で作成された問題集は他に類を見ないので、慶應の各中学を志望する受験生のみなさんにはうってつけの問題集であると思います。

　さて、「算数ができるようになるとはどういうことか？」あるいは「算数ができるようにするにはどうすれば良いか？」というご質問やご相談をよく受けますが、単純には答えられません。「考える力が付き、問題解決能力が高くなる」ことと、「得点能力が上がる」こととは、違うとは言えませんが、イコールではありません。

　学問（ここでは算数）の王道は、自分の力で深く考えることであることは間違いありません。ひとつの問題について、徹底的に究明する姿勢がなければ、学者や研究者にはなれません。しかし、各人の能力、目的、使える時間には違いがあります。

　一部の生徒は、良問（難問）をじっくり考え、自分の力で解くことによって（たとえ正解が得られなくても）力が付いていきますが、多くの生徒はこれと同じやりかたをしても力は付きません。適切な問題を、適切な時期に、適切な順序で解くことによって力が付いていくのです。特に入試は時間との闘いです。入試までに合格できる得点能力を身に付けることが、ほとんどの受験生の目的でしょう。御三家レベルの難問に悪戦苦闘することで思考力はつきますが、時間がかかりすぎます。慶應に出題されるような標準的なレベルの問題をくり返し解いたほうが力（得点能力）は付くのです。

　本書で勉強されたみなさんが、慶應の各校の出題傾向をつかんで効率よく学習することによって、慶應の第一志望校に合格されることを心より願っています。

クロノクリエイト　慶應3中学算数合格問題集　作成者一同

なぜ 公立中高一貫校対策 一貫模試 が 選 ばれる のか ?

©2023　　慶應3中学 算数合格問題集

2023年7月31日　初版第1刷発行

＜定価はカバーに表示してあります。＞

編著者　クロノクリエイト編集部

発行者　小木曽　正浩

発行所　株式会社 クロノクリエイト
〒150-0001　東京都渋谷区神宮前5-52-2
電話　03-5468-6986

発売元　株式会社 星 雲 社
（共同出版社・流通責任出版社）
〒112-0005　東京都文京区水道1-3-30
電話　03-3868-3275

印刷所　株式会社 メディオ

（落丁・乱丁本は送料当方負担でお取り替えします。）

ISBN978-4-434-32407-9　C6037